전쟁, 혁신, 사람 그리고 전략

박정은 · 곽민순

박영사

들어가며.

전쟁과 전략

　급변하는 경영환경은 예측하기가 더욱 힘들어지고 제품수명주기
는 점점 더 짧아지고 있다. 특히 스마트 기기 보급과 소셜 네트워크
서비스SNS의 확산에 따른 고객들의 진화 등의 변화에 선제적으로
대응하고 기업의 미래와 지속성장을 위한 상품과 서비스의 차별화
가 절실한 상황이다. 많은 기업이 변화의 흐름 속에서 기회를 찾아
고객가치를 발굴하고 차별화된 경쟁력으로 시장을 선점하기 위해서
노력 중이다. 기업의 최우선적인 과제는 시장의 변화와 고객의 진화
를 탐색하여 고객의 needs와 고객의 가치를 발굴하는 것이다. 이를
잘해야 고객에게서 잊혀지지 않을 것이고 경쟁에서도 살아남고 지
속해서 성장할 수 있을 것이다.

결국은 생존과 성장의 이슈인데 이는 경쟁이 존재하기 때문일 것이다. 경쟁에서 이기는 방법을 찾으려는 방법을 연구하는 분야가 전략이다. 우리가 잘 아는 것처럼 전략은 전쟁이라고 하는 분야에서 나왔고 군사학에서 연구하고 가르치는 분야이다. 국가와 국가 간의 영토와 자원의 확보를 위해 전쟁을 치르는데 이 전쟁에서 이기는 방법에 관한 것이 전략이고 이것이 경영학 분야에도 차용되어서 연구되기 시작한 것이 경영 전략이다. 전쟁을 치르기 위해서 최우선으로 생각해야 하는 것이 전쟁터, 즉 전쟁을 어느 곳에서 치르느냐에 대한 고민과 적군의 상황을 파악하고 우리의 군사력을 준비하는 것일 것이다. 이것이 손자가 병법에서 가장 우선적으로 언급한 지피지기이다. 적을 알고 나를 알면 백전백승이라는 것이다.

군사력을 준비하면서 어떤 무기를 얼마나 준비하느냐, 보병은 어느 정도로 준비하고 공군과 포병 등의 지원병력은 어떻게 하느냐 등 국가가 가지고 있는 전력을 분석하여 어떻게 해야 효율적으로, 효과적으로 적을 이길 수 있을까를 고민하는 것이다. 기업에서도 유사하다. 한정된 자원을 가지고 경쟁사보다 더 효율적으로 효과적으로 고객을 만족시킬 방법을 찾아서 성과를 더 잘 만드는 것이 기업 관점의 전략이다.

오늘날 전쟁에서 가장 중요한 것이 속도라고 한다. 최근의 우크라이나 전쟁에서도 보듯이 러시아군은 빨리 전쟁을 끝내기 위해 총력전을 펼치려 하였으나 완성되지 않은 계획을 서투르게 실행하여 전쟁이 장기화되는 어려움을 겪고 있다. 기업도 마찬가지이다. 가장 빠르게 기회를 선점하는 기업들이 가장 가치 있는 고객 needs를 찾아낼 수 있다. 환경 변화에서 새로운 기회를 어떻게 발견할 것인지, 고객가치를 전달·확신할 방법들에는 어떤 것들이 있는지에 대해서 기업은 끊임없이 변화하는 trend에 예의주시하고 고객과의 의사소통이 원활히 이루어지는 전략을 만들어야 할 것이다.

기업경영은 기업의 목표이자 자산인 고객을 이해하는 것으로부터 시작하며 기업의 모든 활동은 고객에 대한 이해가 근본이 되므로 기업 내 조직원들 또한 기업의 목표 달성을 위해서는 고객에 대한 이해가 필요하다. 기업 내에서의 고객가치를 우선으로 하는 신념은 전략적이고 기업 문화적인 것으로 확장되어 받아들여져야 한다. 고객에 대한 이해를 바탕으로 기업은 적응을 해야 한다. 고객의 가치는 끊임없이 변화한다. 기업도 변해야 한다. 즉, 새로운 것에 대한 수용과 받아들이는 문화적 이슈라고 할 수 있다. 시장과 그 속에 있는 고객들 그리고 경쟁사들 모두가 변화한다. 경쟁이 치열해질수록 고객의 가치와 인식은 매우 급격하게 변화를 한다. 기업도 이러한 시장과 고객의 변화에 경쟁사보다 더욱 빠른 속도로 적응해야 하고 변화를 이루어내야 한다.

이 책에서 언급하는 전쟁은 제2차 세계대전을 배경으로 한다. 유럽에서의 전쟁과 태평양 전쟁으로 독일과 영국, 독일과 연합군, 독일과 소련 중심의 유럽에서의 제2차 세계대전과 일본과 미국, 일본과 영국, 일본과 연합군의 태평양전쟁을 중심으로 이 전쟁에서의 승리와 패배의 원인을 통해 기업 경영 전략에서도 어떻게 적용할 수 있을까를 고민해보고자 한다. 제2차 세계대전은 인간이 그동안 이룩하였던 온갖 과학적 기술과 지식이 활용된 전쟁이다. 오늘날 활용되고 있는 대부분의 첨단 기술들이 이 기간 동안에 연구되고 전쟁에서 무기로 활용되었다. 레이더, 정보기술, 원자력, 운송수단, 화약, 잠수함, 함정, 미사일 등 오늘날 주력을 이루는 자동차, 비행기, 조선, 원자력, IT 등의 최첨단 산업의 근간이 이 기간 동안에 개발되었고 투자되었고 거대 산업으로 발전하게 되었다.

오늘날 기업에서의 경쟁도 유사하다. 고객의 가치를 정확하게 파악하기 위해서 기업은 조사비용에 대한 투자 필요성을 깨닫고 시장을 읽을 수 있는 정보와 지식에 대해 투자를 함으로써 시장의 변화를 읽는 데 자원을 집중하고 있다. 또한, 이러한 정보를 읽고 해석하여 insight를 만들어내는 기업 내 정보전을 진두지휘할 수 있는 전문적인 지식과 실행 능력을 갖춘 전문가 양성이 요구된다. 전략은 전사적인 활동이고 정기적인 계획과 실행이다. 따라서 최고경영층의 지지와 후원이 있어야 하고 최고경영층의 의지에 따라 전략의 성공 여부가 결정된다. 전쟁에서도 왜 장군의 역할이 중요한가를 보여준다.

경영의 핵심인 전략은 원래 전쟁에서 비롯되었다. 그런 의미에서 경영과 전쟁은 많이 닮았다. 승패가 생존과 직결된다는 점과 그 승리는 전략에 의해 좌우된다는 점이다. 전략에 필요한 것은 통찰과 지혜이다. 본서에서는 제2차 세계대전의 주요 전투와 기업경영사례를 통해 전략의 정수를 제시하고 있다. 기업현장에서 연구와 경영을 모두 경험한 저자의 강의를 통해 전략에 필요한 통찰과 지혜를 흥미

들어가며: 전쟁과 전략

롭고 생동감있게 배울 수 있는 기회가 되기를 바란다.

본 저서의 독자 여러분은 우선 다양한 전쟁 이야기를 통해 전략의 중요성을 배우고 교훈을 얻을 수 있다. 두 번째로 전투의 성공과 실패사례를 통해 전략이 적용되었던 배경과 이유를 알아보고 기업경영에 대한 시사점을 깨달을 수 있다. 마지막으로, 전투의 승리와 실패 요인을 통해 성공 전략의 비결과 원칙을 살펴봄으로써 자사의 현황을 진단하고 올바른 전략 수립에 적용할 수 있다.

본서의 장점은 전쟁사례와 경영사례를 손자병법과 같은 고전적인 전략서와 현대의 경영학적인 관점에서의 이론으로 연결한 마케팅 전략에 관한 내용을 스토리텔링 방식으로 흥미롭고 쉽게 학습할 수 있다. 두 번째로, 장군, CEO 등 전략을 진두지휘했던 지도자들의 이야기를 통해 리더십에 대한 교훈도 함께 얻을 수 있다. 마지막으로 실제 기업현장의 자문과 컨설팅 경력이 풍부한 저자의 인사이트를 통해 실제 성공사례뿐 아니라 실패사례도 함께 살펴봄으로써 다양한 관점에서 전략에 대한 시사점을 얻을 수 있다.

본서는 다음과 같은 사람들에게 추천하고 싶다. 우선 전쟁 전략을 통해 마케팅 전략을 쉽고 흥미롭게 배우고 싶은 리더들과 전략·기획 관련 업무를 담당하는 실무자 그리고 전략경영과 마케팅 전략에 관심이 있는 미래의 조직의 구성원인 학생들에게 권하고 싶다.

2022년 10월

박정은·곽민순

차 례.

들어가며.　　　i

혁신과 마케팅: 혁신의 완벽한 승리
– 독일의 프랑스 침공

혁신과 마케팅　　3
승자도 패자도 믿기 힘든 결과　　6
발상의 전환은 받아들이기는 어렵지만 성공의
　지름길이다.　　8
리더의 시대를 앞선 혁신 전략으로 승리를 쟁취하다.
　12
오합지졸과 정예군의 대결　　15

머리가 나쁘면 몸이 고생한다. 17

승패의 원인 20

프랑스군의 패배 원인 21

독일군의 승리 원인 24

02 | 마케팅 전략의 꽃, STP 전략: 선택과 집중의 승리 – 영국 본토 항공 전투

STP 전략 37

공군의 전쟁: 현대전은 육군도 해군도 아닌 하늘의
  제공권 장악이 승패를 결정한다! 40

오직 하나의 목표: 선택과 집중 → 내것은 보존하고
  적의 것은 소모시키자! 45

다윗과 골리앗의 싸움: 전쟁은 양적인 것으로만 하는
  것이 아니다! 48

갑작스러운 작은 불씨가 산 전체를 태워버리기도 한다!
  51

결국 전쟁의 승패는 사람의 신념과 의지에 달려있다.
  55

승패의 원인 58

독일군의 패배 원인 59

영국군의 승리 원인 67

03 관성(Inertia)의 함정: 승리병에 걸려 패배를 자초하다–미드웨이 해전

기업실패의 가장 큰 함정: 관성　81
일본이 태평양 시대를 열다. 하지만 그 이후는?　84
완벽한 계획은 없다. 예외적인 상황에 대비해야 한다.
　89
허허실실(虛虛實實)　91
과거의 실패에서 벗어나 오직 하나의 목표에만
　집중하자.　96
운명의 5분: 작은 구멍 하나가 큰 둑을 무너뜨린다.
　99
최고의 시스템이 영원하다는 법은 없다.　106
소잃고 외양간은 고쳐야 한다: 미국은 날아오르고
　일본은 숨기기 바빴다.　108
승패의 원인　111
일본군의 패배 원인　112
미군의 승리 원인　129

04 경쟁우위요소의 활용: 나의 장점에 집중하여 결정타를 먹이다–엘 알라메인 전투

지속가능경영과 경쟁우위요소의 중요성　143
롬멜, 그가 도착하다!　146

전쟁에서 승리하기 위해서는 보급이 답이다.   **148**

"사막의 여우" 전술의 천재 롬멜   **150**

전쟁에서 물자도 중요하지만 더 중요한 것은 인간의
  "정신상태＝사기"이다.   **152**

전술천재의 또 한 번의 실수: 전략적 큰 그림을 봐야
  한다.   **154**

사막여우의 맞수 "고집장이 몽고메리"도 도착하다.
  157

처절한 한 판 승부. 결국 많이 가진 쪽이 이기다.   **160**

승패의 요인   **164**

독일군의 패배 원인   **164**

연합군의 승리의 요인   **172**

05   SWOT 분석의 중요성: 지피지기를 몰라서 대패하다 – 과달카날 전투

SWOT 분석   **181**

두 조직의 의사결정 방법의 차이   **183**

되풀이되는 지상전 실수   **188**

적을 무시하면 안 된다. 전쟁이나 경쟁에서는 항상
  최선을 다해야 한다.   **194**

실패한 방법을 반복하다.   **200**

미국의 자존심을 회복하다.   **204**

승패의 원인   **210**

일본군의 패배 원인 **211**
미군의 승리 원인 **221**

06 공격이 최선의 방어: 과감한 역공으로 전환점 (Turning Point)을 만들다 – 스탈린그라드 전투

최선의 방어는 공격이다. **231**
실리가 아닌 명분에 집착하다. **233**
끓는 가마솥이 된 시가전 **238**
지휘관의 오판으로 병사들만 고생하다. **242**
대군이 파멸하다. **245**
승패의 원인 **248**
독일군의 패배 원인 **248**
소련군의 승리 원인 **256**

07 때로는 적에게도 배워라: 적에게 배워서 적을 물리치다–쿠르스크 전투

어디에나 스승은 존재한다. **269**
시간의 경쟁: 내가 필요로 하는 시간은 적도 필요로 한다. **272**
철벽 방어벽을 세우다. **275**
강철 대 강철의 충돌 **277**

승패의 원인 282

독일군의 패배 원인 283

소련군의 승리 원인 291

08 성동격서: 적을 속여 사상최대의 상륙작전을 성
공시키다 – 노르망디 상륙작전

성동격서와 기업전략 305

대서양에 만리장성을 쌓다: 또 한 번의 人災 308

사상최대의 작전을 준비하다: 철저한 준비와 성공을
위한 체크리스트 312

D – 데이: 가장 긴 하루의 시작은 독일군 리더의
오판으로 시작되었다. 318

D – 데이: 지상 최대의 작전 323

D – 데이: 적의 기만전술에 당해 기회를 놓치다. 327

승패의 원인 331

독일군의 패배의 원인 332

연합군의 승리의 원인 340

09 Planning is Everything: 부실한 계획으로 대패
하다 – 임팔 전투

Planning is Everything but nothing. 357

원대한 꿈에 미치지 못하는 능력　　359
다시 보급이 발목을 잡았다.　　366
진격하는 것보다 철수하는 것이 몇 배나 더 힘들다.
　370
승패의 원인　　372
일본군 패배의 원인　　373
영국군 승리의 원인　　382

나가며.　　393

참고문헌　　403

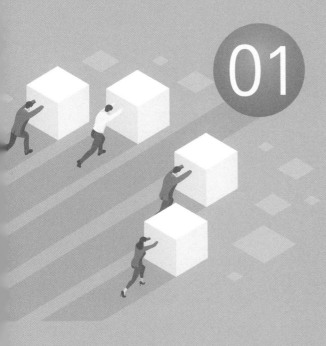

01

혁신과 마케팅 :

혁신의 완벽한 승리 — 독일의 프랑스 침공

혁신과 마케팅
·
승자도 패자도 믿기 힘든 결과
·
발상의 전환은 받아들이기는 어렵지만 성공의 지름길이다.
·
리더의 시대를 앞선 혁신 전략으로 승리를 쟁취하다.
·
오합지졸과 정예군의 대결
·
머리가 나쁘면 몸이 고생한다.
·
승패의 원인
·
프랑스군의 패배 원인
·
독일군의 승리 원인

01 혁신과 마케팅: 혁신의 완벽한 승리
– 독일의 프랑스 침공

혁신과 마케팅

　21세기 들어 급격한 변화가 시장에서 일어나고 있다. 시장이 변하면, 이에 맞추어 기업도 변해야 한다. 급변하는 경영환경은 예측하기가 더욱 힘들어지고 상품 수명주기는 짧아지고 있다. 특히 스마트기기 보급과 소셜 네트워크 서비스SNS의 확산에 따른 고객의 진화 등의 변화에 선제적으로 대응하고 기업의 미래와 지속성장을 위한 상품과 서비스의 차별화가 절실한 상황이다. 많은 기업이 변화의 흐름 속에서 기회를 찾아 새로운 고객 가치를 발굴하고 차별화된 경쟁력으로 시장을 선점하기 위해서 노력 중이다. 기업은 시장의 변화와 고객의 진화를 탐색하여 고객의 욕구와 고객의 가치를 발굴해내도록 해야 할 것이다.

가장 빠르게 기회를 선점하는 기업이 가장 가치 있는 고객 욕구를 찾아낼 수 있다. 외부의 환경 변화에서 기업은 새로운 기회를 어떻게 발견할 것인지, 새롭게 개발한 고객가치를 전달·확신할 방법들에는 어떤 것들이 있는지에 대해서 끊임없이 연구하고 계획하고 실행해야 한다. 이것이 전략의 핵심이다. 시장의 트렌드를 예의주시하고 고객과의 의사소통이 원활히 이루어지는 전략을 만들어야 할 것이다. 그래서 강조하는 것이 혁신과 마케팅이다.

피터 드러커는 기업내 핵심적인 기능은 단 두 가지만 존재하고 나머지 기능은 모두 외주outsourcing가 가능하다고 하였다. 그 기능이 혁신과 마케팅이다. 둘 다 환경의 변화에 적응하기 위해서 필수적으로 내부조직의 변화를 요구하는 것이기 때문에 외부조직에 의존할 수 없는 핵심 기능이라고 한 것이다. 혁신은 더욱 나은 방향으로 변화를 이끌어 나가는 것이고 마케팅은 외부의 변화에 적응하여 내적인 지원을 활용하여 최고의 고객 가치를 창출하는 기능이다.

피터 드러커
(출처: 위키백과)

다시 말하면 기업의 모든 기능 중 가장 기본적인 두 가지는 바로 혁신과 마케팅이다. 마케팅 기능은 현재를 직시하고 기업의 브랜드가 현재 어떤 마케팅을 펼치고 있는지를 잘 고민해봐야 한다. 과거에 잘나가던 것이 미래까지 보장하지는

전쟁, 혁신, 사람 그리고 전략

못한다. 그래서 혁신이 있어야 하고 새로운 것을 발견하고 이를 가치 있게 만드는 데 필요한 것이 마케팅인 것이다. 이때의 가치는 기업과 제품의 가치가 아니다. 시장의 중심인 고객의 가치이다. 기업은 제품의 가치를 만드는 것에 힘쓰는 것이 아니라 고객의 가치를 창출해서 고객에게 잘 전달하는 것이 기업활동의 중심에 있어야 한다.

마케팅이라는 용어가 탄생한 이후 마케팅은 시대별로 많은 변화를 겪었다. 1950~1970년대에는 단순히 기업은 물건을 생산해 판매하고 소비자는 그것을 사용하는 것이 전부였다. 제품을 사용한 고객이 해당 제품을 어떻게 사용하고 있는지, 버리는지는 전혀 관심이 없었다. 그저 물건을 만들어 팔면 끝인 시대였다. 생산과 판매에 초점을 맞춘 마케팅이었다. 그러나 1970년대 들어 P&G같은 기업이 제품보다 고객을 보유하는 것이 중요하다는 생각을 시작하게 됐다. 고객은 다양한 제품을 구매하기 때문에 충성 고객을 보유하면 그들에게 다른 것을 더 많이 판매할 수 있기 때문이다. 진정한 의미의 마케팅 개념이 등장한 것이다. 이 개념을 처음으로 정리를 하고 1967년에 처음으로 마케팅 관리Marketing Management 책을 저술하고 이로 인해 마케팅의 아버지라 불리는 이가 필립 코틀러 교수이다. 그는 세계적인 경영학자인 피터 드러커Peter Drucker의 말을 인용해 "마케팅의 목적은 고객을 창출하는 것"이라고 강조하며 예전에는 마케팅의 목적이 많이 팔아서 수

저자와 필립 코틀러
(박정은 교수 개인사진)

익을 만들어내는 것이었지만, 오늘날의 마케팅은 고객 만족 나아가서 고객 감동을 목표로 하면 수익은 저절로 따라온다고 했다. 하지만 과거의 방법으로 계속해서 고객을 만족시키거나 감동을 시킬 수는 없다. 그래서 마케팅은 변화를 추구해야 하고 혁신이 중심이 되어야 하는 것이다.

이제 전쟁속에서 혁신의 의미와 역할속으로 들어가 보자.

승자도 패자도 믿기 힘든 결과

1940년 5월 믿기 힘든 일이 벌어졌다. 지상 최고의 군사 대국 프랑스가 독일의 침공에 힘도 제대로 한번 못써보고 6주 만에 항복하였다. 승리한 독일에게는 기적 같은 일이었고 패배한 프랑스에는 허무하기 짝이 없었다. 독일군의 프랑스 침공작전은 세계 전쟁사에서 몇 안 되는 완벽한 전략적 승리로 손꼽힌다. 혁신적인 전략과 전술로 공격한 독일군은 역사에 남을 대승을 거두었고, 반면 구시대적 전략과 전술로 맞선 프랑스는 치욕적인 패배를 당하고 이후 4년간 굴욕의 시간을 보내게 된다.

당시 프랑스군은 독일군과의 일전을 예상하며 나름대로 충분한 준비를 했다. 제1차 대전이 끝나고 다시는 위험한 이웃인 독일의 침공을 받지 않기 위하여 천문학적인 예산과 10년이란 시간을 들여 마지노 방어선을 구축했다. 강력한 무장을 갖춘 80만 대군이 방어하

전쟁, 혁신, 사람 그리고 전략

는 무려 350km에 달하는 이 지하요새는 그야말로 난공불락이었다. 프랑스 군부는 독일군이 침공하면 자살행위나 다름없는 마지노선은 피할 것이고, 마지노선 방면으로 침공하더라도 방어가 충분히 가능할 것으로 보았다. 프랑스는 독일군이 침공한다면 1차 대전 때처럼 서쪽 네덜란드와 벨기에 국경 지역으로 침공할 것으로 예상하고 주력인 제1집단군을 서쪽 지역에 집중적으로 배치했다. 프랑스는 자국 영토에서 벌어진 1차 대전의 끔찍한 기억으로 다시는 자국 영토에서 전쟁을 치르고 싶지 않았다. 이 계획에 의해 프랑스와 영국 연합군은 서북의 벨기에 국경에서 만반의 준비를 하고 독일군의 침공을 기다렸다. 이 지역의 연합군은 프랑스 제1집단군과 영국 해외 원정군을 포함한 100만 대군이었다. 만일 독일군이 침공하면 벨기에 영토로 진격하여 방어선을 만들기로 하였다. 그러나 독일군이 허를 찌르는 단 한 번의 기동 전술을 펼치자 프랑스와 영국의 연합군은 힘 한 번 못써보고 허무하게 무너졌다. 프랑스는 받아들이기 힘든 패배를 당했고, 승리한 독일도 손쉽고 빠른 승리를 믿지 못했다.

여기서 주목할 것은 우리가 준비되어 있다고 생각하지만, 경쟁사 또한 준비할 것이고 경쟁에서 절대적인 것은 없다는 것이다. 준비라는 것이 고착된 마지노선이라면 움직이는 적은 얼마든지 새로운 방법으로 고착된 방어선을 손쉽게 넘어갈 수 있을 것이다. 넘어만 가면 되는 마지노선은 오늘날 기울어가는 공룡과도 같은 기업들을 보면 그 모습이 너무나도 유사하다. 오프라인의 토이저러스Toy's

R us, 베스트바이Best Buy 등의 유통 대기업은 아마존과 같은 온라인 기업들의 성장과 함께 역사 속으로 사라지고 있다. 경쟁에서 절대적인 것은 없다. 변화를 느끼지 못하고 서서히 죽어가는 냄비 속의 개구리가 되어서는 안 된다. 갑작스러운 기후변화로 사라져간 공룡이 되어서도 안 된다.

발상의 전환은 받아들이기는 어렵지만 성공의 지름길이다.

•그림 1-1• 슐리펜 계획

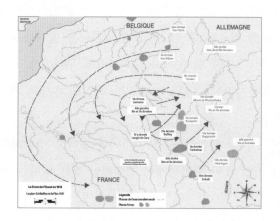

전쟁, 혁신, 사람 그리고 전략

• 그림 1-2 • 만슈타인 낫질 작전

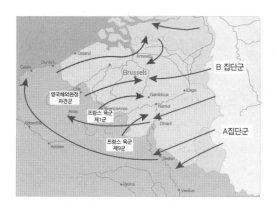

히틀러는 제1차 대전 후의 독일의 어수선한 상황을 이용하여 1933년 최고 실권자의 자리에 올랐다. 이후 그는 유럽을 자신의 체제로 재편하려는 계획을 강력하게 추진했다. 1935년 재군비 선언을 통해 군사력을 증강하고 제1차 대전 후 할양하였던 주변의 영토를 회복하고 오스트리아와 체코를 합병했다. 1939년 9월에는 폴란드를 침공하여 단 4주만에 소련과 분할 점령했다. 이후 히틀러가 숨을 고르며 프랑스 침공 계획에 몰두하였다. 히틀러가 프랑스 침공을 앞두고 군부에게 폴란드전처럼 프랑스전도 단기간에 끝내라고 했다. 전쟁이 장기전으로 갈 경우 전쟁자원 조달면에서 독일은 불리할 것이고, 눈치 보던 주변국들이 연합군 편에 설 것이기 때문이다.

독일군 지휘부는 제1차 세계대전 때의 슐리펜 계획처럼 벨기에

에리히 폰 만슈타인 장군
(출처: 위키백과)

서쪽에서 침공하여 동쪽으로 우회 기동하여 연합군을 포위 격파하려는 전략을 세웠다. 독일군 지휘부가 이 전략의 완성을 위해 몰두하고 있을 때 천재적인 전략가로 불리는 프리츠 만슈타인 장군이 등장했다. 만슈타인은 단기전 승리를 위해서는 초전에 적이 예측하지 못하는 장소와 시간에 강력한 기습을 하는 것이 필수인데, 적이 이미 만반의 준비를 갖추고 기다리고 있는 마지노선 지역과 벨기에 서부 지역으로 침공하는 것은 반드시 실패할 것이라고 예측했다. 만슈타인은 아무도 주목하지 않는 마지노선이 끝나는 아르덴 삼림 지역을 기습하기 좋은 회심의 장소로 보았다. 만슈타인 계획의 핵심은 연합군이 대비하고 있는 지역이 아니라 그들이 방심하고 있는 지역을 빠른 속도로 돌파한 다음 적 주공의 배후로 기동하여 적을 두 동강 내는 작전이었다. 당시의 많은 독일장군들은 대규모 기갑군의 전격 기동전술에 대해서는 확신을 못하고 있는 상태였다. 그들의 전쟁 교리는 아직도 제1차 대전의 교리에 머물고 있었다. 그들은 기갑부대는 소규모 편제로써 보병 위주의 부대를 보조하는 정도로 운영하는 것이 적당하다고 생각했고, 만슈타인이 제안한 기갑군 중심의 대규모 기동전은 그들에게 위험천만한 전략이었다. 만슈타인은 우연한 기회에 히틀러를 만나 열정적으로 자신의 작전을 설명하였고, 이후 히틀러는 군 지휘부에 만슈타인의 안을 바탕으로 한 새로운 계획의 입안을 강력히 요구하였다.

전쟁, 혁신, 사람 그리고 전략

시대를 앞서는 혁신적 전략은 어느 시대나 고정관념에 사로잡혀 있는 보수주의자들에 의해 부정당해왔다. 기갑부대를 대규모로 묶어서 기동전력으로 사용한다는 혁신적인 발상은 당시 많은 국가의 고위 지휘관들이 받아들이기 힘들었다. 다만 독일이 다른 국가와 다른 점은 독일군 내에는 이 혁신적인 전쟁 교리를 확신하고 지지하는 소장파 장군들이 있었다는 것이다. 바로 하인츠 구데리안과 에르빈 롬멜 등이었다. 결국, 만슈타인의 기발한 전략과 소장파 장군들의 활약으로 프랑스가 자랑하던 마지노선은 순식간에 무용지물이 되고 말았다. 혁신은 더 나은 세상과 삶을 추구하는 것이지만 넘어야 할 것들이 많다. 대부분은 기업 내

하인츠 빌헬름 구데리안
(출처: 위키백과)

부의 반대자들이고 이들을 설득하는 것이 최우선과제이다. 그러기 위해서는 내부의 동조자를 확보해야 한다. 다음으로는 외부의 고객들과의 소통을 잘해야 한다. 고객과의 소통 실패는 앞으로 나아갈 수 없는 최대의 장애물이다. 애플의 아이폰도 마찬가지이다. 아이폰은 휴대용 컴퓨터에 전화 기능을 부착한 기기이다. 기존의 휴대폰 제조기업들이 휴대폰에 다른 기능 혹은 기기를 결합하는 것을 생각하고 제품 개발을 하였는데 스티브 잡스는 이 발상을 뛰어넘어 전화기를 기능으로 보고 컴퓨터에 그 기능을 삽입한 것이다. 항상 혁신적인 발상의 전환은 경쟁에서 앞서가는 원동력이 되는 것이다.

리더의 시대를 앞선 혁신 전략으로 승리를 쟁취하다.

독일군의 프랑스 침공은 1940년 5월 10일 시작되었다. B집단군이 서부에서 네덜란드와 벨기에를 침공하여 연합군의 주의를 끄는 동안 A집단군이 아르덴 삼림지역을 향해 룩셈부르크와 벨기에 동부로 기동하였다.

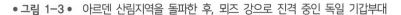

●그림 1-3● 아르덴 산림지역을 돌파한 후, 뫼즈 강으로 진격 중인 독일 기갑부대

출처: 위키백과

A집단군은 44개 사단이 포함된 3개의 야전군이 편제된 거대한 전력이었는데 선봉은 클라이스트 집단군이 담당하였고, 그중에서도 구데리안이 지휘하는 제19기갑군단이 창 끝 부대의 역할을 맡았다. 구데리안은 "세계 기갑전의 아버지"로 불릴 만큼 기갑전력의 혁신

전쟁, 혁신, 사람 그리고 전략

적 전략과 운영을 창안한 인물이다. 그는 일찍부터 전쟁에서 탱크의 유용성에 대해 많은 관심을 가졌고, 탱크를 주력으로 한 기갑부대의 전술에 많은 연구를 했다. 구데리안은 최초로 탱크의 설계와 운영에 대한 기본 개념도 제시한 혁신가였다. 현대의 모든 탱크들은 거의 비슷한 모델을 바탕으로 기동력, 방어력, 공격력을 조합한 최적의 구조와 시스템, 인원으로 구성되어 있다. 이 기본 모델을 최초로 제시하고 활용한 인물이 구데리안이다.

제19기갑군단은 1940년 3월 상급부대인 클라이스트 기갑군으로 부터 최대한 빠른 시간에 룩셈부르크와 벨기에를 통과하여 프랑스 국경인 세당 부근의 뫼즈 강을 도하하라는 작전명령을 하달 받았다. 이 작전을 수행하기 위해서 가장 중요하고 어려운 것은 아르덴 삼림 지역을 얼마나 빠른 시간에 돌파하느냐는 것이었다. 클라이스트 집단군은 병력만 13만 명이 넘었고 차량과 전차가 4만 대가 넘는 대군이었다. 이런 대군이 험준한 지형과 곳곳의 병목지역을 신속히 통과하는 것은 결코 쉬운 일이 아니었다. 만일 연합군의 항공정찰에 발각되기라도 하면 작전의 실패는 물론이고 대군이 전멸하는 최악의 사태가 발생할 수 있었다.

클라이스트 부대는 부대별 기동순서와 시간표를 짜고 제19기갑군단은 기동로의 우선 사용권을 포함한 자세한 기동계획을 수립하기에 몰두했다. 도상 연구와 항공정찰 사진을 기반으로 교량, 예상 장애물과 병목지역 등을 파악했다. 완벽한 전쟁계획은 존재하지 않는다는 말이 있다. 누구나 전쟁 전에 완벽한 계획을 수립하지만 막상 전쟁이 발생하면 지형, 기후, 특히 적에 의해 마찰이 축적되고 결국 계획대로 진행할 수 없다. 앞으로 여러 변수가 발생할 것을 알고 있는 구데리안은 워게임을 통해 여러 상황을 가정한 작전을 시험했고 휘하 지휘관들에게 숙지시켰다.

5월 10일 드디어 제19기갑군단은 제1기갑사단을 선두로 룩셈부르크 국경을 넘어 남으로의 기동을 시작했다. 룩셈부르크군의 저항을 돌파한 제19기갑군단은 벨기에서도 당연히 저항에 부딪혔다. 벨기에군의 저항은 비록 예상보다 강하지는 않았지만, 독일군의 순조로운 진격을 방해하기에는 충분했다. 벨기에군의 저항과 곳곳에서 발생하는 진격 정체로 제19기갑군단은 많은 어려움을 겪었지만 5월 12일 선두가 아르덴 숲 지역을 돌파하고 뫼즈 강에 도달하였다. 독일군은 누구나 어렵다고 예상한 기동을 시작 57시간만에 해낸 것이다.

이 전투에서의 승리의 요인은 단연코 구데리안이라는 리더의 뛰어난 전략과 혁신적인 방법을 동원한 전술이다. 기업의 경영전략에서도 마찬가지이다. 우선적으로 시대를 앞서가는 혁신적인 마인드를 가진 최고경영자가 있어야 하고 다음으로 확신적이고 적극적인 전술이 있어야 한다. 휴대폰 시장을 보자. 최신 기술로 휴대폰이라는 제품 범주를 창출한 모토로라라는 회사가 있었고, 이어서 가격우위 전략을 내세운 노키아라는 선도 기업이 있었다. 그리고 끊임없는 개선을 통해 차별화를 달성하여 세계적 기업으로 성장한 삼성전자도 있다. 하지만 기존의 휴대폰 제조 기업들은 스마트폰이라는 새로운 혁신을 들고 나온 애플에게 모두 무릎을 꿇었다. 이 애플에는 스티브 잡스라는 최고의 경영자가 있었고 아이폰이라는 실질적인 무기와 혁신적인 마케팅 전략이 있었다.

오합지졸과 정예군의 대결

독일군이 움직이자 연합군 제1집단군은 사전 계획에 의해 독일군을 맞이하러 벨기에 서부로 진군했다. 연합군은 독일의 주공이 전면에 있는 B집단군이라고 의심치 않았고 아르덴 방면에는 아예 신경도 쓰지 않았다. 프랑스 정찰기가 아르덴 지역에서 독일군을 목격했음에도 그들의 고정관념은 바뀌지 않았다. 프랑스는 주력은 서부 지역에 배치하고 동부는 마지노선을 믿었다. 전차와 현대식 첨단 무기로 무장한 독일군이 중앙의 아르덴 지역을 통과하여 침공하리라고는 아예 상상조차 하지 않았다.

5월 10일 당시 아르덴 지역을 담당하는 프랑스 부대는 제2군의 제10군단 소속의 제55사단이었다. 제55사단은 거의가 30세 이상의 예비역들로 구성된 2선급 부대였다. 현역과 예비군을 섞어서 편성한 중대는 부대원들끼리 단결력과 결속력도 기대하기 어려웠다. 독일군이 전차를 앞세우고 도상연습은 물론이고 실제 지역과 유사한 지역에서 수차례 돌파 연습을 하는 시간에 프랑스군은 뫼즈 강을 최적의 방어 시설로 설정한 다음 벙커 건설에 집중하였다. 그러나 프랑스군이 공들여 건설한 벙커는 현대식 첨단 무기로 무장한 독일의 정예 부대들에 의해 속절없이 무너졌다.

공격에서는 항상 최고의 전력으로 강하게 공격하는 것이 가장

항복하는 프랑스 군
(출처: 유용원의 군사세계)

정답이다. 현재 우크라이나를 침공한 러시아군의 모습에서도 알 수 있다. 방어를 하는 우크라이나는 열세임에도 불구하고 임전불퇴의 마음가짐으로 임하고 있고 러시아군은 마치 산보를 나온 듯한 안일한 마음으로 전쟁에 임하고 있다. 무기의 절대적인 우세에도 불구하고 쉽게 전장을 장악하지 못하는 것을 보면 역시 전쟁은 사람이 하는 것이고 사람의 정신 무장이 중요하다는 것을 보여준다. 최근의 자동차 시장을 보아도 이를 분명하게 알 수 있다. 자동차 기업들은 항상 신차를 공개하는 데 온 기업의 역량을 집중한다. 그리고 시장에 강력한 한방을 가할 수 있는 신차를 선보이려고 모든 마케팅 역량을 집중한다. 최근 한국의 현대와 기아차를 봐도 그렇고 유럽과 미국의 자동차 기업들도 마찬가지이다. 그런데 한때 세계를 재패한 일본 자동차 기업들의 오늘날의 행태를 보면 프랑스 군의 모습이 연상된다. 마치 예비군과 신병들이 섞여서 화합이 되지 못하는 모습을 종종 보인다. 새로운 것을 만들어가기 위해서는 무엇보다도 구성원의 조화가 중요하고 마음가짐과 언행의 일치가 있어야 한다.

머리가 나쁘면 몸이 고생한다.

　5월 13일 오후부터 구데리안의 기갑군단은 각 사단별로 도하를 시도했고, 이날 뫼즈 강 돌파는 용감한 보병들과 공군에 의해 이루어졌다. 공군의 가장 큰 역할은 장시간 폭격으로 프랑스군의 전투의지를 떨어뜨렸다. 민간인과 다를 바 없는 예비군으로 구성된 프랑스 제55사단은 서서히 공황상태에 빠지다가 한순간에 급속도로 와해되었다. 프랑스 2선급 부대와 최정예 독일 기갑군단의 대결은 이미 승패가 결정된 것이나 다름없었다. 프랑스군은 앞을 다투어 진지를 벗어나 무질서하게 후퇴하기 시작했다. 이 와해 현상은 옆으로 뒤로 빠르게 확산되었고 프랑스 군의 지휘관들은 속수무책이었다.

　독일군은 지휘관들의 현장 지휘를 중요시했다. 현장에서 직접 상황을 관찰하며 적절한 결정을 내리고 상황을 정리했다. 바로 이 점에서 프랑스군과 많은 차이가 있었다. 당시 독일군은 장군들이 현장에서 전투를 직접 지휘하고 있었지만, 프랑스군은 사단장은 물론이고 연대장들도 현장을 방문하지 않았다. 모두가 자신의 전장과는 멀리 떨어진 자신의 지휘소에 있었다. 이들이 지휘를 회피했거나 전투현장을 무서워해서 그런 것은 아니었다. 제1차 대전 당시의 지휘 방법을 답습했기 때문이다.

　독일군에게는 위기이고 프랑스군에게는 기회인 때도 있었다. 독일군 내에서는 제10기갑사단이 도하를 마치지 못했고 프랑스가 강력한 측면 역습을 해올 시에 이를 감당할 수 있을지가 염려되었다.

독일군은 뫼즈강 도하 후에 계획대로 서쪽으로 방향을 틀어서 진격을 시작해야 하는데 도하지점의 교두보가 안정되지 않아 지휘부와 현장의 지휘관들 사이에 다툼이 있었다. 그러나 클라이스트 사령관과 구데리안 군단장은 때로 의견 다툼이 있었지만, 대전략에 대해서는 의견을 일치하여 뫼즈강 도하 후에 과감하게 서쪽으로 진격을 결정했다. 이후 우리가 잘아는 전격전이 시작되었다. 구데리안은 서쪽의 대서양을 향해 말그대로 전격적으로 질주하여 연합군 주력의 배후를 절단했다.

프랑스는 비록 제55사단이 무너졌지만 역습을 가할 힘은 있었다. 특히 15일의 역습에서는 독일군과 치열한 공방전을 벌였다. 당시 프랑스군에는 역습을 성공시킬 전력은 충분했다. 그러나 역습에 실패한 가장 큰 원인은 지휘력에 있었다. 프랑스군은 독일군이 뫼즈강 도하를 시작하는 13일부터 반격을 계획했으나 군사령부-군단-사단-연대의 지휘명령 라인이 불명확했고 통신이 제대로 이루어지지 않아 부대의 이동과 재배치가 이루어지지 않았다. 게다가 제55사단장 라퐁텐 장군은 혼자 결정을 내리지 못하고 군단의 명령을 수령하는데 무려 9시간이나 허비하였다. 자신의 부대가 혼란에 빠지면 강력한 리더십으로 부대를 장악하고 상황을 통제해야 하는데 그는 군단장의 명령 수령에 천금 같은 시간을 허비했다. 게다가 각 연대에는 대전차포도 부족했고 통신장비도 부족했다. 포병도 혼란에 빠져 화력 지원을 할 수 없었고, 연대장과 대대장들도 혼란에 빠져 부대를 제대로 통솔할 수가 없었다.

5월 10일과 11일 독일군이 아르덴을 돌파하자 프랑스 총사령관
모리스 가믈랭 대장과 전쟁지휘부는 이
지역의 독일군을 주공으로 인식하지 않았
다. 아르덴 침공은 서부 지역의 침공을 기
만하는 양동작전으로 생각했다. 그들은 독
일군의 주력은 반드시 서부지역으로 올

파리에서 승전 퍼레이드 중인 독일군
(출처: 위키피디아)

것이라고 철석같이 믿었다. 그럼에도 뭔가 불안했는지 증원부대를
세당으로 파견했다. 그러나 여기서 프랑스군 지휘부는 적의 의도를
오판하고 있었다. 이들은 세당지역을 침공하는 독일군은 남동쪽으
로 선회하여 동쪽의 마지노선 후방으로 기동할 것으로 생각했다.
그러나 독일군은 반대 방향인 서쪽의 연합군의 배후로 기동하기 시
작했다.

　독일군의 서진은 그야말로 전격전이었다. 구데리안 장군은 자신
의 기갑사단들을 서쪽 방향으로 질주하도록 독려했다. 독일 기갑사
단들은 프랑스군을 만나면 우회하고 포로를 만나면 후속하는 부대
에 맡기고 오직 서쪽 영국해협으로 빠른 속도로 기동했다. 벨기에에
진출한 연합군 주력의 배후에는 제대로 된 연합군의 부대가 없었고,
심지어 전략 예비대도 없었다. 일부 부대가 역습을 가했지만 강력한
기갑사단의 적수가 되질 못 했다. 5월 20일 구데리안의 선봉대가 아
미앵에 도착함으로 독일군은 벨기에에 진출한 연합군 주력과 파리
의 연결을 절단했다. 당연히 연합군 100만 명은 독 안에 든 쥐 신세
가 되었다. 독일군의 파리 진격을 막을 전략 예비 부대조차도 없었

다. 이후 프랑스는 전쟁을 계속할 전력도 없었고 의지도 잃게 된다. 결국, 6월 14일 파리를 무방비 도시로 선포하여 내주고, 6월 22일 굴욕적인 강화조약으로 독일의 점령지가 되었다.

이처럼 전쟁에서 승리하기 위해서는 지휘관의 역할이 매우 중요

프랑스 점령 후 파리 시내를 관광 중인 히틀러
(출처: 독일연방기록보관소.
© Bundesarchiv)

하다. 우리 옛말에 머리가 나쁘면 몸이 고생한다는 말이 있다. 지휘관의 전략이 뛰어나지 못하면 아래의 병사들이 몸 고생을 한다는 의미이다. 전투에서 지휘관은 자신이 가진 모든 전투력을 파악하고 이를 적재적소에 배치하고 운용하는 능력이 매우 중요하다. 이를 우리는 전략적 사고 즉, 전체를 보는 눈을 의미한다. 프랑스군의 지휘관들은 이러한 전체를 보는 눈이 부족했다. 또한, 현장에서 얻는 정보를 분석하고 활용하는 능력도 매우 중요하다. 즉, 지휘관은 전투 현장을 직접 보고 병사들과 소통하면서 지휘를 해야 하는데 보이지 않는 곳에서 지도만 바라보며 지휘하는 과거의 사고방식으로 접근하면서 우세한 전략을 마련하고 있으면서도 전쟁에서 패하고 마는 것이다.

승패의 원인

독일의 프랑스 침공은 세계전사에서도 보기 드문 대담한 승리였

전쟁, 혁신, 사람 그리고 전략

다. 승패의 요인을 간단히 말하면 고정관념 대 발상의 전환, 그리고 구시대의 연장 대 혁신이라고 할 수 있다. 여기서 우리가 경영전략적인 측면에서 배울 수 있는 요소는 항상 기본에 충실하면서도 생각의 전환이 경쟁에서의 승패를 좌지우지 한다는 것 그리고 혁신의 중요성 등이다. 패배한 프랑스군과 승리한 독일군의 관점에서 이러한 요인들을 분석해보자.

프랑스군의 패배 원인

1) 생각을 바꾸지 않으면 기본도 바뀌지 않는다.

아르덴 삼림지역을 프랑스군은 군대가 기동하기 어려운 지역이라는 고정관념에 머물러 있었고, 반면 독일군은 기습하기에 가장 접합한 지역으로 보았다. 같은 삼림지역을 보는 관점이 달랐다. 아이폰이라는 스마트폰을 시장에 처음 내놓은 애플의 잡스는 스마트폰을 전화기로 보지 않고 컴퓨터에 전화기능을 넣는 것으로 보았다. 반면 시장 1위 기업이었던 노키아는 전화기의 발전만을 생각했고 거기에만 매달렸다. 결국 스마트폰이라는 제품 범주는 오늘날 휴대폰 시장을 점령하였고 기존의 휴대폰은 역사속으로 사라졌다. 지금은 애플이 시장 1위이고 노키아는 사라졌다.

프랑스는 제1차 세계대전의 전략과 전투교리에 머물러 있었다.

전선 중심의 방어전략과 정형화된 전장 관리 및 통제 위주의 지휘에 머물러 있었다. 반면 독일은 미래에는 기갑부대가 전투의 방법을 바꿀 수 있다고 미리 내다보았고, 기갑전력을 대규모 집단화하여 기동 위주의 공세적 중심타격 교리를 채택하였다. 이를 위해서 지휘관들에게 현장 위주의 지휘와 목표달성을 위한 임기응변성 지휘를 장려하였다. 군대나 기업은 리더의 사고와 전략에 의해 인력과 자원을 배치되고 의사결정을 하고 실행을 한다. 1940년 2차 세계대전 초반의 프랑스는 기본에서부터 독일에게 지고 전쟁을 시작한 것이다.

프랑스는 대전략으로 방어가 공격보다 유리하다는 사상에 입각하여 군사전략을 수립했다. 방어중심의 대전략은 요새 건설로 이어졌고 그 대표적인 것이 독일과 국경을 맞대고 있는 동부 지역의 마지노 방어선이다. 마지노 방어선은 천문학적인 예산을 투입하여 길이 350Km, 142개의 지하요새, 350개의 포대, 5천개가 넘는 벙커로 연결된 철벽 방어선이었다. 그러나 독일의 침공 시에 마지노 방어선은 무용지물이었고 그곳에 상주하는 80만 대군은 어떤 역할도 하지 못했다. 독일의 기갑부대는 아르덴을 돌파한 후에 동쪽의 마지노선이 아니라 서쪽으로 전력 질주로 기동하여 마지노선은 어떤 역할도 하지 못했다. 서쪽에는 독일 기갑부대를 막을 어떤 부대도 없었다. 눈 깜작할 사이에 서쪽으로 진격한 독일군은 프랑스군과 연합군의 배후를 차단했다.

프랑스군은 자기들의 방어만 생각했지 적이 어떻게 생각하고 움직일까에 대한 생각은 하지 않았다. 적은 나와 다르게 생각하고 움

전쟁, 혁신, 사람 그리고 전략

직일 수 있다는 생각을 하지 못했다. 전략이 조금만 더 유연했더라면 아르덴 지역을 방치하지 않았을 것이다. 스마트폰이 향후 휴대폰의 주력 제품이 될 것이고 이에 대한 투자와 대비를 하지 못한 많은 기업이 사라졌다. 뒤늦게 나마 투자하고 따라간 삼성전자는 생존했고 애플과 우위를 다투고 있다. 시장을 선도하는 것도 중요하고 빠르게 쫓아가는 것도 중요하다. 생각의 전환이 빠른 기업은 살아남고 그렇지 못한 기업은 기본을 바꾸지 못하고 도퇴하는 것이다.

2) 구시대적 전략

프랑스군의 전쟁 대전략은 선 방어 후 역습이었기 때문에 전투 교리도 방어중심이었다. 이러한 방식은 굉장히 정형화된 전투방식 Methodical Warfare이었다. 선 방어 후 역습을 위해서는 병력 배치와 보급이 정밀하게 이루어져야 했다. 시간 계획에 의해 통제선을 관리해야 하고 단계적 전투를 세밀하게 관리해야 한다. 이런 정형화된 전투를 위해서는 중앙집권적인 관리가 필요하다. 이런 정형화된 교리에 사로잡힌 프랑스의 지휘관들은 현장에서의 지휘보다는 지휘소에 머물면서 지도를 보면서 병력과 물자의 이동을 관리하는 데 집중했다.

전투현장은 수많은 돌발 상황과 우연이 매우 급하게 겹치는 곳이다. 기업경영도 마찬가지이다. 최고경영자의 실수와 오판이 겹치고 경쟁사는 예상 밖에서 움직이기에 때문에 모든 것이 용광로처럼 펄펄 끓는 곳이 기업의 경영현장이다. 전투와 기업의 경쟁 모두는 적이라는 가변성을 지닌 실체를 상대하는 곳이기에 현장에서 리더가 끊임없이 파악하고 결단을 내려야 한다. 또한, 실제 전투현장에서는 수많은 변수가 발생한다. 교량이 파괴될 수도 있고, 피난민으로 인한 차량정체가 일어날 수 있고 중도에 적의 기습이 있을 수도 있다. 클라우제비츠가 전쟁론에서 말한 마찰의 개념 즉, 수많은 우연이 도서라고 있는 것이 전투이다. 전쟁의 첫번째 적은 계획 그 자체이며, 전쟁계획은 적과 마주해봐야 안다는 말이 있다. 전투 마찰을 최소화하는 것이 지휘관의 역할이다. 기업의 최고경영자도 마찬가지이다. 기업의 최상부층에서 올라오는 숫자만 바라봐서는 절대 현장을 알 수 없다. 소비자와 경쟁사가 치열하게 경쟁하는 시장이라는 현장에서의 분위기를 직접 경험해야 한다.

지금의 시장은 더욱 치열하고 변화는 하루가 멀다고 급격하게 이루어지고 있다. 이제 구시대적인 사고에 머물러 있으면 갑작스러운 운석의 충돌로 멸종한 공룡처럼 한순간에 기업은 사라지고 말 것이다. 환경은 변한다. 그렇다면 기업도 변해야 하고 심지어 오늘날의 기업은 변화를 주도해 나가야 할 것이다.

독일군의 승리 원인

오늘날 기업경영에서 가장 중요한 키워드를 들라고 하면 단연코

전쟁, 혁신, 사람 그리고 전략

혁신이라는 단어일 것이다. 독일군의 승리요인에서도 단연코 떠오르는 단어는 혁신이다. 사람과 무기 모든 것에서의 혁신이 전쟁 초반 모든 이의 예상을 뒤엎고 독일군이 승리를 이어간 것이다. 혁신은 더 나은 세상을 만들기 위한 사고와 행동의 전환이다. 고 이건희 회장의 발언처럼 모든 것을 바꾸어야 경쟁에서 살아남을 수 있는 세상이 되고야 말았다.

1) 혁신으로 전쟁의 기준을 바꾸다.

독일은 공세 지향적 전술과 기동, 속도를 중시하는 전투 교리를 채택했다. 제1차 대전 시 보병 위주의 장기전은 군사력만 아니라 국력까지 소진했고 결국 국력이 부족한 독일은 휴전을 요청했다. 명분은 휴전이었으나 실상은 항복과 같은 베르사유 조약이었다. 이후 독일군은 히틀러 집권 후에 착실히 군사력을 증강했고 이전과는 확연하게 다른 혁신적인 전술과 전투 교리를 발전시켰다. 독일 군부 내에서는 종심돌파의 중요성을 강조하고 대규모화된 기갑전력이 적의 취약한 부분을 돌파하고 후속하는 보병대가 전과를 확대하는 전략이 생겨났다. 선봉의 기갑전력은 적의 격멸이 아니라 적이 방어선을 구축 못 하도록 연속적으로 기동하는 것이 임무였다. 즉 보병이 아닌 기갑전력을 앞세운 기동 전략으로 전장을 돌파하는 것에 초점을 맞춘 새로운 전쟁의 기준을 만든 것이다.

독일군은 종심돌파 전략을 위해 전차들은 분산배치 하지 않고

집단화시켰다. 독일군은 사단 전체가 탱크와 차량으로 이루어진 기갑사단을 만들고 이 사단들을 묶어서 기갑군단을 만들고 또 이를 모아서 기갑군 단위를 만들었다. 이에 비해 기존방식대로 기갑대대를 배속한 프랑스 보병사단이 이들에게 맞서는 것은 아예 불가능했다. 프랑스의 보병부대 더구나 전투 준비가 전혀 되지 않은 2선급 부대들이 구데리안의 기갑군단을 상대한다는 것은 불가능한 일이었다.

어떤 전략의 출현은 하늘에서 그냥 떨어지는 것이 아니다. 그 전략을 태동하게 하는 기본적인 개념과 이론, 기술적 인프라, 동조하는 핵심인력이 있어야 한다. 만슈타인의 과감한 돌파 작전도 당시 독일군 내에 여러 조건이 갖추어져 있었기 때문에 혁신적인 발상이 가능했다. 이 작전의 발상은 당시 독일군 내부에서 혁신가들에 의해 태동하기 시작한 종심돌파 전략, 집단화된 기갑전력, 구데리안과 롬멜처럼 공감하고 실행할 수 있는 인물들이 있었기 때문에 가능한 것이었다. 또한, 이 작전이 채택된 이유는 만슈타인의 전략을 꿰뚫어 보고 성공을 확신한 최고 결정권자 히틀러의 승인이 있었기 때문에 가능했다. 히틀러는 만슈타인의 설명을 듣고 금방 이해했고 승인했다. 히틀러는 지휘부에 만슈타인의 안을 기반으로 프랑스 침공작전을 작업하라고 명령했다. 조직의 성공에서 가장 중요한 것은 역시 최고 결정권자이다.

이처럼 기업경영에서도 혁신적인 아이디어가 나올 수 있는 토양이 만들어져야 한다. 이러한 토양은 하루아침에 만들어지지 않는다. 최고경영자의 확신과 지원으로 기업 내 인프라가 구축되어야 하고

전쟁, 혁신, 사람 그리고 전략

이러한 것이 받아들여지는 문화가 조성되어야 한다. 우리나라 기업에는 왜 스티브 잡스나 빌 게이츠가 없을까? 우스갯소리로 우리나라의 잡스나 게이츠는 모두 대리이기 때문에 그렇다는 이야기를 한다. 대한민국에서는 아무리 대리가 좋은 아이디어를 내어놓더라도 과장이나 부장이 가로막고 있는 우리의 생태계에서는 아이디어가 실제화되기에는 불가능하다는 것이다. 최근에 반가운 소식은 우리나라도 변화하고 있다는 것이다. 점점 구세대와 신세대 간 소통의 필요성이 대두되고 있고 사회적으로 사고의 전환 이야기가 언급되고 있다. 빠른 속도로 우리 기업에서도 이러한 혁신가들이 나오기를 기대한다.

2) 리더십의 혁신

제2차 대전 시에 독일군은 현장 중심의 분권화 된 지휘를 중요시했다. 독일의 지휘관들은 급변하는 전투현장 상황을 직접 파악하고 실시간으로 자율적으로 융통성 있게 지휘하도록 교육과 훈련을 받았다. 많은 이들이 제2차 대전 시에 독일군들의 전투력이 가장 강했다고 평가하는데 이러한 후한 평가는 독일군의 독특한 지휘 방법 즉 임무형 지휘체계Auftragstaktik에서 출발한다.

독일군의 임무형 지휘체계는 당시 주변 다른 국가들의 중앙집권적 통제 중심의 지휘체계에 비교하면 혁신적인 방법이었다. 독일군은 현장 지휘관에게 계획에 따른 절차 중심의 지휘가 아니라 임무달성을 위한 현장 중심의 융통성 있는 지휘를 강조했다. 지휘관들은 현장 상황에 따라 진격 루트를 바꾸기도 했고 때로는 자신의 전투 지경선을 벗어나기도 했다. 대표적인 사례가 5월 13일 뫼즈 강 도하에서 결정적 역할을 한 루바르트 중사의 전투 방식이었다. 그날 독일군 제10기갑사단은 뫼즈 강을 도하할 때 극심한 혼란에 빠졌다. 공군의 폭격이 끝날 때까지 공병과 보병의 연결이 늦어져 고무보트가 제때에 도착하지 않았고, 건너편의 프랑스군의 튼튼한 벙커는 공군의 폭격에도 살아남아 대포와 기관총으로 강력한 화력을 쏟아내고 있었다. 1차 공격이 실패로 끝난 난감한 상황에서 제49공병대대의 루바르트 중사는 소수의 분대원과 도하에 성공한 다음 보충병 포함 고작 15명으로 프랑스군의 벙커 7개을 파괴하고 도하지점의 교두보를 개척했다. 그는 사전에 계획된 부대별 전투 지경선을 무시하고 현장 상황에 따라 이동하며 프랑스 벙커를 파괴하여 독일군의 활로를 개척했다. 만일 루바르트 중사가 사전 계획 위주로 움직였다면 독일 기갑군단의 도하가 많이 늦어졌을 것이다. 즉, 현장 지휘관들이 계획 위주로 전투를 했다면 독일군 전체가 힘들었을 것이다.

독일군의 임무형 지휘는 급변하는 전투현장에서 상황에 알맞은 임기응변을 중요시했다. 현장 지휘관의 결정이 임무달성에 부합한다면 전투 지경선이나 통제, 계획을 즉석에서 변경할 수 있었다. 급박한 상황에서 사단장이 상급부대의 명령을 9시간이나 기다렸던 프랑스군의 정형화된 지휘와는 많이 대비된다. 이 임무형 지휘체계는 독일군의 교리라는 이유로 외면당하다 1980년대에 들어와서 재조명을 받게 되고 이후 많은 국가에 의해 채택되었다.

전쟁, 혁신, 사람 그리고 전략

이처럼 리더의 혁신은 적응성에 뿌리를 두고 있다. 현재처럼 변화가 무쌍하고 빠르게 진행되고 있는 시점에서 과거의 사고에 묶여 있으면 살아남지 못한다. 리더는 그 누구보다도 유연한 사고를 해야 하고 변화에 빠르게 적응해야 한다. 현대의 기업경영에서의 최고경영자가 갖추어야할 중요한 덕목이다.

3) 기술의 혁신

독일군의 승리에는 기술의 혁신이 있었다. 기술은 그 자체로는 의미가 없다. 기술은 채택되고 활용되어야 기술 자체 이상의 결과를 가져온다. 당시 유럽 모든 국가에서 탱크를 운용하고 있었다. 그러나 탱크를 보병을 보조하는 수단으로만 보지 않고 탱크를 공격의 주력으로 채택한 국가는 독일군뿐이었다. 여기에는 구데리안 장군과 같은 젊은 혁신가가 있었기 때문에 가능했다. 그는 당시 전쟁 사상가인 영국의 리델 하트와 "기갑전"을 저술한 프레드릭 풀러의 영향을 받아 기갑전력의 중요성을 일찍 알게 되었다. 독일 내에서는 만슈타인과 에른스트 폴크하임 등과 교제하며 기갑전력에 대한 지식을 넓혀갔고 "전차를 주목하라Auchtung Panzer"는 책을 직접 저술하여 독일은 물론이고 세계적으로 주목받게 되고 히틀러의 눈에 띄어 총애를 받았다.

구데리안은 1931년 차량수송 총감인 오스왈드 루츠 장군의 참모장이 되어 새로운 전차의 개발에 관여하고 기갑부대의 전투 교리와 기갑부대의 창설에 앞장섰다. 그는 전차의 적합한 크기와 무게의 표준을 정하고, 회전포탑과 장거리 무전기를 설치한 근대적 탱크 모델을 만들었다. 전차 한 대에 가장 적합한 인원과 역할도 표준화했다. 구데리안의 표준안은 현대의 모든 전차의 원형이 되었다. 그를 기갑전의 아버지라고 부르는 이유이다.

더불어 구데리안은 통신부대에서 제1차 세계대전을 겪은 경험으로 일찍이 통신의 중요성을 알았다. 당시 다른 국가들이 지휘용 전차 정도에만 통신 시설을 장착한 데 비해 독일은 모든 전차에 통신 시설을 장착하였다. 전차 간 통신을 이용하여 기갑부대의 효율적 기동이 가능했고 상호 협력을 통해 전투력이 향상되었다. 현대전에서는 전장의 실시간 네트워크화가 이루어져 있는데 구데리안은 1930년대에 벌써 전차 간의 실시간 네트워크화를 통한 전투력의 극대화를 시도했다. 기갑전력과 통신은 전과 확대에 절대 중요한 요소이다. 프랑스와 영국군의 탱크는 독일군보다 성능도 좋았고 숫자도 우세했다. 그러나 뛰어난 통신기술의 소통을 바탕으로 하는 탱크의 운영과 지휘 면에서는 독일군이 우세했고 이것이 전체 전투력도 더 강하게 만들었다.

제4차 산업혁명과 함께 기업의 경영과 마케팅 환경이 급속도로 변하고 있다. 모든 것이 기술의 혁신 때문이다. 이러한 혁신적인 기술은 제일 먼저 고객의 가치 기준을 변화시켰고 시장 질서와 형태를 변화시키고 있다. 이 변화는 이제 시작일 뿐이다. 4차 산업혁명으로 인한 기술의 발전이 어디로 어떻게 변화할지는 아무도 예단할 수 없다. 앞서 언급하였듯이 이러한 기술을 어떻게 적용하여 어떻게 효율적으로 활용할 것인가의 경쟁이다. AI의 예를 들어보자. 온 국가와 기업들이 수십 수백조의 천문학적인 자금을 투입한다는 기사를 거의 매일 접하게 된다. 하지만 이렇게 투입된 자금을 바탕으로 어떻게 우리의 실생활에 사용될 어떤 형태의 제품이나 서비스가 나오는지를 가장 먼저 제시하고 실행하는 국가와 기업이 세상을 선도할 것이다.

기술의 혁신적인 활용과 더불어 이를 시장 내에서 내외부적으로 소통을 하는 것도 중요하다. 이런 관점에서 소통을 중시하는 리더십의 이슈도 있다. 기업들이 1940년의 프랑스군처럼 구시대적 사고에 머물러 있을 것인가 또는 독일군처럼 전략과 리더십, 기술을 혁신하여 지속 가능한 경영을 할 것인가를 선택해야 한다.

우리가 일상 속에서 늘 만나는 마지노선

마지노선 벙커
(출처: 매일신문)

프랑스 중심의 유럽지도를 꺼내 보면 접경 국가들끼리 벌인 치열한 전쟁사를 읽게 된다. 러시아는 부동항을 찾아서, 독일은 넓은 남쪽 평원을 쟁취하기 위해 그리고 프랑스는 동부의 보고를 확보하고 서쪽의 제해권을 확대하려고 호시탐탐 노린다. 영국인들 어디 손 놓고 있겠는가. 1870년 보불전쟁에서 승리한 독일이 세력을 확장해 나가자 영국을 비롯한 프랑스, 러시아 등 주변국들이 그냥 두고 보지 않는다. 패권 다툼은 급기야 1차 대전의 불씨가 되고 만다. 특히 프랑스와 독일은 견원지간이나 다름없다. 언제 돌변하여 서로에게 총부리를 겨눌지 모르는 양국은 군비 증강에 경쟁을 벌인다. 나폴레옹 이후 프랑스는 독일 침공에 대비하여 견고한 참호 구축에 집중하고 독일은 전략체계를 과감하게 개혁해 나갔다.

1916년 2월, 프랑스는 1년이 넘는 악전고투 끝에 베르덩(Vrdun)에서 독일의 침공을 막아냈다. 파리 북쪽의 전략적인 요충지인 베르덩을 지켜냄은 곧 프랑스군의 자존심과 방어제일주의를 확인한 결과가 되었다. 콘크리트 보루는 소낙비를 퍼붓는 듯한 독일군의 포격에도 거뜬히 버틸 수 있었기에 베르덩의 승리는 프랑스 국민적 예찬을 넘어 전설이 되었다. 군내외 지도자는 물론 시민들에 이르기까지 영웅적인 방어전이 베르덩을 승리로 이끌어냈다며 방어전략에 대한 믿음을 확고히 했다.

1차 대전 이후 드디어 프랑스는 독일과의 전쟁에 대비하여 스위스부터 룩셈부르크에 이르는 독일과 접경지역 지하에 총길이 750km의 요새를 구축한다. 대략 5km 간격으로 5,000여 개의 벙커를 만들었는데 그중에는 일천 명의 병력이 상주할 수 있는 142개의 요새를 갖춘 대규모의 철근콘크리트 보루를 만들었다.

베르덩 전투에 부사관으로 참전하고 훗날 국방장관이 된 앙드레 마지노(1877~1932)가 제안하고 건설하기 시작하였는데, 견고한 참호야말로 어떠한 공격도 이겨낼 수 있다는 강한 믿음에서 출발되었던 것이다. 마지노 사후에 완성된 마지노벙커는 견고한 내벽뿐만 아니라 건물 밖에도 총포를 쏠 수 있는 공간을 마련하고 독일군의 근접을 원천적으로 차단하도록 하였다. 그것이 곧 2차 대전 당시 독일침공에 맞선 그 유명한 프랑스의 방어선, 마지노선(Ligne Maginot)이다.

마침내 1939년 9월, 히틀러가 폴란드를 침공하자 프랑스는 육군 병력의 절반 이상을 마지노벙커에 투입, 전투태세에 들어갔다. 하지만 1940년 5월 10일, 전쟁을 시작한 독일은 전혀 예상 못 한 마지노선 북쪽 끝의 아르덴 산악지대로 대규모 기갑부대를 통과시켜 연합군 주력을 일거에 포위하는 엄청난 기동전을 선보였다. 무려 150만 명의 연합군 주력이 갇혔다. 이때 마지노선에 주둔한 80만 명의 프랑스군은 현 위치를 포기하고 밖으로 나가 아군을 도울 수 없었다. 결국 6주 후에 프랑스는 항복했다. 인류사 최고의 방어물이라 자부했던 마지노선은 프랑스를 보호하지 못했다. 제1차 세계대전 종전 후 20년 동안 공군과 기동화된 기계화부대가 전선의 주역으로 바뀐 것을 간과한 결과였다. 독일은 새로운 혁신을 채택하여 승리하였고 프랑스는 과거 속에 멈추어서 변화하지 않는 냄비속의 개구리처럼 있다가 당하고 만 것이다.

이제, 군사용어였던 마지노선은 세간에 자주 회자되는 언어가 되었다. 참호방어의 대명사로 불리어지던 마지노선은 역사의 뒤안길로 사라졌지만 그 의미는 생활 속에 살아남아 '지켜야할 한계 선', '넘어서는 안 될, 더 이상 허락되지 않는 경계' 등을 일컬을 때 어김없이 쓰인다. 경제지표의 마지노선, 정치도의의 마지노선 심지어 K방역의 마지노선이 뚫렸다는 기사 등이 그 구획을 결정짓는 단호함과 절박함을 더욱 절실히 느끼게 해준다.

〈출처〉 김정식 육군삼사관학교 명예교수, 2022.02.04, 매일신문.

전쟁, 혁신, 사람 그리고 전략

02

마케팅 전략의 꽃, STP 전략:

선택과 집중의 승리 - 영국 본토 항공 전투

STP 전략
·
공군의 전쟁: 현대전은 육군도 해군도 아닌 하늘의 제공권 장악이 승패를 결정한다!
·
오직 하나의 목표: 선택과 집중 → 내것은 보존하고 적의 것은 소모시키자!
·
다윗과 골리앗의 싸움: 전쟁은 양적인 것으로만 하는 것이 아니다!
·
갑작스러운 작은 불씨가 산 전체를 태워버리기도 한다!
·
결국 전쟁의 승패는 사람의 신념과 의지에 달려있다.
·
승패의 원인
·
독일군의 패배 원인
·
영국군의 승리 원인

02 마케팅 전략의 꽃, STP 전략: 선택과 집중의 승리 – 영국 본토 항공 전투

STP 전략

STP는 기업에게 새롭고 독특한 기회를 제공해주고, 목표로 고객과 가치를 함께 만들어 가고 공감하는 과정에서 매우 중요한 마케팅 활동이다. STP야말로 진정한 마케팅의 시작이고 마케팅 과정의 핵심이라고 할 수 있다. STP에서 결정한 목표 세분 시장과 이미지는 STP 이후의 마케팅 과정과 활동에서 기본적인 지침이 되어야 하고 마케팅의 목표에 영향을 주며 성과달성과정에서도 매우 큰 역할을 담당한다. 즉, STP에서 결정한 세분시장의 고객 가치는 신제품 개발과 신제품의 출시에 관련된 모든 마케팅 활동의 목적이 되는 것이다.

라면 시장에서 항상 후발 주자였던 팔도는 라면 시장 전체에서 고객의 가치를 파악하던 중 빨강 국물의 라면에 대해 지루해하는 고객 가치를 발견한다. 그러던 중 한 연예 프로그램을 통해 이경규의 꼬꼬면을 만들어내고 이를 중심으로 라면 시장에서의 틈새인 하얀 국물 시장을 개척한다. 모든 마케팅 자원을 집중하여 하얀 국물이라는 개념을 고객의 마음속에 심어주는 것에 성공하였다. 마침 삼양라면의 나가사끼 짬뽕이라는 제품이 출시되고 이 두 하얀 국물은 라면 시장의 트랜드로 자리를 잡는 데 성공한다. 그리고 2년간 매우 큰 성공을 달성하였다. 하지만 그 이후 하얀 국물이라는 시장을 벗어나 지속적인 가치를 이루는 것에 실패하여 주춤하고 있다.

이 사례에서 보듯이 팔도는 고객 시장을 제품 특성과 고객 욕구에 초점을 맞추어서 하얀국물 시장에 선택과 집중을 하여 성공을 하였지만, 후속으로 지속적인 시장 유지에 실패하여 다시 라면 시장에서의 점유율이 내려가고 있다. 여기서 보듯이 STP는 일시적인 것이 아니고, 계속해서 시장에서의 고객가치를 감지하고 확인하여 지속적인 변화를 추구해야 하는데 한시적인 것으로 끝나버려 지속적인 시장가치 창출에 실패한 것이다.

기업이 왜 STP를 마케팅의 꽃이라 하고 이를 선택해야 하는 가장 큰 이유는 공급자 중심으로 소비자가 수용하던 단순화된 수요 패턴이 점점 다양화되고 세분되었기 때문이다. 공급자 위주의 시장에서는 고객은 단지 구매자로서 기업이 만드는 제품에 모든 수요 패턴이 정형화되어 있었다. 기업 즉 공급자는 수요를 단순화시키고 대량 생산체제를 갖추어서 비용을 낮추고 대량 판매를 통해서 이익을 만들어갔다. 하지만 경쟁이 점점 더 치열해지고 경쟁사들은 타 기업보다 독특한 차별적인 다양한 제품을 만들어 가기 시작하였고, 고객들 또한 이들에 자극을 받아 다양한 수요를 표출하고 다양한 제품에 대한 요구가 늘어나기 시작한 것이다.

이처럼 다양한 시장에서의 수요를 기업은 왜 다 충족시켜주지 못하는 것일까? 그것은 기업의 자원과 능력이 제한적이기 때문이다. 코카콜라가 꿈꾸는 수요 현상 중 하나는 15억의 모든 중국인이 하루에 1병씩 콜라를 마시는 것이다. 이것이 가능할까? 하루에 15억병의 콜라를 어떻게 만들 수 있을까? 설사 그렇게 된다고 하더라도 코카콜라의 자원과 능력이 뒷받침 해주지 못할 것이다. 그렇다면 제한적인 자원과 능력을 갖춘 기업은 이 자원을 효율적으로 사용하고 효과적으로 경쟁을 하여 가진 자원과 시장 범위 안에서 경쟁사보다 더 잘 혹은 차별적으로 경쟁을 해야 시장에서 생존하고 성장할 수 있는 것이다.

제한된 자원을 바탕으로 적국과의 전쟁에서도 마찬가지 선택과 집중이 중요하다. 본 장에서는 영국 본토에서의 하늘에서의 전쟁에서 영국공군이 승리한 원인에 대해서 선택과 집중의 원칙을 바탕으로 알아보도록 하자.

공군의 전쟁: 현대전은 육군도 해군도 아닌 하늘의 제공권 장악이 승패를 결정한다!

오스트리아와 체코, 폴란드를 접수한 독일은 1940년 4월부터 6월까지 불과 3개월 만에 서유럽 6개국을 무너뜨렸다. 덴마크, 노르웨이, 룩셈부르크, 네덜란드, 벨기에, 그리고 프랑스가 힘도 한번 제대로 못써보고 항복했다. 특히, 유일하게 독일을 대적할 수 있을 것이라 믿었던 프랑스의

프랑스를 점령 후 영불해협에서 영국 쪽을
바라보고 있는 독일군 지휘부
(출처: 네이버 지식백과)

항복은 유럽인 모두에게 엄청난 충격이었다. 이제 독일의 다음 침공 대상이 영국이라는 것은 영국은 물론이고 온 세계가 다 아는 일이 되었다.

영국은 1939년 9월 1일 독일이 폴란드를 침공하자 선전포고 후에 약 30여만 명의 해외원정군을 프랑스에 파견하였다. 영국은 해양 국가인 이유로 해군은 세계 최강인 데 비해 육군의 전력은 상대적으로 열세였다. 30만 명의 영국 해외원정군은 영국이 동원 가능한 육군의 절반 이상이었고 제대로 훈련을 받고 무장을 갖춘 군인의 전부라고 해도 과언이 아니었다. 원정군은 1940년 5월 프랑스 전역에서 독일군에게 농락당하다시피 하다가 6월의 덩케르크 철수 시에 구사일생으로 살아 돌아왔다. 하지만 전차나 차량, 대포 등 중화기는 물론이고 소총조차 버리고 몸만 빠져나왔다. 프랑스군을 소탕한 독일

군이 여세를 몰아 도버 해협을 건너오기라도 하면 항복하는 것 외에는 방법이 없어 보였다. 영국이 심각한 위기에 처했지만 믿든 것이 있었다. 바로 바다였다. 250만 명의 독일 육군이 아무리 강하다고 해도 바다는 차원이 다른 거대한 장애물이었다. 도버 해협에 도착한 독일군은 수평선에 보이는 영국 해안의 하얀 절벽만 쳐다볼 수밖에 없었다.

하지만 히틀러는 느긋했다. 그는 전쟁 전부터 영국 전직 수상을 비롯한 일부 정치인들과 친하게 지냈고 영국에 화평의사를 보내면 영국의 정치인들과 국민들은 평화를 선택할 것이라고 믿고 있었다. 외교부에는 영국이 제3국을 통해 교섭을 요청해오면 절대 거절하지 말라는 훈령을 내려 두었다. 하지만 6월 한 달이 지나가는데도 영국에서 아무런 반응이 없자 히틀러는 6월 말에 국방군 최고사령부 OKW에 영국 침공 계획을 세우라고 명령했다.

영국에는 바다 외에 또 하나의 믿는 것이 있었다. 바로 독일이 프랑스를 침공하던 5월 10일 신임 수상으로 취임한 윈스턴 처칠이었다. 거친 성격과 고집세고 열정이 넘치는 이 정치인은 히틀러에게 굴복할 의사가 추호도 없었다. 히틀러를 악의 화신으로 규정하고 끝까지 싸울 것을 천명하며 전 영국인들의 항전 의욕을

윈스턴 처칠 영국 수상, 1940년 독일공군의 공습 당시 자신의 집무실에서 헬멧을 쓰고 있다.
(출처: 위키백과)

불러일으켰다. 강렬한 대국민 성명과 함께 처칠은 영국을 전시 비상

체제로 전환하여 전쟁 준비에 착수했다. 남자들이 보충병과 시민방위군, 의용소방대로 징집되자 무기공장에는 여성들이 나서서 부족한 인력을 메웠다. 중요지역에 지뢰와 철조망 장애물, 참호가 구축되고 방공호가 여기저기 만들어지고 심지어 침략군에게 혼란을 주기 위해 도로 표지판을 제거했다.

그렇지만 영국은 풍전등화였다. 무기는 미국에서 수입하고 식량 역시 미국 혹은 남미에서 수입해야 하는데 영국은 돈도 없고 신용도 없었다. 그리고 미국은 나서려고 하지 않았다. 처칠이 구축함 50대만 제공해달라고 간절히 요청했지만 루즈벨트 대통령은 거절했다. 주영 미국대사 조지프 케네디도 영국은 살아남기 힘들 것으로 보고했다. 처칠이 미국과 세계의 지원과 동참을 끌어내는 방법은 히틀러에 대항하여 싸우는 모습을 전 세계에 보여주는 것이었다. 악의 화신과 용감하게 싸우는 모습을 보여주고 작은 승리라도 만드는 것만이 처칠이 할 수 있는 최고의 방법이었다.

프랑스 항복 이후에 처칠이 두려워하는 것이 하나 있었다. 프랑스는 독일에 항복 후 파리를 내주고 남쪽의 비시에 정부를 구성하여 독일의 괴뢰정부로 전락했다. 그들의 육군과 공군의 무기는 당연히 독일군에 흡수되었지만 해외 기지에 있는 해군의 함정은 소속이 어중간했다. 이 해군 전력을 독일이 접수하면 단숨에 영국 해군에 필적하는 해군력을 가지게 될 판이었다. 처칠은 자국 해군을 프랑스 해외 해군기지에 보내 포위한 다음 항복하거나 자침하라고 통고하고 불응할 경우 격침하겠다고 협박했다. 마침내 알제리의 메르 엘

                                                    전쟁, 혁신, 사람 그리고 전략

케비르에서는 상호 포격전이 벌어졌다. 트라팔가 해전 후 135년 만에 영국과 프랑스 해군이 포격전을 교환한 결과 프랑스 해군의 완패로 끝났다.

이 사건을 보고받은 히틀러는 노발대발했고 이제 영국의 강화 제안을 기다리지 않고 군대를 직접 보내 점령하기로 했다. 영국 침공 작전명은 '바다사자 작전'으로 정해졌고, 최종적으로 9월 15일 이전에 70만 독일군을 영국 해안에 상륙시키는 것을 목표로 했다. 하지만 독일 해군은 우려를 표명했다. 70만 대군의 운송은 항공기로는 감당할 수준이 아니고 배를 이용해야 하는데 상대가 세계 최대 해군력의 영국이다. 상륙작전을 시작하면 막강한 전력의 영국 해군이 몰려들어 상륙군을 수장시킬 것이고 독일 해군은 이에 맞설 전력이 전혀 아니었다. 게다가 독일 육군은 체계적인 대규모 바다 상륙을 할 장비는 물론이고 경험조차 없었다. 공군이 나서서 제공권을 장악하여 영국 함대를 견제하고 상륙군을 엄호하는 방법이 가장 좋은 전략이다. 세계 최대의 육군을 가진 독일과 세계최대의 해군 국가인 영국이 각각 육군과 해군을 제쳐 두고 공군으로 제공권을 장악해야 하는 상황이 되었다.

해군 지휘부가 전전긍긍하고 있을 때 독일공군 총사령관 헤르만 괴링 원수가 나섰다. 그는 우세한 자신의 공군력으로 영국의 공군은 물론 해군까지 괴멸할 수 있다고 호언장담했다. 작전명 '독수리의 날 작전'은 압도적인 독일의 공군전력으로 영국의 해군과 특히 공군을 무력화시키는 것을 목표로 8월 5일 이후에 실시하기로 했다. 괴링은 부하들에게 바다사자 작전이 개시되는 9월 15일까지 영불해협과 영국 상공에 단 한 대의 적기도 발견할 수 없도록 하라고 명령했다. 이제 사상 최초로 육군과 해군을 배제하고 공군만으로 한 국가를 무력화시키려는 작전이 시작되었다.

괴링은 공군의 5개 항공군사령부를 재편하여 3개 항공군을 프랑스와 노르웨이로 전진 배치하여 영국 침공 준비에 들어갔다. 당시 독일공군의 항공기 2,600기 중에서 2,200기가 영국전투에 가동될 수 있었다. 괴링은 영국공군의 실전기를 466대 정도로 예상했고 이 정도는 독일공군이 충분히 제압할 수 있다고 확신했다. 그러나 실전에 투입된 독일 조종사들의

헤르만 괴링 원수,
독일공군 총사령관
(출처: 위키백과)

생각은 달랐다. 그들은 영국 조종사들의 실력이 만만찮고 영국 전투기의 성능이 예상보다 뛰어난 것에 놀랐다. 특히 영국 전투기들이 공격 항로를 알고 있는 것처럼 미리 상공에서 기다리고 있는 것에 놀랐다. 다만 괴링은 이것에 개의치 않고 공격의 강도를 높일 것을 독촉했다. 제1단계 항공전인 해협 전투는 7월 말까지 지속하였고 독일기 180기가 추락하고 영국은 70여기를 상실했다. 독일공군이 패한 것이다. 영국공군은 결코 만만한 상대가 아니었다.

이처럼 2차 세계대전이 발생한 뒤 전쟁의 양상은 하늘을 지배하는 군대가 승리를 가져가는 것으로 변했다. 이전에는 해상을 지배하는 해상국가가 강력한 군사력을 자랑하였지만 이제 기술의 발달로 하늘을 지배하는 공군으로 옮아간 것이다. 이처럼 하나의 혁신은 전

전쟁, 혁신, 사람 그리고 전략

쟁의 모든 작전과 양상을 변화시킨다. 휴대폰 시장을 보라. 애플의
아이폰은 애플이라는 컴퓨터 회사가 만든 전화 기능이 있는 컴퓨터
이다. 아무도 생각하지 못한 발상의 전환으로 휴대폰 시장의 판도가
뒤집어진 것이다. 이것이 혁신의 위력이다.

오직 하나의 목표: 선택과 집중 → 내것은 보존하고 적의 것은 소모시키자!

독일군이 영국을 침공하려면 바다 외에 또 하나의 장벽을 넘어
야 했다. 독일 공군의 앞길을 가로막고 나설 영국 전
투기사령부였다. 영국 전투기사령부 사령관 휴 다우딩
대장은 이번 전투에서 제공권 확보가 가장 중요하다는
것을 괴링 만큼이나 잘 알고 있었다. 다우딩은 영국의
전투기들이 제공권을 상실하면 독일이 본토 침공을 하
지 않더라도 독일 공군의 폭격으로 국민들이 전의를

휴 다우딩 대장
(출처: 위키백과)

상실할 것이고 정부 차원의 전쟁 지속 능력도 힘들게 될 것을 우려
했다.

다행히도 영국은 전투 시작 시점에 제공권 확보가 가능한 전투
기 전력을 보유하고 있었다. 독일이 영국 침공작전을 개시한 시점에
독일공군은 2,700여기의 전투기와 폭격기를 보유하고 있는 데 비해
영국공군은 약 800기의 항공기를 보유했고 이 중 스피트파이어와

허리케인 전투기는 700기였다. 괴링이 예측한 숫자보다는 훨씬 많았다. 히틀러가 허세를 부리며 공세를 늦추고 있었던 시간 동안 영국은 전투기 생산에 매달렸고 6월 이후로 매월 전투기 450기 이상을 생산하여 공군에 공급했다. 영국의 방어전력은 전투기 생산에만 있지 않았다. 해안 관측 초소, 대공포, 탐조등, 특히 비밀 병기인 방공 레이더 기지가 있었다. 더 중요한 비밀 병기는 이 모든 것을 실시간으로 통합 정리하여 대응하는 방공 시스템이었다.

레이더가 적기 내습을 파악하여 전투기 비행단에 정보를 제공하면 작전실 중앙에 설치된 대형 상황판의 지도 위에 적기 표시 정보가 나타났다. 표시 정보는 이어폰을 낀 여성대원들이 긴 막대로 룰렛 게임하듯 옮겼다. 작전실에서는 요격할 지역의 비행대에 적기의 수와 위치, 방향, 고도를 전달하고 대응 출격할 전투기 수를 정해주었다. 전투기가 출격하면 작전실의 여성대원이 레이더와 피아식별장치를 이용하여 조종사에게 중계 방송하듯 지상관제를 하였다. 이 조기경보와 요격 시스템은 요즘이면 성능 좋은 레이더와 컴퓨터를 이용한 전투정보실이 담당하지만 당시에 이런 시스템을 구상하였다는 것 자체가 놀랍고 더구나 아날로그로 만들었다는 것은 대단한 일이었다. 현대의 컴퓨터 하나로 해결 가능한 시스템도 아날로그로 만들려면 수많은 건물과 장비, 많은 인력이 있어야 하고, 이것들을 서로 연결하고 수행할 사람들을 숙련시켜야 한다. 당시에 영국 공군이 이 시스템을 구축하고 운영한 것은 놀라운 일이 아닐 수 없고 독일군은 이것을 상상도 못하고 있었다. 이 시스템을 만든 것은 미래전을 꿰뚫어본 한 사람, 영국 전투기사령부 사령관 휴 다우딩 대장의 작품이었다.

다우딩은 독일이 프랑스를 함락하고 나면 반드시 영국도 침공할 것임을 예측하고 있었다. 또 독일이 침공한다면 공군을 앞세워 제공권을 장악하려고 할 것이라는 것도 예측했고, 당연히 요격을 담당하는 자신의 전투기사령부가 핵심역할을 하게 될 것을 예상하고 여러 준비를 시작했다. 우선 그는 5월 19일 놀라운 결정을 내렸다. 더 이상 프랑스를 지원하기 위하여 전투기를 프랑스에 보내지 않기로 했다. 처칠의 외교적 입장을 고려하여 전투기가 영국 기지에서 발진하여 영국 기지로 귀환하는 것은 허락하되 직접 파견은 금지시켰다. 전투기와 조종사 보존을 위한 그의 결정은 영국 항공전을 위한 최초의 결단이기도 했고 아주 적절한 결정이었다.

독일이 7월부터 항공전을 시작하자 다우딩의 목표는 오직 하나였다. "자신의 전투기 전력은 유지하되 괴링의 항공기는 소모시키는 것"이 다우딩의 최우선 목표였다. 그는 이 목표를 변경하거나 수정하거나, 우선 순위를 변경하는 것조차 하지 않았다. 그는 오직 단 한 가지 목표인 자신의 전투기 전력을 유지하여 제공권을 내주지 않은 것에만 집중하였다.

여기서 우리가 주목할 점은 이장의 핵심인 마케팅 전략의 하이라이트인 선택과 집중 전략이다. 어차피 자원은 한정되어 있다. 그렇다면 언젠가는 소모되어 없어지고 말 것이다. 경쟁은 기업이 한정된 시간 내에서 한정된 자원으로 경쟁사와 생존하기 위한 게임이다.

인간은 욕심이 있다. 욕심으로 인해 더 많은 것을 바라보고 더 많은 것을 쟁취하고자 무리를 하는 것이다. 욕심을 버리고 절제하는 마음으로 일단 목표로 하는 것에만 집중하는 모습이 승리의 원천이고 궁극적으로 살아남는 생존의 법칙인 것이다.

다윗과 골리앗의 싸움: 전쟁은 양적인 것으로만 하는 것이 아니다!

출격 명령을 받고 자신의 전투기로
달려가는 영국 조종사들
(출처: 네이버 지식백과)

8월에 접어들어 영국 본토 항공전 제2단계가 시작되었다. 괴링은 작전명 독수리의 날 작전을 발령하여 영국 공군력을 섬멸하고, 독일군의 상륙 예정지를 제외한 영국 남부의 주요 시설도 파괴하라고 명령했다. 이 작전은 본격적인 영국 본토 침공작전으로 영국 남부 지역의 250km 이내 공군기지, 방공망, 무기생산 시설을 파괴하는 것이었다. 독일기들의 주 공격은 영국 제11 전투비행단의 담당지역에 집중되었다. 항공기는 하루에 100기가 한 번씩 출격해도 100회 출격이고 10기가 10번씩 출격해도 100회 출격이다. 이것을 소티sortie라고 한다. 영국전투기 조종사들은 홈그라운드의 이점을 활용하여 소티 수를 늘려 수적인 불리함을 극복했다.

전쟁, 혁신, 사람 그리고 전략

이륙 후 요격을 마치면 가까운 기지에 착륙하여 연료와 탄환을 보충하고 다시 출격하길 반복했다. 정비사들이 연료와 탄약을 보충하는 짧은 시간에 조종사들은 조종석에서 간단한 빵으로 식사를 마치고 다시 하늘로 날아올랐다.

독수리의 날 첫째날은 독일 공군이 의도한 만큼 효과를 거두지 못했다. 영국군 전투기 격추는 예상보다 적었고 그들이 폭격한 영국 공군기지 6곳은 다음날 혹은 이틀 후에 바로 복구되었다. 그러나 독일 조종사들이 전과를 과하게 보고하여 괴링의 자신감은 더욱 커졌다. 이제 몇 일만 지나면 영국공군은 전멸할 것이라 믿으며 8월 15일에도 대규모 폭격대를 영국으로 보냈다. 영국남부 상공에서 공격하는 독일기들과 방어하는 영국기들이 서로 물고 물리는 대접전이 계속되었다. 영국 조종사들의 분전이 계속되고 레이더 조기 경보시스템과 관제 시스템이 제대로 작동하면서 영국공군은 힘겹기는 했지만, 괴링의 희망대로 전멸상태에 이르지 않았다.

8월 18일 괴링은 영국공군의 숨통을 끊겠다고 작정하고 무려 1,500기를 동원했다. 영국 남부 상공에서 또다시 17세~20세의 젊은 조종사들이 사투를 벌였다. 이날 전투에서도 영국 조종사들은 분투를 거듭했지만, 수적인 열세는 확연했다. 다행히도 이 수적인 열세는 다우딩이 준비해왔던 조기경보와 관제 시스템이 메꾸어 주었다. 다우딩의 조기경보와 지상 관제 시스템은 훌륭하게 작동하여 아군의 열세를 상쇄시켰다. 이 시스템은 수적인 열세를 극복하는 데 결정적인 역할을 했다. 하지만 시간이 지날수록 독일군 못지않게 영국군의 피해도 늘어갔다.

8월 말에도 독일공군의 공격은 계속되었고 양국 항공기와 조종사의 손실도 커졌다. 영국공군은 레이더와 관제시스템 외에도 홈그라운드의 이점을 가지고 있으면서도 괴링의 물량 공세에 전력이 약해지고 있었다. 25일에 영국공군은 더는 독일공군의 공격을 막지 못할 정도의 손실을 보았다. 8월 말에 영국공군의 상황은 최악의 상태에 도달했다. 전투기 생산에 비해 손실이 두배에 달했고 지휘관급 조종사와 고참 조종사들 8할이 전사했다. 빈자리는 10대 후반과 20대 초반의 초임 조종사들이 겨우 메꾸고 있었다.

9월 1일부터 6일까지 독일의 맹공은 계속되었다. 이 기간 동안 영국 남부의 모든 공군기지가 공격을 당했고 항공기 손실 비율도 독일과 비슷했다. 제11전투기사령부는 버틸 체력이 없었고 붕괴 직전이었다. 드디어 독일이 목표 달성을 앞두게 되었다. 영국해협과 도버해협의 제공권을 장악하고 영국 전투기 세력을 전멸시킨다는 괴링의 목표가 달성되는 순간이 왔다. 그런데 놀라운 반전이 일어났다. 전쟁은 수많은 우연과 오판, 실수들이 중첩하여 진행된다고 하는데, 정말로 우연한 사건 하나로 영국 본토 항공전은 다른 방향으로 흘러갔다.

지금까지의 전투 상황을 보자면 성경에서의 다윗과 골리앗의 싸움이 연상된다. 당연히 덩치가 큰 골리앗이 왜소한 다윗을 이겨야 하는데 결과는 다윗의 승리로 나타난다. 독일공군의 우세한 전력에도 불구하고 단숨에 열세인 영국공군을 이기지 못한다. 경쟁에서 항상 대기업이 승리한다는 것도 100% 확신할 수는 없다. 휴대폰 전쟁

전쟁, 혁신, 사람 그리고 전략

에서 약자인 애플이 노키아와 소니와 같은 거대 공룡 기업을 무너뜨리고 오늘날 최강자가 되었다. 영국 본토 전투에서 보듯이 기업의 경쟁에서도 양적인 숫자로만 하는 경쟁의 시대는 끝났다. 시장점유율과 같은 양적인 지표는 더는 기업의 재무지표로서의 역할을 끝내야 할 것이다. 이제는 질적인 성과 즉 수익성 지표가 기업경쟁의 성과 지표로써 사용되어야 하고 이를 위해 기업의 최고경영층도 양적인 것을 버리고 질적인 것을 추구하는 태도가 필요하다. 또한, 강한 신념과 믿음에 바탕을 두고 비즈니스를 추진하는 것도 매우 중요하다. 경쟁은 숫자로만 하는 것이 아니다.

갑작스러운 작은 불씨가 산 전체를 태워버리기도 한다!

기업의 경쟁과 국가 간의 전쟁에서는 항상 불확실성이 매우 크게 작용한다. 인간은 신적인 존재가 아니기 때문이다. 이 불확실성으로 인해 처음에는 우발적인 작은 불씨가 산 전체를 태우는 큰 산불로 변하기도 한다. 8월 24일 밤에 전쟁의 진행은 작은 우연 하나가 의도하지 않은 결과를 가져올 수 있는 것을 보여준 사건이 일어났다. 전쟁 초기에 히틀러는 괴링에게 정치적 문제로 영국의 대도시 특히 런던은 폭격하지 말라고 명령했었다. 괴링과 그의 조종사들은 이 명령을 잘 지키고 있었다. 그런데 8월 24일 밤에 런던 시내에 폭탄이 떨어졌다. 이날 저녁에 170여 기의 독일 폭격기가 영국의 군사

독일공군의 공습으로 불타고 있은 런던
(출처: 네이버 지식백과)

시설을 폭격하기 위해 출격했는데, 두 대가 선도기를 놓쳐 항로를 벗어났다. 폭격기들은 항로를 찾다가 자신도 모르게 런던 상공으로 진입했다. 런던 방공포병대가 대공포를 쏘자 이들은 당황하여 회피기동을 위해 무거운 폭탄을 버렸다. 그런데 이들이 버린 폭탄들이 하필이면 런던의 금융 중심지에 떨어졌다.

이런 우연을 알 리가 없는 처칠은 노발대발 화를 내며 보복 폭격을 명령했다. 25일 밤 영국의 폭격기 75기가 베를린으로 날아가서 폭탄을 투하했다. 당시의 야간항법장치로는 쉽지 않은 야간 장거리 비행이었지만 영국의 폭격기사령부 조종사들은 4일에 걸쳐 베를린을 폭격했다. 이 폭격으로 히틀러와 괴링은 자존심에 큰 타격을 입었다. 특히 괴링은 독일공군이 베를린에는 적의 폭탄이 떨어지지 않게 할 것이고, 만일 한 방이라도 떨어지면 자기 성을 갈겠다고 장담을 하곤 했었다. 그러나 이제 자기들 머리 위로 폭탄이 떨어지는 상황이 되자 독일국민들은 정부의 능력을 의심하게 되었다. 이번 폭격으로 히틀러도 이성을 잃었다. 히틀러는 괴링에게 폭격 목표를 런던과 대도시로 바꾸라고 명령했다. 우연한 사건 하나가 영국 전투기를 섬멸하고 항공기지와 군사 시설을 파괴하겠다는 전략적 목표를 런던 폭격으로 바뀌게 만들었다.

전쟁, 혁신, 사람 그리고 전략

9월 7일 독일의 폭격기 300기와 전투기 600기가 날아올랐다. 당시로는 항공전 사상 최대 규모였다. 항공기 900대가 한꺼번에 질서정연하게 편대 비행 하는 모습은 위압적이면서도 장엄하기까지 했다. 이제 군사기밀도 없이 독일 라디오 방송사가 현장에서 중계방송까지 하였다. 괴링은 사기가 떨어진 영국

독일 공군의 주력 전투기 Bf 109
(출처: pinterest)

국민이 처칠에게 항복을 압박할 것으로 믿었다. 독일 항공기들은 평소보다 높은 고도로 비행하며 레이더를 속이기 위하여 코스를 이리저리 변경하였다. 영국은 독일기들이 어제처럼 켄리 기지와 비긴힐 기지로 올 것으로 예상하고 기다리고 있었는데, 독일 항공기들은 갑자기 방향을 바꾸어 런던 상공으로 돌입했다. 예상하지 못한 영국의 제11전투기 사령부는 4개 비행대대만 런던 상공에 보낼 수 있었다. 이날 독일공군의 런던 폭격으로 민간인 306명이 희생되었고 1,337명이 부상당했다. 그러나 히틀러와 괴링이 기대한 런던 시민들의 공황상태

영국 공군의 주력 전투기
스피트파이어
(출처: pinterest)

는 없었다. 런던 시민들은 질서 정연하게 지하철이나 방공호로 대피했고 폭격이 끝나면 소방대와 함께 화재를 진압하고 구호 작업을 했다. 영국 국민은 전 세계에 중요한 메시지를 전달하고 있었다. 자신들은 히틀러의 공격에 굴복하지 않고 이겨내고 있다는 것을 전 세계

에 선전하는 계기를 만들었다.

괴링은 계속해서 런던을 비롯하여 영국의 대도시들을 폭격했다. 그러나 이 도시 폭격으로의 목표 전환이 독일에는 치명적인 실수였고 영국 공군에게는 기사회생의 기회가 되었음을 히틀러와 괴링은 알지 못하고 있었다. 그동안 독일공군은 큰 피해를 보면서도 영국 제11전투기사령부와 공군 기지, 항공 관련 군수공장을 폭격해왔다. 드디어 영국의 전투기사령부와 방공시스템이 붕괴 직전에 도달했다. 한 번만 더 대규모 폭격을 가하면 영국 남부의 방공시스템은 붕괴될 상황이었다. 그런데 히틀러와 괴링이 갑자기 폭격 목표를 변경하면서 영국 남부의 전투기 부대와 방공시스템이 기적적으로 회복할 시간을 가지게 되었다. 히틀러와 괴링은 이것을 전혀 모르고 있었다.

국가 간의 전쟁에서뿐만 아니라 냉철한 비즈니스의 세계에서도 이성적이지 못하고 감정에 휩싸여서 즉흥적인 결정으로 회복하지 못할 실수를 하는 경우가 많다. 최고경영자도 인간이기 때문이다. 자신이 가지고 있는 치명적인 약점을 건드리거나 소중하게 생각하는 것을 공격을 당하면 종종 이성을 잃고 이를 방어하기 위해 집중을 하는 경우가 많다. 영국의 자존심이자 수도인 런던을 실수로 공격함으로써 처칠의 분노를 가져왔고 자신들의 핵심인 수도 베를린에 폭격을 당하자 감정에 휩싸여서 전쟁의 전략적 목표를 바꾸는 실수를 저지르고 만 것이다. 작은 실수로 인해 발화된 작은 불씨는 결국 전체 산이라는 큰 전쟁에서의 승패를 좌지우지하는 결과를 만들고 만 것이다.

전쟁, 혁신, 사람 그리고 전략

결국 전쟁의 승패는 사람의 신념과 의지에 달려있다.

전쟁에서 국가가 지닌 물리적인 무기의 힘도 중요하다. 하지만 더 중요한 것은 이 무기를 들고 싸우는 군인과 후방의 일반 국민의 신념과 의지가 승패를 좌우한다. 현재 벌어지고 있는 우크라이나 전쟁도 마찬가지이다. 세계 최강이라고 하는 러시아의 군사력이 한참 아래의 우크라이나 군대를 압도하지 못하는 것이다. 이는 전쟁에 임하는 러시아군과 국민의 신념과 자세가 우크라이나군과 국민의 그것에 못 미치기 때문이다.

비록 런던 시민들의 피해가 컸지만 다우딩의 전투기사령부는 더는 독일기들의 매서운 공격을 받지 않자 기사회생의 시간을 가지게되었다. 다우딩은 전력이 소모된 비행대대 일부를 빼내고 새로운 대대를 투입하며 제11전투기사령부를 보강하였다. 런던은 비록 피해가 컸지만, 전투기사령부는 전력을 복구하고 요격 임무를 분담할 수있어서 제11전투기사령부의 과부하를 막을 수 있었다. 덕분에 전투기사령부는 제공권을 뺏기지 않고 요격을 계속할 수 있었다. 괴링은 영국의 전투기들이 아직도 제공권을 유지하고 있고 자신의 폭격기들 손실이 커지자 당황하기 시작했다.

9월 11일 밤 처칠 수상은 대국민 성명을 발표했다. 솔직하게 사실을 전달하고자 노력했다. "이 전쟁의 승부는 누가 제공권을 확보하는가에 달려있다. 우리 역사의 아주 중요한 시기가 될 다음주를 지켜봐야 한다."는 메시지와 함께 이번 전투는 스페인 무적함대와의 전투, 트라팔가 전투, 워털루 전투만큼 중요하다며 영국인들의 애국심을 자극하고 결의를 다졌다.

독일기들은 계속 런던으로 몰려들었다. 하지만 영국 전투기들 때문에 독일기들은 진영이 흐트러져 정교함이나 세밀함이 없었고 중요한 전략적 목표도 타격하지 못했다. 그들은 영국 전투기의 요격을 피하며 넓은 런던 아무 곳에나 폭탄을 떨구고는 빨리 회항하려고 했다. 9월 15일 오후에 켄트 상공에는 양국 항공기 500기가 서로 얽혀 이전투구를 벌였다. BBC 방송국에서 스포츠 중계하듯이 전투 상황을 라디오로 생중계했다. 제11전투기사령부는 예비대대가 없을 정도가 되었지만, 영국공군은 이날도 제공권을 뺏기지 않았다.

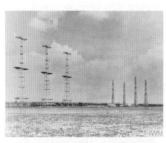
1940년 영국해안에 설치된 레이더
(출처: 임페리얼 전쟁박물관)

독일 폭격기가 런던 부도심에 폭격했지만, 폭탄은 전략적으로 큰 의미가 없는 곳에 떨어졌다. 200기 안 된다는 영국 전투기는 줄어들지 않았고 영국의 전투기사령부와 방공시스템은 정상적인 기능을 유지하고 있었다. 런던도 여전히 정상적으로 수도로서 기능을 유지하고 있었고, 시민들은 공황을 일으키지 않고 일상생활을 하고 있었다. 그들은 수상 교체도 요구하지 않았고 왕의 교체도 요구하지 않았다. 런던 시민들은 정성적으로 일하고 상점과 식당은 정상 영업을 하였다.

9월 17일 히틀러는 바다사자 작전을 무기한 연기한다고 발표했

전쟁, 혁신, 사람 그리고 전략

다. 영국과 항공전을 한 이유는 상
륙 작전의 전제 조건인 제공권을 확
보하기 위하여 영국 전투기사령부를
섬멸하고 항공 시설을 파괴하는 것
이었다. 그러나 영국 전투기사령부
는 아직도 건재하고 독일공군의 누
적 손실은 계속되고 있었다. 이 전

영국 전투기사령부의 관제실
(출처: chosun.com)

투를 계속하면 할수록 독일공군의 손실만 커질 뿐이었다. 가을이 오
면 영국 해협의 날씨는 험악해지고 바다는 거칠어져서 상륙작전을
하기가 힘들어진다. 결국 히틀러는 대기 중이던 함정과 바지선을 원
위치로 돌려보내고 영국 상륙의 꿈을 완전히 버렸다.

영국은 거대한 히틀러의 군사력에 맞서 혼자서 외롭게 싸웠다.
수도 런던이 폭격으로 불타고, 시민들은 밤에 자다가 공습경보와 함
께 지하철 역사로 뛰어가고, 많은 시민이 죽고 부상했다. 그러나 모
두가 의연한 모습을 보여줌으로써 영국은 히틀러에 굴복하지 않는
다는 모습을 전 세계에 보여주었다. 많은 사람이 자기 자리에서 노
력을 다한 결과이지만 특히 전투기사령부의 다우딩과 젊은 조종사
들의 공이 가장 컸다. 다우딩 사령관은 적의 의도를 정확히 꿰뚫고
핵심 목표에 일관되게 집중함으로써 전략적인 면에서 적을 이겼다.
2,000여 명의 전투기사령부 소속의 어린 조종사들은 용기와 희생으
로 조국을 지켰다. 처칠은 하원에서 다음과 같은 연설로 그들을 치
하하였다. "전쟁의 역사에서 이렇게 많은 사람이, 이렇게 적은 사람

들에게, 이렇게 큰 신세를 진 적이 없다."

비즈니스의 경쟁에서도 마찬가지이다. 이번 장에서의 교훈은 특히나 대기업과 경쟁하는 중소기업들이 생각해야 할 점이 많다. 대기업은 경쟁하는 시장의 크기가 크고 제품의 종류도 다양하다. 여기에 맞서 경쟁하는 중소기업 혹은 중견 기업은 경쟁하는 전선을 집중하여 좁은 전선에서 경쟁하여야 한다. 가장 큰 이유는 자원의 한계이다. 중소기업은 사용 가능한 자원이 대기업보다 훨씬 적다. TV광고나 슈퍼스타 등을 기용한 광고 판촉에 비용을 쓸 수가 없다. 대신에 적은 비용의 SNS나 이벤트 등에 초점을 맞추고 판촉을 해야 한다. 그리고 적은 수의 인력이 이길 수 있다는 신념으로 뭉쳐서 시너지를 만들어내면 대기업도 극복할 수가 있다.

승패의 원인

영국본토 항공 전투에서의 교훈은 우선은 선택과 집중이라는 마케팅의 가장 중요한 핵심이다. 애초에 선택한 목표에 집중하여 자원을 그 목표를 달성하기 위해 집중하는 것이 마케팅의 하이라이트인 STP 전략이다. 영국의 다우딩은 이를 충실하게 지켰고 독일의 괴링은 이 원칙을 파기했다. 물론 최고 의사결정자는 히틀러였지만 현장에서의 지도자는 흔들림이 없어야 하고 괴링은 히틀러를 설득해야 했다. 실제 싸움이 일어나는 곳에 있는 사람은 괴링이고 히틀러는 머나먼 후방에서 정치적인 부분을 고민하며 현실과는 동떨어진 생각을 하게 된다. 기업경영에서도 최고경영자는 현장에서의 마케팅 실무자와 영업사원들의 의견에 귀 기울여야 하고 계획한 목표에 대해서는 결과가 나오기 전에 번복하는 실수를 하면 안 될 것이다.

독일군의 패배 원인

1) 적에게 회생할 기회를 주다.

히틀러는 '바다사자 작전'을 통해 1940년 9월 15일에 70만 대군을 영국 본토에 상륙시키고자 했다. 안전한 상륙을 위해서는 제공권 장악이 꼭 필요한 전제 조건이었고, 독일군의 독수리의 날 작전은 바다사자 작전의 선행 작전이자 하위 작전이었다. 선행 작전이나 하위 작전은 상위 작전의 목표 달성을 위해 한 방향으로 정렬해야 하고 지향점은 상위 작전의 목표와 일치해야 한다. 결과론적으로 영국의 다우딩은 제공권을 유지하려고 하는 목표에 집중하여 승리하였고, 반면 괴링은 갑자기 공격 목표를 변경하여 선행 작전은 물론이고 상위 전략도 실패하게 했다.

영국 전투기사령부를 섬멸하고 제공권을 장악하는 방법은 세 가지 방법이 있다. 먼저 영국의 전투기를 많이 격추하는 것이다. 비록 영국이 전투기 생산에 집중하여 월 450기 이상을 생산하고 있었지만, 독일공군이 공중전에서 물량전을 펼치면 영국의 전투기는 급속도로 소모되고 공백 기간이 있을 것이다. 두 번째로 영국의 전투기 기지와 항공 시설을 집중적으로 폭격하여 영국 전투기들의 활동 기반을 파괴하는 것이고 세 번째는 전투기 생산 공장을 파괴하는 것이다. 영국 전투기사령부가 아무리 분전을 하더라도 전투기가 소모된 만큼 공급이 안 되면 당연히 전투기 전력은 약화하다가 어느 시점에 급속도로 전멸할 것이다. 괴링이 세 가지 방법 중에서 전술적으로 우선순위를 정하고 전력을 집중했더라면 결과는 달라졌을 것이다.

괴링은 독일 조종사들을 적응시키고 영국의 해안 시설과 상선을 공격하기 위하여 전초전 격인 해협 전투를 명령했다. 독일공군은 7월 10일부터 8월 12일까지 거의 매일 영국해협을 통과하는 선박을 공격했다. 당시 1주 평균 100만 톤의 선박이 통과했는데 5주 동안 겨우 3톤을 격침했다. 제공권 장악이 목표이면 각 전투의 목표도 제공권 장악에 집중해야 하는데 독일공군은 제공권 장악과 선박의 공격이라는 얼핏 보아도 상호 관련이 없는 일에 전력과 시간을 허비했다. 이 기간 영국기 70기를 격추했지만, 독일공군은 180기의 손실을 당했다. 영국은 오히려 이 기간 동안 항공기 생산 공장을 전력 가동하여 7월 한 달에만 496기의 전투기를 생산하고 있었다. 괴링 스스로가 영국 공군에게 회생의 기회를 제공했던 셈이다.

9월 7일 히틀러와 괴링은 결정적 실수를 했다. 이날부터 독일 공군은 군사시설 대신 런던 폭격에 집중하기 시작한 것이다. 히틀러나 괴링이 갑자기 런던을 폭격한 이유는 영국의 베를린 폭격에 대한 보복 폭격이라는 설이 유력하다. 이유의 진위를 떠나 '제공권 확보'라는 목표와 런던 폭격은 전혀 연관성이 없는 것만은 분명하다. 독일의 갑작스러운 런던 폭격으로 런던 시민들은 고통을 겪기 시작했지만, 영국공군은 기사회생 할 수 있는 시간을 가졌다. 아마 독일공군이 몇 일만 더 집요하게 물고 늘어졌더라면 제공권 확보와 그 상위 목표인 영국 본토 상륙을 시도했을 것이고 역사는 달라졌을 수도 있었다. 히틀러와 괴링은 핵심 목표와 관계없는 전술 변경으로 적에게 기회를 주고 자신은 소모전에 휩쓸렸다. 독일은 영국 본토 항공전이 시작된 이래 거의 1,600여대의 항공기를 상실했다. 개전 초에는 독일공군이 우세한 항공 전력을 갖추고 있었지만 불과 3개월 만에 전세를 뒤짚는 손실을 보았다. 결국 히틀러와 괴링은 영국으로의 진격 작전을 포기할 수밖에 없었다.

이처럼 기업의 경쟁에서도 전략적 목표의 수립과 일관된 실행은 기업의 성패를 좌우하는 매우 중요한 요소이다. 삼성이 미국과 일본이 선점하였던 반도체 산업에 투자를 결정하고 일관되게 이를 유지하고 실행하여 오늘날 반도체 시장 세계 1위를 차지하고 있다. 이 시점에 일본과 미국의 모든 경쟁사는 삼성이 의미 없는 투자라고 무시하였고 자신들은 오히려 반도체에 대한 지속적 투자를 번복하면서 세계 1위 자리를 삼성에 내어주고 말았다. 한번 수립한 목표는 그 방향이 맞다는 신념이 있으면 번복하지 말아야 한다. 그만큼 방향성을 결정하는 전략의 중요성을 말해주는 사례이다.

2) 혁신적인 무기도 환경이 바뀌면 한계가 있다.

혁신은 한시적이다. 혁신은 항상 새로운 것을 추구해야 한다. 특히나 환경의 변화에 민감한 것이 혁신이다. 혁신에 성공했다고 해서 멈추는 순간 또 다른 혁신 때문에 무너지고 말 것이다. 전쟁에서도 한때 혁신적인 무기도 환경 변화에 의한 또 다른 혁신적인 무기에 무너지고 만다. 독일공군은 1933년 나찌당에 의해 비밀리에 창설되었고, 히틀러를 추종하는 미래 지향적이고 야망이 많은 젊은 인재들이 모여들었다. 주변국 공군이 예산 부족으로 힘들어 할 때도 독일공군은 히틀러의 총애를 받던 괴링을 중심으로 질적으로 양적으로 큰 발전을 이루게 된다.

독일공군은 주변국보다 항공기의 중요성을 일찍 인식하고 1935년 HE111 폭격기를 시작으로 1930년대 후반에 최신 폭격기와 전투기를 개발하여 배치하였다. 독일공군의 항공기들은 성능이 뛰어나서 전투기는 주변국들의 전투기들을 압도하였고, 폭격기는 바르샤바와 로테르담 공습 등 전략적 폭격은 물론이고 육군을 지원하는 전술적 폭격에서도 위용을 자랑하였다. 특히 폴란드와 프랑스 침공에서 독일 기갑군이 만든 전격전의 신화는 공군기들의 지원이 있었기 때문에 가능했다. 특히 폭격기들은 빠른 속도와 정확한 폭격의 장점을 살려 유럽 하늘을 지배했다.

괴링은 자신의 공군기들이 유럽에서 보여준 능력을 믿고 영국 항공전을 시작했다. 그러나 독일 항공기들은 영국 상공에서 영국기

전쟁, 혁신, 사람 그리고 전략

들을 압도하지 못했고 오히려 고전했다. 1930년 초반에 폭격기에 대한 개념이 정리되지 않았을 때 4발 프로펠러의 중重폭격기와 쌍발 프로펠러의 중형中型폭격기 중 어느 것이 더 나은가에 대한 논의가 있었다. 괴링은 1937년 4발 엔진의 중폭격기 개발을 취소하고 쌍발 고속 폭격기 개발에 집중했다. 당시에는 전투기의 속력이 폭격기를 압도하지 않아서 속력이 빠른 폭격기가 방어에서 유리하다고 내다보고 내린 결정이었다. 괴링의 예상대로 이들 폭격기는 유럽 하늘을 공포에 떨게 하는 첨단 공군 세력이 되었다. 그러나 빠른 항공기 기술의 발전은 단 일 년 만에 독일의 혁신적인 무기를 시대에 뒤처진 무기로 전락시켰다. 1938년 항공기 엔진은 비약적으로 발전하였고, 단발 고속 전투기들의 출현은 단번에 고속 폭격기를 위협했다. 독일 폭격기들은 자신들보다 속도와 기동성이 뛰어난 영국의 전투기 허리케인과 스피트파이어를 만나서 큰 고전을 겪었다.

독일 폭격기들은 방어력에서도 약점을 나타냈다. Ju87슈투카는 당시로는 혁신적인 전술 폭격기였다. 슈투카는 해군의 급강하 폭격기처럼 지상의 목표를 폭격하기 위하여 급강하 폭격 개념을 도입한 혁신적인 전술 폭격기였다. 슈투카는 고정 목표나 전차와 같은 이동 목표도 정밀 타격 가능하여 폴란드와 프랑스 전역에서 큰 공을 세웠다. 그러나 전투 환경이 달라지자 슈투카는 단점이 여지없이 드러났다. 제공권이 확보되지 않은 영국 상공에서는 속도와 기동력이 떨어져서 영국 조종사들의 전과를 올려주는 표적 신세로 전락하였다.

독일공군은 전투기는 2종을 운영했었다. Bf110은 개발 시점에는 혁신적인 전투기였다. 다른 국가들이 미처 생각하지 못한 전략 전투기 개념으로 개발되었다. 전략 폭격기에게 가장 무서운 것은 적 상공에서 만나는 적 전투기이다. 호위 전투기가 동행하면 문제가 해결된다. 이 문제를 해결하기 위해 독일공군은 폭격기와 함께 장거리 비행이 가능한 전략 전투기 개념을 도입하여 Bf110을 개발했다. 다른 국가 공군들이 개발하지 않은 혁신적 개념이었다. 이 전투기는 튼튼한 내구성과 강력한 무장으로 전략적 전투기로서 프랑스 전역에서는 큰 공을 세웠다. 그러나 영국 상공에서는 애물단지가 되었다. 우선 영국의 전투기를 상대하기에는 속도가 너무 느렸다. 기동력도 약하여 폭격기를 호위하기는 고사하고 오히려 호위를 요청하는 지경이 되었다. 혁신은 적시 적소의 임무에서 최고의 성과를 나타낼 수 있다. 아무리 혁신 기술이라도 환경이 달라지면 퇴물이 될 수도 있음을 보여준 사례이다.

괴링은 제1차 대전의 에이스 출신으로 항공전의 전문가라고 스스로 자부하고 있었다. 고위 장군들도 괴링의 전우들로 제1차 대전과 스페인 내전을 겪은 경험이 풍부한 전문가들이었다. 이들은 최강의 독일공군을 만들어온 선도자들이었고 혁신가들이었지만 불과 10년이 지난 영국전에서는 항공 기술의 빠른 변화에 뒤쳐져 있었고 현대 항공전의 흐름을 읽지 못한 낙오자가 되고 말았다.

비즈니스에서도 이와 유사한 경우가 앞서도 언급한 휴대폰 산업에서 발생하였다. 휴대폰의 성능을 가볍고 통화가 잘되는 것에만 초점을 맞추고 이에 집중하여 세계시장을 압도한 노키아와 모토로라는 휴대폰이 스마트폰으로 진화할 것이라고 전혀 예상하지 못했다. 아니 예상은 하고 있었지만, 이토록 빨리 시장이 바뀌리라는 것은 예측하지 못했다. 결국, 냄비 속의 개구리처럼 서서히 변화하는 혁신의 온도를 파악하지 못하고 고사하고 만 것이다. 혁신은 그 자체가 변화를 가정하고 있고 늘 새롭고 올바른 방향으로의 변화를 추구해야 한다. 멈추는 순간 변화의 파도는 멈춰진 기업을 삼키고 말 것이다.

3) 물량만이 답이 아니다.

전투에서 공격하는 부대는 기습이 아닌 이상 항상 불리한 입장이다. 미리 방어선을 구축하고 기다리는 방어 부대 앞을 기동 전진하는 공격부대는 전력이 최소 세 배 어떤 경우는 열 배는 강해야 균형을 맞출 수 있다. 독일공군은 육군과 해군의 지원 없이 공군이 단독으로 영국을 공격하려면 전술적인 측면에서 좀 더 세심해야 했다. 그러나 괴링을 비롯한 독일공군의 지휘부는 영국과 항공전을 치르는 내내 세밀한 전술을 구사하지 못했다. 우선 정보력에서 뒤쳐져 있었다. 독일공군은 영국 공군의 전력을 제대로 파악하지 못했고 개전 초기부터 영국의 전투기 가용 숫자와 생산 능력을 잘못 예측했다. 적의 전력을 과소평가할 때 가장 쉬운 방법은 양적으로 밀어 부치는 것이다. 괴링은 항공기 수에서 독일이 영국보다 압도적으로 많기 때문에 1:1로 손실을 하더라도 조만간 영국 전투기는 전멸할 것이라고 믿었다. 칼과 창으로 육박전을 하는 고대 전투가 아니고 당시의 첨단 기술이 접목된 항공기 전투를 이렇게 생각한 것이 괴링의 한계였다.

1940년은 과학이 실험실을 벗어나서 전쟁기계로 실용화되는 시기였고, 영국공군은 다우딩이 몇 년에 걸친 노력으로 이미 레이더를 이용한 조기 경보 시스템과 지상 관제 시스템을 완성한 상태였다. 영국 전투기사령부는 전략 자산인 레이더 덕분에 전력의 열세를 극복하고 제공권을 유지할 수 있었다. 괴링의 실수 중 두 번째가 영국의 레이더 기지를 무력화시키지 못한 것이었다. 독일공군이 영국 레이더 기지를 집중적으로 폭격하여 파괴했다면 전력의 균형은 독일공군에게 급격하게 기울어졌을 것이다. 승리의 가장 기본 조건이 지피지기인데 독일공군은 작전을 준비하면서 적의 전력과 핵심역량을 정확하게 파악하지 못하는 우를 범했다.

전쟁은 많이 가진 자가 항상 승리하지 않는다. 아무리 전력이 우세하더라도 정교한 전술이 있어야만 승리할 수 있다. 독일은 영국 본토 항공전에서 물량 우위를 믿고 오직 힘으로 목표를 달성하려고 했다. 결과는 많이 가진 자도 패배할 수 있다는 사례를 남겼다. 비즈니스에서도 마찬가지이다. 많이 가진 대기업이 반드시 승리하라는 보장은 없다. 작지만 혁신적인 핵심 기술로 무장한 작은 기업이 골리앗인 대기업을 이기는 경우도 허다하다. 삼성은 모든 분야에서 일등 주의를 강조하였고 고 이건희 회장은 이를 달성하였다. 한 가지 분야에서의 예외가 있었다, 조미료 전쟁이라고 하는 미원과의 경쟁

전쟁, 혁신, 사람 그리고 전략

이다. 당시 물량으로 최고의 연예인을 등장시킨 광고 판촉으로 경쟁을 이어 갔지만 결국 더 나은 혁신으로 무장한 미원을 이기지 못하였다.

경쟁에서의 이 원칙은 매우 중요하다. 특히나 혁신이 중요한 오늘날에는 더욱 중요하다. 양적인 것보다 앞선 혁신으로 무장한 질적인 경쟁이 승리의 핵심이다. 또한, 같은 혁신이라도 누가 효율적으로 효과적으로 사용하느냐에 따라서 똑같은 레이다 기술을 가지고 있었지만 전략적으로 훨씬 잘 활용한 영국처럼 승리할 수 있는 것이다.

영국군의 승리 원인

1) 우선순위의 목표에 집중하다.

영국의 승리에는 두 사람의 공이 컸다. 먼저 윈스턴 처칠 수상이다. 그는 독일이 프랑스를 침공한 5월 10일 신임 수상으로 취임하여 독일의 위협에 굴복하지 않고 끝까지 싸울 것을 천명하며 전시체제에 돌입했다. 처칠의 강력한 리더십 덕분에 영국은 국론이 사분오열하지 않았고 모든 국민이 일치단결하여 위기 극복에 동참하였다.

또 한 사람은 전투기사령부의 휴 다우딩 대장이다. 그는 항상 모범생 같은 외모에 인간적인 면은 조금도 없는 꼰대 같은 이미지였고 자기 고집이 지나치게 강하여 자기가 옳다고 생각한 바는 절대 타협

하지 않은 인물이었다. 다우딩이 잘하는 것은 전쟁에서 이기는 방법을 생각하고 자기가 구상한 방법을 관철하는 것이었다.

독일과의 항공전에서 다우딩의 최우선 전략적 목표는 "전투기 전력을 유지하여 제공권을 내주지 않고, 적의 항공전력을 소모해 상륙 기도를 막는 것"이었다. 대규모 전투를 반복하면 한두 번의 승리는 하겠지만 자신의 전투기 전력을 무분별하게 소모하게 되면 결국 제공권을 뺏겨 독일육군의 상륙을 허용할 것이다. 이것이 다우딩이 가장 우려하는 것이었다. 다우딩은 결코 대규모 전투의 승리를 원하지 않았다. 오직 자신의 전투기 전력을 유지하며 제공권를 유지하고 독일 항공기를 소모하는 것이었다. 다우딩은 오직 이 핵심 목표에 집중하였고 결국 승리하였다.

다우딩의 전술 지침은 아주 세밀했다. 공중전을 할 때 성능이 좋은 스피트파이어는 역시 성능이 뛰어난 독일의 Bf109를 담당하고, 그 순간에 성능 면에서 열세인 허리케인은 속도가 느린 독일 폭격기를 격추하는 데 집중하라고 했다. 또 독일 전투기보다는 폭격기 격추에 우선하라고 했다. 폭격기는 원가가 비싸고 생산에 시간이 더 걸려 전투기보다 보충하기가 어려웠다. 전투기 한 대를 격추하면 조종사 한 명을 손실하도록 하지만 폭격기 한 대를 격추하면 조종사 포함 네 명의 항공인력을 손실하도록 만들 수 있었다. 다우딩은 자신의 전투기 전력을 아끼기 위해 지침도 내렸다. 전력과 조종사 체력 낭비가 심한 초계 비행은 최소화하고 무작위 요격도 피하라고 했다.

전쟁, 혁신, 사람 그리고 전략

8월 25일, 양측 항공기 소모전이 한창일 때도 다우딩은 우선순위 목표 즉, 전투기 전력을 계속 가동하여 제공권을 확보하는 것에 집중했다. 9월 중순까지 전투기 전력을 유지하여 독일육군의 상륙 기도를 좌절시키는 것이었다. 그는 9월 중순이 지나면 영국해협의 파도가 높아져서 대규모 상륙작전이 불가능하다는 것을 알고 있었다. 그는 그때까지 영국 전투기 전력이 유지되고 있음을 보여주고, 더 이상의 손실을 감당하지 못한 독일공군이 제풀에 지쳐 포기하도록 만드는 것이었다.

독일군 입장에서는 거의 섬멸했다고 믿은 영국 전투기들이 매일 끊임없이 요격에 나서자 지쳤다. 더구나 독일은 9월 6일 즈음에 영국 남동부의 제11전투기비행단이 붕괴 직전에 몰린 것을 모르고 목표를 런던으로 돌려서 그들을 기사회생시켜 주었다. 영국에 상륙하기 위해 영국의 전투기 전력을 파괴한다는 원래의 목표가 런던을 비롯한 대도시를 폭격하는 목표로 변경되었다. 결국, 9월 중순까지 런던 폭격 시기에도 건재한 영국 전투기들이 날아오르자 히틀러는 포기했다. 독일공군의 패배는 전략 목표의 우선순위를 스스로 변경하여 자초한 것이다. 이에 비해 영국의 다우딩은 목표의 우선순위를 절대 변경하지 않았다. 당시 동료들조차도 그가 소극적 방어로 일관한다고 비판했지만, 그의 전략은 적에게 유인되지 않고 자신의 한정 자원은 절약하고, 적이 전력을 계속 소진하도록 기다리는 전략이었다. 전략적 지구전으로 다우딩은 제공권을 한번도 내주지 않았고, 이 전략에 일관되게 집중하여 끝내 승리를 거두었다.

이처럼 비즈니스에서도 전략적 목표를 일관성 있게 지켜나가고 목표 달성까지 끈기 있게 투자하는 것은 매우 중요한 전략적 선택이다. 초지일관이라는 말처럼 흔들리지 않고 지켜나가는 것과 선택과 집중을 유지하는 것이 경쟁에서 살아남는 매우 중요한 선택이다. 기업을 이끌고 가는 최고경영층의 뚝심과 강력한 리더십은 기업을 최후의 승리자가 될 수 있게 해준다. 모든 사람이 무리라고 하고 포기하라고 했지만 고 이건희 회장은 끝까지 밀어붙였고 끝내는 세계 1위라는 열매를 취할 수 있었다. 스티브 잡스라는 탁월한 혁신가도 마찬가지이다. 아무도 되지 않는다고 하였던 스마트폰인 아이폰 시리즈에 집중하였고 이를 끝까지 밀어붙여서 결국 망해가던 애플을 오늘날 세계 최고의 기업으로 만들어 놓았다. 올바른 방향이라고 믿는다면 이를 지켜나갈 수 있는 강력한 지도력이 필요하다는 것을 보여준다.

2) 혁신적인 시스템을 만들어 전력의 열세를 극복하다.

여러 전쟁이 그러하였지만, 특히 제1차 세계대전은 과학기술과 전쟁이 손을 잡은 대표적인 사례였다. 총 한 방 안 쏘고 독가스로 한꺼번에 수백 명을 죽이는가 하면 기관총 몇 자루면 수백 명의 돌격을 저지할 수 있었고, 탱크라는 전투차가 나와 방어선을 돌파했다. 바다 아래에는 잠수함이 나타나고 전선의 하늘에는 비행기라는 무시무시한 기계가 나타났다. 전쟁이 끝나자 각국의 군부는 이 과학

전쟁, 혁신, 사람 그리고 전략

기술이 무기와 전투 방식, 전술을 어떻게 바꿀 것인가에 대해 모두가 혼란을 겪었다. 특히 항공기 분야가 심했다. 세상에 나타난 지 얼마 지나지 않았지만, 미래 전쟁에서는 게임체인저가 될 수도 있다고 내다보았다. 그러나 아무도 그 미래를 알 수 없었다. 세상에 선을 보인지 얼마 안 된 비행기였지만 관련 기술은 하루가 다르게 발전하고 있었다. 과연 미래에는 항공기가 어떤 모양이 될지, 어떻게 활용할지, 어떻게 전력화할지 모두 혼란에 빠져 있었다. 항공 전략가들이 미래의 항공전을 예상하려고 노력하고 있을 때 이탈리아의 줄리에 두헤가 전략폭격 이론을 주장하여 시선을 끌었다. 장거리 폭격기를 동원하여 적국의 모든 것을 파괴하여 전쟁 수행능력을 마비시켜 전쟁을 끝낼 수 있다는 두헤의 사상으로 폭격기 만능의 사상이 대두했다.

전 세계가 항공기를 폭격기 중심의 공격 무기에 관심이 있을 때 전투기 중심의 방어 무기에 집중한 인물이 있었다. 영국 전투기사령부 사령관 휴 다우딩 대장이었다. 다우딩은 폭격기 만능사상을 믿지 않은 세계 유일의 고위 군인이었고, 전투기 중심의 방공시스템을 구축하여 폭격기로부터 영국을 보호하는 방법을 찾기에 몰두하였다.

다우딩은 영국이 1918년 공군을 창설할 때부터 참여하여 항공기 관련 경력을 쌓았다. 1929~1930년 방공사령부 사령관을 역임하였고, 항공협의회 연구기술개발위원으로 일하면서 방공과 항공기 전력의 미래를 구상하였다. 그는 전문 기술자들의 지식을 실용화하여 방공시스템을 구축하는 일에 매달렸다. 그는 두 가지 신기술에 주목했다. 전파를 이용한 레이더 기술과 고주파를 이용한 무선 통신 기술이었는데, 그는 이 기술들로 공군의 전력을 업그레이드할 수 있다고 보았다.

레이더 기술은 적기의 출현과 거리를 탐지할 수 있어서 조기 경보 분야의 획기적 기술이었다. 여태까지는 조기 경보를 위해 항공기를 적의 침입 예상 상공에 보내 초계 비행을 시키는 방법이었다. 전력의 손실과 조종사들의 부담이 많은 데 비해 조기 경보의 성과는 만족스럽지 않았다. 하지만 레이더를 이용하면 적기의 출현과 정보를 조기에 쉽게 발견하여 대응할 수 있었다.

또 다른 첨단 기술인 고주파 기술을 활용한 무선기를 항공기에 장착하면 항공기 간의 통신과 항공기와 지상 관제센터의 통신이 가능해졌다. 이 전에는 조종사들끼리는 수신호로 소통하고 지상센터와는 통신 자체가 불가능했다. 다우딩은 세계 최초로 항공기와 관제센터의 통신을 시도하여 성공했다. 이로서 지상 사령부가 일선의 전투비행대와 실시간 소통이 가능해져 전투 상황을 체계적으로 파악하여 통제 및 지휘가 가능해졌다.

다우딩은 이 첨단 기술을 이용하여 조기경보 시스템과 지상관제 시스템을 구축하였다. 그때까지 누구도 상상하지 못한 혁신적인 시스템이었다. 다우딩이 구축한 방공시스템은 레이더와 전투기가 중심이었지만 방공 능력을 극대화하기 위하여 범위를 넓혀 국가적인 통합 시스템을 만드는 것이었다. 작전 실의 거대한 현황 표시 테이블, 대공포, 탐조등, 방공 기구, 민간 관측대, 경보사이렌과 이것들을 연결하는 통신망 등, 다우딩의 방공시스템은 복잡하고 거대한 규모였다. 다우딩은 이 시스템을 위해 각 기관끼리 콘크리트로 보호되는 지하 전화선, 콘크리트 활주로, 지하 작전실과 전투기의 개선을 요구했다. 또한, 각 전투기에 기관총을 추가 설치하고 무선기를 장착하고, 조종석에 방판유리와 방탄판을 설치할 것을 요구했다.

혁신에는 항상 이에 저항하는 세력이 있다. 다우딩의 혁신에도 많은 단체가 반발했다. 우선 전투기 생산을 관리하는 항공기협의회는 요구되는 전투기의 대량 생산이 힘들다고 난색을 보였다. 또한, 의외로 조종사들의 반발도 많았다. 당시만 해도 조종사는 자신을 '하늘을 나는 외로운 전사'로 생각하고 공중전을 검투사의 승부와 비교하였다. 그런데 이제는 일일이 지상관제소의 통제를 받아야 하는 것이 싫었다. 더구나 여성 관제사의 지시라니, 정비사들의 반발도 있었다. 이전의 항공기는 목재 뼈대에 캔버스를 씌운 동체로 비교적 수리가 쉬웠다. 그런데 이제는 고성능 엔진에 알루미늄 동체, 익숙치 않은 무선기까지 수리해야 하는 복잡한 기계를 환영할 리가 없었다.

많은 반대가 따랐지만 다우딩은 기적처럼 이 모든 것을 가지게 되었다. 영국으로서는 다행이고 독일로는 불행하게도 다우딩의 이 조기경보 시스템은 1940년 3월에 정상적으로 가동할 수 있게 되었다. 다우딩이 미리 준비해둔 방공시스템 덕분에 영국은 전력이 열세임에도 불구하고 독일에 이겼다. 영국 전투기들은 조기 경보시스템을 활용하여 적에 대한 정보를 미리 파악하고 유리한 위치를 선점하였다. 이 덕분에 격추 교환비에서 독일기들보다 좋은 성과를 거두어 자신의 전력은 꾸준히 유지하면서 독일기의 손실을 계속 강요할 수 있었다.

다우딩은 미래 항공전이 어떤 모습일지, 어떤 전술로 싸워야 이길 수 있는지를 정확히 알고 있었다. 그는 공중전에 대한 깊은 통찰력으로 시스템을 구상하였고, 어느 국가도 해본 적 없는 시스템의 구축을 강력히 추진하였다. 다우딩은 고집이 너무 세고 설득력이 부족해서 문제가 많았고 내부 반대자가 많았다. 그런데도 그는 완고한 성격으로 자기의 주장을 관철했고, 이론에 그치지 않고 거대한 시스템을 구축하고 활용하여 영국을 구한 인물이었다.

혁신적인 기술은 비즈니스의 세계에서 매우 중요하다. 하지만 이러한 혁신을 알아보고 실무에 적용하여 상용화할 수 있는 안목을 갖추는 것이 성공한 리더의 역할이다. 1980년대 개인용컴퓨터 시장은 IBM과 애플이 주도하였다. 하지만 1943년 2차 세계대전과 함께 등장한 컴퓨터기술을 당시의 최고의 기술 기업이었던 IBM에 가져갔을 때 당시 IBM의 토마스 왓슨회장은 컴퓨터는 앞으로도 세계에 5대 정도만 있을 거로 생각한다고 말하며 퇴짜를 놓았다. 훨씬 뒤인 1977년 케네스 올센, 디지털 이퀴브먼트 社 설립자 겸 회장은 개인적으로 집에 컴퓨터를 가지고 있을 이유가 전혀 없다는 망언을 하였다. 하지만 불과 몇 년 뒤 스티브 잡스는 애플을 설립하여 개인용컴퓨터PC, Personal Computer라는 혁신을 불러왔다. 뒤늦게나마 IBM은 이 시장에 들어갔지만 막대한 수업료를 내야 했다.

혁신적인 기술은 어떤 사람들에게는 불편할 수 있다. 마케팅에서 관계마케팅이 활발하게 대두되면서 CRM이라는 혁신적인 시스템이 탄생하였고 많은 기업이 이를 수용하였다. 하지만 정작 이를 사용해야 할 영업사원들은 받아들이지 못했고 이 혁신적인 시스템은 그들의 애물단지가 되었다. 왜 혁신을 받아들여야 하는지 최고경영자는 확신해야 하고 신념을 가지고 다른 사람들을 설득해야 한다. 혁신은 더욱 나은 미래를 위한 것이다. 하지만 이것도 받아들이는 사람에게만 해당하는 말이다.

위대한 지도자의 연설

처칠은 중대한 국면마다 연설로 위기를 넘겼다.
사진은 유세장에서 정열적으로 연설하는 장면.
출처: https://www.sedaily.com/NewsView/
1Z429MW1AF (위키미디어)

80여 년 전인 1940년 6월부터 10월까지 역사상으로도 길이 남은 전투 중 하나인 영국본토 항공전이 벌어졌다. 이 전투는 영국공군이 독일공군을 막아내는 데 성공하고 동시에 독일 해군의 진격마저 늦추면서 결과적으로 영국공군의 승리로 돌아갔다. 몇 달 간 진행된 이 전투에서 벌어진 대규모 공중전과 도그파이팅은 2차 대전 역사의 한 페이지 그 이상을 장식하고 있다. 폴란드, 체코를 포함한 세계 각지의 용사들이 영국까지 뻗친 전쟁의 마수를 물리치기 위해 최선을 다했던 영국공군의 조종사들은 거의 쉬지 않은 채로 영국의 존폐라는 막중한 임무를 짊어진 채 전투에 임하였다. 이 전투는 윈스턴 처칠의 명언 중 "인간이 치룬 전투 중 이렇게 적은 사람들에게 수많은 사람들이 빚을 진 적이 없었다"라는 명언으로 후세에 길이 남게 되었다.

미국 신흥 주식재벌의 딸인 모친에게서 자랐어도 재무장관으로서 이렇다 할 실적을 보여주지 못했던 처칠은 정치권의 의구심과 견제, 패배 일색인 전황으로 가장 힘든 나날을 보냈다. 믿었던 미국의 지원조차 불투명한 상태였다. 프랭클린 루스벨트 대통령은 처칠에게 호감을 보였으나 실질적인 도움은 줄 수 없었다. 중립법과 고립주의 성향이 강한 미 의회의 벽에 막혔던 탓이다. 가장 어두운 상황에서 처칠

전쟁, 혁신, 사람 그리고 전략

은 정면 돌파에 나섰다. 1940년 6월 18일 하원에서 대독 항전 연설로 의회와 국민의 단합을 이끌어냈다.

"프랑스 전투가 끝나고 이제 영국의 전투가 눈앞에 왔습니다. 만일 진다면 이 세계는 우리가 소중히 여겼던 모든 가치와 함께 암흑의 심연이 가라앉을 겁니다. 반대로 이겨서 대영제국이 천 년을 더 간다면 후손들은 이렇게 말할 겁니다. '바로 그때가 조상들이 보여준 최상의 시간(Finest Hour)이었다'라고…(후략)". 암흑의 나날을 최상으로 바꾸려던 처칠은 분명 영국을 위기에서 구해냈다.

03

관성(Inertia)의 함정:
승리병에 걸려 패배를 자초하다 – 미드웨이 해전

기업실패의 가장 큰 함정: 관성

·

일본이 태평양 시대를 열다. 하지만 그 이후는?

·

완벽한 계획은 없다. 예외적인 상황에 대비해야 한다.

·

허허실실(虛虛實實)

·

과거의 실패에서 벗어나 오직 하나의 목표에만 집중하자.

·

운명의 5분: 작은 구멍 하나가 큰 둑을 무너뜨린다.

·

최고의 시스템이 영원하다는 법은 없다.

·

소잃고 외양간은 고쳐야 한다: 미국은 날아오르고 일본은 숨기기 바빴다.

·

승패의 원인

·

일본군의 패배 원인

·

미군의 승리 원인

03 관성(Inertia)의 함정: 승리병에 걸려 패배를 자초하다 - 미드웨이 해전

기업실패의 가장 큰 함정: 관성

물리학에서 운동의 제1 법칙인 '관성의 법칙'은 외부로부터 힘의 작용이 없으면 물체의 운동상태는 현재 상태가 그대로 유지된다는 것이다. 버스 안에서 차가 갑자기 움직일 때 몸이 뒤로 젖혀지고 반대로 버스가 급정거하면 몸이 앞으로 쏠리는 현상이 우리가 일상에서 경험하는 관성의 법칙이다. 항상 힘으로 움직인 부분은 다시 되돌아오려고 한다는 것이다. 이렇게 물리학에서 나온 개념인 '관성의 법칙'은 기업의 경영에서도 많은 부분 작용하고 있고 많은 경영학자가 관성의 법칙을 기업경영에 적용하는 연구를 해왔다. 대표적인 것이 앞 장에서 언급한 혁신에 대한 거부반응이다. 기업환경은 급변한다. 이러한 변화에 따라 기업은 지금 진행하고 있는 것을 중단하거나 혹은 변화를 줘야 하는 확실한 논리와 근거가 있음에도 불구하고, 기존에 해 왔고 지금까지 성공한 방법이라고 믿는 과거의 방법이 최고라는 오만과 타성이 알게 모르게 구성원들을 지배하고 있다. 기업은 이렇게 급변하는 환경에 적응하기 위해 새로운 지식이나 타기업의 Best Practice에 대한 학습을 통해서 관성을 탈피하고자 새로운 것을 시도한다.

최근에 들어와서 혁신에 관한 연구가 활발하게 진행되면서 더불어 조직학습이라는 분야가 주목을 받고 있다. 그런데 학습과 더불어서 시선을 끄는 것이 언러닝Unlearning이다. 혁신을 위해서는 끊임없는 학습이 필요하다. 주변에 대한 학습과 이를 개선하기 위한 노력이 선행되어야 한다. 하지만 우리 인간은 관성을 가지고 있어서 이러한 학습이 때로는 새로운 사고를 하는 것을 방해한다는 것이 언러닝 이론이다. 이전의 기억이 방해하므로 상자 밖의 사고Think out of box를 하기 위해서는 때로는 언러닝이 필요하다는 것이다.

급격한 환경변화는 기업의 모든 사고와 행동방식을 바꾸도록 요구하고 있어서 이에 대응하기 위하여 학습 조직을 구축하여 지속적인 변화를 꾀하려는 것이다. 그러나 역설적으로 새로운 것을 얻기 위해서는 오래된 것을 포기할 수 있어야 한다. 앞서 언급하였듯이 조직이 기존의 사고방식에서 벗어나 역량을 개발하기 위해서는 새로운 것을 배우는 학습만이 아니라, 낡은 것을 버리는 언러닝도 같이 이루어져야만 한다.

기업의 최고경영자는 오랜 조직 생활에서 경영철학과 지식 등을

전쟁, 혁신, 사람 그리고 전략

흡수하고 고유의 사고 패턴이 형성되고 경영활동에 깊이 몰입되어 있어서 새로운 혁신을 받아들이기 위한 학습을 방해받는다. 즉, 기존에 학습된 틀에 따라 상황을 선별적으로 지각하고 판단하기 때문에 새로운 것을 효과적으로 학습하지 못하게 될 수 있다는 것이다. 예컨대 어린아이가 외국어를 배울 때 성인보다 학습 속도가 더 빠른 이유를 생각해보자. 어른의 경우 기존에 배웠던 모국어의 틀 내에서 외국어를 분석적으로 받아들이기 때문에 새로운 언어를 학습하는 데 방해가 된다. 반면, 아이들은 선행적으로 고착된 틀이 없는 백지 상태이기 때문에 보다 유연하게 새 언어를 받아들일 수가 있다.

배우는 것보다 잊는 것이 더 어렵다. 기업 운영에서도 아이들처럼 아는 것도, 선입견도 없는 백지 상태에서 시작하는 것이 오히려 진정한 학습을 가능하게 할 수 있다. 학습이 새로운 대안의 가치를 올바르게 인식하는 것이라면, 폐기학습은 과거의 사고방식을 미련 없이 버리는 것을 의미한다. 탁월한 식견과 논리로 경영학의 미래를 제시한 Peter Drucker 역시 새로운 것에 대한 학습은 관성 탈출의 반쪽에 불과할 뿐이라며 기존 것을 버리는 포기의 미덕을 강조하였다. 2차 세계대전 당시 세계 최강의 해군과 공군을 가지고 있던 일본군은 연일 계속되는 승리에 도취 되어서 새로운 환경의 변화에 적응하지 못하고 과거의 영광에 사로잡혀서 결정적인 해전에서 패배하고 나락으로 떨어지고 만다. 결국은 지휘관의 관성으로 인한 것이지만 이 한 번의 실수로 제2차 세계대전의 향방을 바꾼 결정적인 전투가 미드웨이 해전이다.

일본이 태평양 시대를 열다. 하지만 그 이후는?

전쟁 초기만 해도 일본은 압도적인 전력으로 태평양 시대를 열었다. 하지만 다음 목표에 관한 생각이 없었다. 전쟁을 비롯하여 기업 간의 경쟁에서도 장기적인 목표를 수립하고 한발씩 나아가는 것이 중요하다. 장기적인 목표가 없으면 한 치 앞도 예측하지 못하는 치열한 경쟁 속에서 도태되고 말 것이다.

• 그림 3-1 • 1942년 4월의 일본 영토와 야마모토가 계획한 영토

출처: 위키백과

1941년 12월 7일 일본은 항공모함 6척과 항공기 400여대를 동원하여 미국의 하와이 진주만을 완벽하게 기습했다. 이 기습으로 일본은 태평양의 주도권을 잡고 있던 미국 태평양 함대를 반신불수로 만들고 자신들이 주도권을 잡게 되었다. 이후 남방작전 1단계를 실시하여 태평양 남부와 서부 지역의 서방권 식민지 지역을 점령하였

전쟁, 혁신, 사람 그리고 전략

다. 영국이 지배하던 홍콩과 말레이반도, 싱가포르를 공략하고, 버마로 침공하여 영국군을 인도로 쫓아내고 중국으로 전쟁 물자를 제공하던 버마루트를 봉쇄했다. 네덜란드가 지배하던 동인도 즉 지금의 인도네시아를 점령하여 석유, 고무, 주석 등 자원도 확보했다. 남방 자원지대와 본토의 해상 교통로를 보호할 주요 지역인 필리핀을 공략하여 미군을 격파했다. 호주를 압박하기 위하여 뉴기니 북부까지 진격했다. 이제 일본의 지배권은 북으로는 만주에서 남으로 뉴기니 북부까지, 동으로는 중부 태평양의 웨이크 제도에서 서로는 버마까지 일본 역사상 가장 광대한 영토를 가지게 되었다.

이 과정에서 일본 해군은 세계 최강이라는 영국 해군의 전함 프린스 오브 웨일스와 순양전함 리펄스를 항공기 공격으로 침몰시켜 세계를 놀라게 했고, 동남아 지역의 연합군 사령부인 ABDA미국, 영국, 네덜란드, 호주를 와해시켰고, 수많은 연합군을 포로로 잡았다. 작전 성공에 6개월이 걸리리라 예측했으나 불과 3개월 만에 이룬 대성과였다. 일본군의 피해는 아주 미비하여 해군의 경우 23척만 잃었는데 모두 소형 함뿐이었다. 남방작전 1단계 작전의 완료와 함께 바야흐로 서남아시아에 일본의 시대가 활짝 열렸다.

그러나 문제가 생겼다. 남방작전을 시작하면서 성공 이후에는 무엇을 어디까지 할 것인가에 대한 합의가 없었다. 목표가 있긴 있었다. 동남아시아의 자원지대를 확보한 후에 미국의 전쟁 의지를 꺾어 강화협상을 끌어낸다는 다소 애매한 목표였다. 미국을 어떻게 끌어낼 것인가에 관해 내각과 군부의 처지가 달랐고, 군부 즉 대본영

大本營 내에서 육군부와 해군부의 생각이 달랐고, 해군 내에서는 군령부인 대본영 해군부와 실무부대인 연합함대의 의견이 달랐다. 전쟁을 통합 관리하는 총괄 지휘소가 없어서 여러 의견이 중구난방 쏟아져 나오고 대전략에 의한 합리적인 목표를 정하지 못했다. 대본영은 미국이 먼저 강화를 요청 해오길 바랐는데 그 방법은 육군부와 해군부가 달랐다. 중국 전선을 주 전선으로 두고 있는 육군은 태평양지역에서 추가적인 공세를 중단하고 방어에 집중하여 미국이 제 풀에 지쳐서 협상장으로 나오게 하자는 견해였다. 육군부는 석유와 자원 문제를 해결했고, 해군이 주인공인 태평양지역에서 자신들이 더 이상 조연 역할을 담당하기 싫었다.

야마모토 이소로쿠 제독
(출처: 위키백과)

해군은 주도권을 잡았을 때 기회를 더 살려야 한다는 의견이었다. 만일 공세를 멈추면 산업과 군사력에서 엄청난 잠재력을 가진 미국이 힘을 키워 반격해올 것이기 때문에 지금 미국을 더 몰아세워 협상 테이블로 나오게 만들어야 한다는 생각을 했다. 나아가 호주를 침공하여 미국의 반격 발판을 없애자고 주장하다 육군이 보급과 운송 문제로 반대하자 미국과 호주의 해상 교통로를 차단하자고 했다. 그러나 실행부서인 연합함대 사령관 야마모토 이소로쿠 대장은 다른 생각을 하고 있었다. 야마모토 사령관은 한 번 더 충격적이고 결정적인 승리가 필요하다고 생각하여 미국과

전쟁, 혁신, 사람 그리고 전략

가까운 중부 태평양으로 창끝을 겨누어 하와이를 점령하자고 주장했다. 육군부가 또 보급과 병력 문제로 반대하자 하와이 대신 미드웨이를 공략하는 MI작전을 제출했다. 야마모토 사령관이 노리는 것은 미국 항공모함 기동부대였다. 진주만 기습 때 현장에 없어서 화를 피한 미국 항모기동부대는 1942년 초에 수시로 서태평양에 출몰하여 일본군을 괴롭혔다. 야먀모토에겐 이 미국의 항모기동부대가 눈엣가시였고 이후 미국의 반격은 이들이 주요 역할을 할 것이기에 꼭 격멸해야 할 대상으로 보았다.

그러던 와중 분위기를 반전시키는 놀라운 사건이 일어났다. 1942년 4월 18일 오후 12시 30분, 조용한 도쿄 하늘에 일본인 누구도 상상하지 못한 미군 B-25 쌍발 폭격기들이 나타나서 폭격을 가했다. 지미 둘리틀 중령이 지휘한 이 폭격대는 미국 항공모함 호넷에 실려 태평양을 건너와서 일본 근해에서 발진하는 기발한 방법으로 일본의 허를 찔렀다. 물리적 피해는 그리 크지 않았지만 일본 국민은 심리적으로 큰 충격을 받았다. 군부가 받은 충격은 더 컸다. 벌건 대낮에 본토가 아무런 조기경보 없이 폭격을 당한 사실과 신적인 존재 천황의 황궁도 폭격을 당할 수 있다는 생각에 더 큰 충격을 받았다. 당시 일본은 천황을 신적인 존재로 포장하여 국민을 통치하고 상호 충성경쟁을 통해 서로를 견제하며 힘의 균형을 유지하는 국가였다. 그런데 본토가 폭격을 당하고 천황의 신변이 위태로워진 상황이 발생한 것이다. 특히 미군 폭격기들이 항공모함을 이용했다는 사실이 밝혀지자 육해군 모두 미국 항모기동부대를 격멸하자는 야먀모토의 계획을 전폭적으로 지지할 수밖에 없었다. 일본 군부에서 야마모토 대장은 지탄의 대상에서 혜안을 가진 인물로 급부상하였고 미드웨이를 공격하자는 MI작전은 확정되고 이에 대한 준비는 급물살을 탔다.

나는 학생들에게 종종 10년 뒤에 너는 어떤 사람이 되어있겠냐는 질문을 종종 한다. 미국에서 박사과정을 하면서 job market에서 인터뷰할 때 나 자신이 수없이 많이 받았던 질문이기도 하다. 사람은 목표의식이 있어야 행동이 자연스럽고 추진력을 가지게 된다. 목표가 없으면 그냥 하루하루를 의미없이 살아가는 것이다. 10년 뒤에 내가 어떤 사람이 될지를 생각하지 못하는 사람은 그냥 시간에 쫓겨가며 살아간다. 하지만 10년 뒤에 어떤 사람이 될 것이라는 목표가 있는 사람은 매시간 그 목표를 이루기 위한 단기적인 계획을 수립하고 이를 달성하기 위해 노력한다. 이 단기적인 목표수립과 실행이 모여서 10년 뒤의 "나"라는 장기적인 목표를 달성하는 것이다. 기업도 마찬가지이다. 최고경영자가 기업의 구성원들에게 미래의 비전을 제시하지 못하면 구성원들은 그냥 현실에 안주하게 된다. 맹목적으로 목표를 달성하는 성과지향적이 되는 것도 문제이지만 이상적인 비전을 심어주고 이를 달성할 수 있는 목표를 주는 것이 기업과 개인의 생존과 성장에 매우 중요한 요소이다.

완벽한 계획은 없다. 예외적인 상황에 대비해야 한다.

야마모토 대장이 시행하려는 MI 작전의 목적은 미드웨이 섬을 점령하면 미국이 이를 저지하기 위하여 항모 기동부대를 파견할 것이고, 이를 요격하여 격멸하는 것이었다. 한편으로 MO작전을 실시하여 뉴기니의 포트모르즈비를 점령하기로 했고, MI작전과 함께 알류산 열도를 공격하는 AL

산호해 해전에서 일본군 함재기의
공격으로 폭발하는 미국 항공모함 렉싱턴
(출처: 위키백과)

작전도 동시에 시행하기로 했다. 그러나 이 작전은 첫 단추부터 차질이 생겼다. 일본의 연합함대는 MO작전을 위해 제5항공전대의 정규 항공모함 쇼가쿠와 즈이가쿠, 경항공모함 쇼호로 구성된 기동부대를 산호해로 파견했다. 암호 해독으로 이를 눈치챈 미국은 항공모함 요크타운과 렉싱턴을 파견했다. 5월 4일부터 3일간 세계 해전사 최초로 항공모함끼리 전투를 벌여 일본 기동부대는 미국 렉싱턴을 침몰시키고 요크타운을 대파했다. 하지만 일본도 경항모 쇼호가 침몰하고 쇼가쿠가 대파당하고 즈이가쿠도 손상을 입었는데 특히 항공기의 손실이 컸다. 결국, 이노우에 시게요시 사령관은 포트모르즈비 상륙을 포기하고 회항했다. 전투에서는 승리했지만, 상륙작전을 포기했기 때문에 큰 그림에서의 전술적으로는 실패한 결과였다.

이 소식을 들은 야마모토 대장은 노발대발했지만 어쩔 수 없었다. 결국, 1942년 5월 27일 오전 8시, 일본 히로시마 남쪽 하시라지마 항구, 기함인 아카기에서 출격 깃발을 올림과 동시에 순양함 나가라 호를 선두로 연합함대의 제1기동함대가 미드웨이를 향해 출항했다. 48시간 후에는 야마모토 대장이 지휘하는 본대가 출항했다. 이와 별도로 알류산을 공략할 함대도 함모 2척을 주력으로 출항하였다. 드디어 야마모토 대장의 야심찬 MI작전이 시작되었다. 야마모토 제독은 이 작전을 위하여 항모 8척과 전함 11척을 비롯해 자신이 동원할 수 있는 연합함대의 자산 거의 대부분을 동원했다. 동원된 전력은 병력 10만명, 함정 200척, 항공기 700여기로 어마어마한 대군이었다.

미드웨이 섬 공략은 6월 7일로 계획했다. 먼저 N−2일인 6월 5일에 미드웨이를 기습 폭격하여 미군의 활주로와 항공대를 파괴하고, N−1일에도 폭격을 지속하여 미드웨이 미군을 완전히 무력화시킨 다음 6월 7일 본격적인 상륙작전을 하기로 했다. 물론 이 시간 동안 적 함대의 출현도 감시하고 대비하기로 했다. 미드웨이를 점령하면 기지와 활주로를 정비한 다음 항공모함의 항공기를 미드웨이로 이동시켜 강력한 항공대를 편성하기로 했다. 섬 점령을 인지한 미함대가 반격을 위해 출동하면 매복하여 함대결전을 통해 격멸하기로 했다. 나름 완벽한 계획이었지만 실제 현지 상황을 정확히 반영해야 하는 정보전에서 크나큰 실수를 하였다. 일본의 연합함대는 미드웨이 근처에 미국 항모기동부대가 먼저 도착하여 매복하고 있을 수 있다는 가정은 전혀 하지 않은 것이다.

전쟁, 혁신, 사람 그리고 전략

시작이 반이라는 이야기가 있다. 기업에서도 신사업이나 신제품 출시는 매우 중요한 전략적 이슈이다. 신제품 출시에 거의 모든 기업의 자원을 집중한다고 할 정도로 시작이 중요하다. 하지만 많은 경우 첫 단추가 잘못되어 신제품의 거의 8~90%가 실패하고 만다. 기업의 최고경영자는 항상 비상계획Contingency Plan을 가지고 있어야 한다. 사람이 진행하는 것에는 완벽이란 있을 수 없다. 우리는 최선을 다해 실수가 없도록 노력은 하지만 사람이 하기에 실수는 생길 수밖에 없다. 특히나 출발 선상에서는 더욱 그러하다. 그 때문에 항상 계획을 점검하고 또 점검해서 실행 시에 착오가 없도록 빈틈이 없어야 한다. 특히나 이전의 승리에 도취해서 이번에도 큰 무리 없이 진행될 것이라는 관성은 실수를 만들어내고 이는 다시 돌이키기 힘든 실패를 가져올 것이다.

허허실실(虛虛實實)

허허실실은 손자병법에 나오는 계략으로 상대의 강점과 약점을 잘 파악하여 충실한 부분은 피하고 허약한 부분을 공격하는 것을 의미한다. 미국은 정보 분야를 제외한 전체 전력은 일본보다 약했지만 이를 극복하고 전세를 뒤집는 시작점을 미드웨이 해전에서 만들었다. 미드웨이는 진주만에서 서북서 방향으로 1,800km 떨어진 직경 10km정도의 환초이다. 이 환초 안에 해발 12m에 길이 3km의 샌드 섬과 해발 4m에 길이 1.6km인 이스턴 섬이 있다. 그야말로 손바닥만 한 섬 두 개인데 미국은 2년 전에 군사전략적 중요성을 파악하여 비행장을 비롯한 각종 군사시설을 구축하였다. 이 작은 섬에서 태평양 전쟁 초기에 열세에 있던 미국이 전세를 뒤짚는 기적을 만들어낸 것이다.

• 그림 3-2 • 1942년 미드웨이 해전 몇 일 전에 찍은 미드웨이의 두 섬

전면이 이스턴 섬이고 뒤가 샌드 섬이다.

출처: 미국 해군 역사 및 유산사령부

일본의 진주만 기습으로 미국은 태평양 함대가 반신불수 상태가 되었고, 1941년 초에 일본이 동남아 지역을 침공하는 것을 지켜볼 수밖에 없었다. 일본의 남방작전 기간에 미국은 웨이크와 괌을 상실하였고 특히 아주 중요한 식민지인 필리핀을 빼앗겼다. 또한, 미국

전쟁, 혁신, 사람 그리고 전략

영토인 하와이조차 침략당할지 모른다는 불안감과 주요 연합국인 호주와 뉴질랜드를 잃을지도 모른다는 두려움에 빠졌다. 그러나 루스벨트 대통령을 중심으로 정계가 뜻을 함께하고 일반 국민도 두려움을 떨쳐내고 타도 일본을 외치며 금속 모으기 운동에 동참하고, 젊은 남자들의 입대가 줄을 이었고, 여성들은 군수산업 공장으로 들어갔다.

진주만 습격 후에 루스벨트 대통령은 태평양함대를 재건하고 대일본 전쟁을 수행할 신임 사령관에 체스트 니미츠 제독을 임명했다. 니미츠 제독은 전형적인 외유내강형 인물이었다. 사람을 볼 줄 알고 합리적인 조직을 만들어 효율적으로 조직을 운영할 줄 아는 지휘관이었다. 니미츠 제독은 당시 인사담당이었던 항해국장을 역임한 덕분에 적합한 곳에 적합한 인재를 배치할 수가 있었다. 그리고 니미츠 제독은 조직원들의 사기를 올리는데 탁월한 능력을 갖추고 있었다. 신임 사령관 취임사에서 그가 한 말은 "여러분 모두가 남아서 나와 일해주기를 바란다." 였다. 진주만 기습의 책임을 지고 경질될 것을 예상했던 장교들이 안도

체스트 니미츠 제독
(출처: 위키백과)

와 함께 신임 사령관에게 무한한 신뢰를 보내기 시작했다. 미국의 태평양함대의 모든 병사와 장교들도 타도 일본을 목표로 깨어나기 시작했다.

당시 미국의 해군력은 일본과 비교하면 절대 열세였다. 미국은

인력의 보충과 전쟁 물자를 생산하기 위한 시간이 필요했고 본격적인 반격을 하기 전에 일본의 공격력을 약화하는 무언가가 필요했다. 니미츠 제독은 일본이 다음 목표를 공격할 때도 항모기동부대를 주력으로 내세울 것이라고 보았고 이들을 격파하고 싶었다. 그러나 태평양의 제해권은 일본이 잡고 있어서 먼저 찾아 나설 수는 없고 일본이 먼저 나서주길 기다리는 처지였다. 야마모토는 미국 항공모함들이 무서워서 싸움을 피할 것이니 유인해내려고 했고, 니미츠는 일본이 먼저 움직이면 매복했다가 기습을 하고 싶었다. 두 명장이 서로 상대의 항모기동부대를 격멸하기 위한 두뇌 게임이 시작되었다.

전체 전력으로는 열세이지만 미군이 가지고 있는 유일한 강점은 정보력 특히 암호 해독력이었다. 태평양함대 사령부에는 암호 해독반 하이포국Staion HYPO이 있었고 죠셉 로슈포트 중령이 이끌고 있

조셉 로슈포트 중령
(출처: 위키백과)

었다. 하이포국은 결국 1942년 3월말, 일본의 암호 체계의 해독에 성공했다. 로슈포트 중령의 천재적인 추리력과 최초의 컴퓨터인 IBM사 연산기의 도움을 받아 일본의 암호를 어느 정도 파악할 수 있게 된 것이다. 어느 날부터 일본 무선에 AF라는 단어가 갑자기 증가하자 AF가 다음 공격지라는 것을 알 수 있었고 로슈포트는 AF가 미드웨이라고 추측하였지만 이를 증명할 필요가 있었다. 니미츠도 자신의 직감과 하이포국의 정보를 바탕으로 AF가 미드웨이라고 확신했

전쟁, 혁신, 사람 그리고 전략

다. 5월 2일 최전선인 작은 환초 미드웨이에 태평양함대 최고 사령관인 니미츠가 참모들을 대동하고 도착했다. 니미츠는 일본의 다음 공격지인 AF가 중부 태평양이고 그중에서 미드웨이일 것이라고 확신하고 자신이 직접 미드웨이의 방어시설과 방어 태세를 확인하고 싶었다. 미국에게 미드웨이는 절대 포기할 수 없는 전략 요충지였다. 미드웨이조차 일본에 내어주면 하와이가 노출되고 하와이마저 뺏기면 본토의 서부가 위험해지기 때문이다. 현지 방문을 마친 니미츠는 현지 사령관이 요구하는 이상의 무기들을 보내주었다. 물론 부하들의 사기 진작을 중요시했던 니미츠 제독은 중령인 수비 사령관에게 대령 계급장을 보내는 것도 잊지 않았다. 5월 31일 기준 항공기 107대와 3,027명일부 기록은 4,500명의 방어인력, 레이더와 각종 대포가 배치되었다. 게다가 콘크리트 시설과 참호가 치밀하게 구축되고 해안에는 지뢰와 철조망으로 철옹성을 만들었다.

5월 19일, 하와이의 하이포국이 해저 케이블을 통해 미드웨이에 이상한 명령을 전달하였다. 미드웨이의 멀쩡한 증류기가 고장 났다는 무전을 평문으로 하와이로 보내라는 내용이었다. 영문을 모르는 미드웨이에서는 그대로 무전을 보냈고 이 무전은 하이포국 뿐만 아니라 일본 정보부도 감청하였다. 그리고 이틀 후에 하이포국은 일본이 자기들끼리 AF에 증류기가 고장 났다는 무전을 교환하는 것을 감청하였다. 하이포국은 쾌재를 불렀다. 일본이 자기들끼리 주고받는 무전 중 AF가 미드웨이라는 것이 밝혀졌다. AF가 미드웨이라는 확실한 증거가 필요할 때 재스퍼 홈즈 소위가 기발한 아이디어를 낸 것이다. 미드웨이에서 증류기가 고장 났다는 내용을 평문 무선으로 하와이에 보고하여 일본의 반응을 파악하기로 한 것이다. 일본이 미국 정보국에 완벽하게 걸려들었고 니미츠는 미드웨이에 매복을 준비하기 시작했다.

이처럼 미국의 니미츠는 일본의 취약점인 정보체계를 파고들어 적을 유인하는 것에 성공한다. 오늘날 기업 간의 경쟁에서도 정보는 매우 중요하다. 특히나 ICT 기술이 발달한 오늘날에는 더욱더 정확한 정보를 신속하게 알아내는 것이 변화가 빠른 경쟁 환경에서 더욱더 중요해지고 있다. 특히 오늘날에는 최고경영자들이 트위터, 페이스북, 카카오 등의 SNS를 이용하여 자신의 의견을 피력하고 경쟁사에 자사의 메시지를 전달하는 수단으로도 활용한다. 예전에는 주주들에게 보내는 편지라는 형식으로 오프라인에서 전달되었지만, 오늘날에는 온라인으로 공개적으로 공시를 한다. 따라서 수많은 정보의 홍수 속에 정확하게 진위를 파악하는 능력이 중요시되고 있다. 국가 간의 전쟁도 기업의 경쟁도 모두 정보전이다.

과거의 실패에서 벗어나 오직 하나의 목표에만 집중하자.

일본의 제1기동함대가 출항한 5월 27일에 하와이 미국 태평양함대 사령부에서는 니미츠 제독이 주관하는 미드웨이 작전 회의가 열

전쟁, 혁신, 사람 그리고 전략

렸다. 니미츠는 작전의 목표는 오직 하나 즉, 일본 항공모함을 격파하는 것임을 다시 한번 강조했다. 일본의 항공모함을 격파하는 것 외의 것에는 모험을 걸지 말라고 명령했다. 니미츠가 작전 목표를 단순화하고 최우선 순위에 둔 것에 비해, 야마모토의 작전 목표는 다소 복잡했다. 미드웨이를 공격하되 동시에 별도로 알류샨도 공격한다는 것과 미드웨이를 점령하고 난 뒤에는 출격해오는 미국 항모기 동부대를 격파한다는 것인데, 먼저 전력 분산 이 문제가 될 소지가 있었다. 또한, 현장 지휘 관들이 돌발사태에 직면했을 때 목표의 우선 순위에 대해 혼란을 겪을 수가 있었다.

레이먼드 스프루언스 제독
(출처: 위키피디아)

다음날인 5월 28일, 항공모함 엔터프라이즈와 호넷이 포함된 미국 제16기동부대가 미드웨이를 향해 하와이 진주만을 떠났다. 이 기동부대의 원래 사령관은 윌리엄 헐지 제독이 었는데 그는 이 무렵 심각한 피부병에 걸려 레이먼드 스프루언스 제독이 급히 대체되었다. 그런데 스프루언스 제독은 구축함과 순양함 만 지휘한 경험이 있었고 항공모함을 지휘한 경험은 물론이고 조종 사 면허나 항공관측사 자격증조차 없는 항공 문외한이었다. 그러나 니미츠 제독은 헐지 제독의 추천과 근무 기록 등을 보고 과감하게 그를 신임 사령관으로 임명했다. 그리고 믿고 맡겼다.

5월 30일에는 프랭크 잭 플레처 제독이 지휘하는 항공모함 요크 타운 중심의 제17기동부대가 출항했다. 요크타운은 산호해 해전에

진주만에서 응급 수리중인
미국 항공모함 요크타운
(출처: 위키백과)

서 일본 함재기의 공격으로 심각한 손 상을 입었지만, 기적적으로 회생해서 돌아왔다. 관계자들이 수리를 위해 최 대 90일이 필요하고 임시 긴급수리에 도 최소 2주가 필요하다고 했지만, 니 미츠는 3일 만에 끝내라고 명령했다. 1,400여명의 수리반이 12시간 2교대 로, 심지어 식사까지 샌드위치로 때우 며 정말로 3일 만에 수리를 거의 끝냈다. 니미츠의 목표는 오직 하 나, 미드웨이에서 일본 기동함대를 기다렸다가 파괴하는 것이다. 그 렇게 하기 위해서는 항공모함이 필요했는데 엔터프라이즈와 호넷 외에 동원 가능한 항공모함은 오직 요크타운밖에 없었다. 요크타운 은 정상적인 수리 절차에 따라 90일 동안 수리하는 것이 아니라 3일 동안 응급처방하여 항공기를 싣고 가서 이륙시킬 수 있을 정도 로만 수리하면 충분했다.

니미츠는 플레처 제독에게 두 기동부대의 통합 지휘를 맡기고 두 가지 지침을 주었다. 아군이 적에게 끼칠 피해보다 더 큰 피해를 볼 모험을 자제할 것과 한 번의 피습으로 두 기동부대가 한꺼번에 피해를 입지 않도록 일정한 거리를 유지하라고 당부했다. 6월 2일 오후 4시, 두 기동부대는 미드웨이 북방에서 합류하여 일본함대를 기다리기 시작했다. 다음날부터 플레처 제독은 항공기를 이용한 경 계에 돌입했다. 수상기 조종사 찰스 이튼 소위가 3일 오전 9시에 미

전쟁, 혁신, 사람 그리고 전략

드웨이 서쪽 800km 해상에서 일본 연합함대의 미드웨이 공략부대의 소함대를 발견했다. 5분 후에는 미드웨이 서쪽 1,300km 해상에서 미드웨이 공략부대의 본대를 발견했다. 오후 4시 23분경에 미드웨이섬에서 출격한 미국 B-17폭격기 9대가 일본의 수송대를 폭격하면서 태평양전쟁의 흐름을 바꾼 미드웨이 해전이 시작되었다.

경영전략에서 목표수립에서 흔히 SMART 원칙을 말한다. 목표는 항상 구체적Specific이어야 하고 측정가능Measurable하여야 하고, 달성가능한Achievable 것이어야 하며, 현실적이고Realistic 시간내 Timely에 달성가능한 것이어야 한다는 것이다. 이러한 목표 수립에서 중요한 원칙이 하나의 목표에 집중하여야 하고 변하지 않아야 한다는 것이다. 그래야 구성원들이 믿고 따라와서 결국은 달성한다는 것이다. 최고경영자가 기업의 비전과 이를 달성하기 위한 목표를 수립하는데 잊지 말아야 할 교훈이다.

운명의 5분: 작은 구멍 하나가 큰 둑을 무너뜨린다.

전쟁도 기업 간의 경쟁도 모두 사소하다고 생각하는 작은 것에서 시작하여 전면전으로 커져가기도 하고 작은 실수가 전체를 무너뜨리는 결정적인 요인이 되기도 한다. 미드웨이 해전의 초반 5분 동안 벌어진 미국의 공격은 누적된 운과 적의 실수로 기대 이상의 효과를 거두며 미국에게 대승을 안겨준다.

● 그림 3-3 ● 일본 해군의 공격 방향

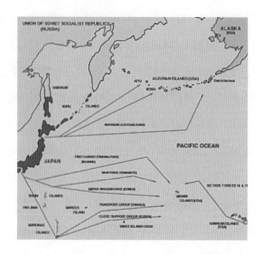

출처: 위키백과

6월 4일 오전 2시 45분, 미드웨이 서북쪽 460km 해상, 일본 항
공모함 아카기의 갑판은 미드웨이 폭격을 위해 예열 중인 항공기들
의 엔진소리와 승무원들의 바쁜 움직임으로 부산하였다. 제 1항공대
사령관인 나구모 주이치 제독은 출격할 조종사들을 향해 격려와 사
기진작을 위한 일장 연설을 했다. 이윽고 4시 30분경 아카기의 전투
기 중대장 시라네 아야오 대위의 출격을 필두로 네 척의 항모에서
108대의 폭격기와 전투기가 연이어 미드웨이를 폭격하러 출발했다.
폭격대 출발 후에 나구모 제독은 근처에 미국 항공모함이 없다고 확
신하고 있었지만 만일에 대비하기 위하여 7대의 정찰기를 출격시켰
다. 그런데 순양함 도네에서 발진할 예정이었던 정찰기 두 대가 사

전쟁, 혁신, 사람 그리고 전략

출기 고장으로 30분 늦게 출발하였고, 순양함 지쿠마에서 발진한 정찰기는 도중에 엔진 고장으로 돌아왔다. 바로 이 두 정찰대의 진행 코스에 미국 항모기동부대가 있었다. 이들이 계획대로 비행하였다면 미국함대는 발각되고 말았을 것이다. 운명의 신마저도 미국 해군의 편이었다.

나구모는 1차 공격대를 출격시킨 후 나머지 폭격기에 대함공격용 철갑탄과 어뢰를 장착하라고 명령했다. 미드웨이 폭격은 1차 폭격으로 충분할 것이라고 보았고 혹시 모를 미국 항공모함의 출현에 대비한 조치였다. 오전 5시 30분 미드웨이에 도착한 폭격대는 수비대의 전투기와 대공포 방어망을 뚫고 30여 톤에 가까운 폭탄을 떨구어 큰

나구모 주이치 중장
(출처: 위키백과)

피해를 줬지만 활주로와 대공포는 큰 피해를 주지못했다. 이에 폭격대 대장 도모나가 죠이치 대위가 나구모 제독에게 추가로 2차 폭격이 필요하다고 무전을 보냈다. 하지만 이때는 이미 매복 중인 미국의 제16기동대 스프루언스 제독이 119대의 함재기를 일본함대를 향해 발진시키고 있었다. 1942년 6월 4일 이른 아침, 미드웨이에서 발진한 미국 폭격기와 뇌격기들이 공격해왔다. 하지만 첫 번째 공격은 일본의 대공포와 상공을 지키던 제로 전투기 때문에 무위로 끝났고, 뒤이어 로프톤 헨더슨 소령이 지휘하는 16대의 해병대 돈틀리스 급 강하폭격대도 몰려왔지만, 폭격대는 모든 비행대가 전사하는 저돌적

인 공격을 했음에도 하나의 명중탄도 없는 실패로 끝났다.

실패로 끝나기는 했지만, 헨더슨 공격대를 비롯하여 미드웨이 수비대 항공기들의 공격은 나구모 제독의 머릿속에 혼란을 심어 놓았다. 나구모는 활주로를 파괴하지 않으면 미드웨이에서 계속 미국 항공기들이 날아올 것으로 판단했다. 결국, 나구모는 미드웨이를 추가 폭격하기로 작정했고 운명적인 명령을 내리게 된다. 즉 대기 중인 항공기의 철갑탄과 어뢰를 대지 공격용 일반 폭탄으로 교체하라고 명령했다. 이 명령을 내린 지 10여 분 후에 도네에서 발진한 정찰기가 적함을 발견했다는 보고가 들어왔다. 없는 줄 알았던 미국 함대가 근처에 있다는 사실도 충격인 데 대함무기를 대지 공격으로 바꾸는 중에 적함이 나타났다는 보고에 나구모 제독은 혼란에 빠졌다. 급히 무장 교체 작업을 중단시켰다. 다만 정찰기 보고가 적 항공모함이 없다는 사실에 조금 안도하며 시간적인 여유가 있다고 생각했다.

그러나 8시 30분경 도네의 정찰기로부터 미국 항공모함을 발견했다는 보고가 들어왔고 동시에 미드웨이를 공격한 도모나가의 폭격대도 돌아왔다. 나구모는 머리는 더욱 복잡해졌다. 폭격대를 먼저 착륙시키려면 갑판 위에 대기 중인 폭격기들을 엘리베이터를 이용하여 격납고로 이동해야 하고 미국 항공모함을 향한 공격은 늦어진다. 반대로 미국 항공모함을 먼저 공격하려면 폭격대의 대지 공격용 폭탄을 대함 공격용 철갑탄과 어뢰로 바꾸어야 하고 호위할 전투기도 준비해야 한다. 그렇게 하면 도모나가 공격대는 항공모함 상공에

전쟁, 혁신, 사람 그리고 전략

서 대기해야 하는데 연료 부족으로 바다에 불시착해야 한다.

　나구모 제독은 빠른 결정을 내리지 못하고 머뭇거렸다. 잠시 후에 나구모 제독은 도모나가 폭격대를 먼저 착륙시키기로 결정했다. 대지 공격용 폭탄으로 무장하고 갑판에 대기 중인 폭격기들을 격납고로 내려보내고 철갑탄과 어뢰로 교체하는 작업이 시작되었다. 격납고 내부에는 항공기 주위에 연료통과 폭탄, 어뢰들이 어지러이 늘려 있어 한 번의 피폭으로도 큰 화재나 유폭이 일어날 환경이 되었다. 폭탄 교체 작업을 마친 항공기들이 전투기 순으로 이륙을 준비하고 있을 때 미국 항공모함에서 발진한 함재기들이 들이닥쳤다. 미 항모 엔터프라이즈, 요크타운에서 발진한 뇌격기들이 세 번에 걸쳐 공격해 왔다. 당시 미국의 뇌격기와 어뢰의 수준은 일본보다 기술적으로 현저히 뒤처진 것이었다. 미국 조종사들도 초급들이 많아서 실력이 형편없었다. 미국의 뇌격기 공격대는 일본의 제로 전투기 때문에 처참하게 격추되었다. 35대의 뇌격기가 희생했는

1942년의 미국 항공모함 엔터프라이즈
(출처: 위키피디아)

데 단 한 발의 어뢰도 명중시키지 못했다.

　하지만 미국의 조종사들은 용감했고 이들의 희생은 오전 10시 20분에서 25분까지의 운명의 5분을 만들어내었다. 엔터프라이즈의 비행대장 클라렌스 맥클러스키 소령은 오전 7시 45분에 돈틀리스

급강하폭격대를 이끌고 출격했다. 2시간가량 적을 찾다가 9시 55분에 드디어 먼 거리의 바다에 하얀 항적 한 줄이 남아있는 것을 발견했다. 순간 맥클러스키 소령은 이 항적이 일본 함정의 것이고 그것

클로렌스 W. 맥클러스키
소령
(출처: 위키백과)

을 따라가면 일본함대와 접촉할 수 있겠다고 판단했다. 실제로 이 항적은 일본함대 근처에 접근한 미국 잠수함 노틸러스를 감시하기 위해 본대와 떨어져 있었던 일본 구축함 아라시의 항적이었다. 아라시는 노틸러스를 놓친 후에 급히 본대로 돌아가는 중이었다. 본의 아니게 아라시는 적의 길잡이 역할을 하며 집으로 돌아가게 되었다. 맥클러스키 소령의 돈틀리스 공격대는 10시 5분에 일본 기동함대를 발견하고 공격을 시작했다.

미국 급강하폭격기 SBD 돈틀리스
(출처: 위키백과)

그 시간 일본 항공모함을 호위하던 제로 전투기들은 계속되는 뇌격기를 상대하느라 수면 위 저공에 몰려 있어서 상공이 비어 있음을 누구도 눈치채지 못했다. 그 절묘한 시각에 52대의 미국 돈틀리스 폭격대가 들이닥쳤다. 구름까지 있어서 일본 견시병들도 돈틀리스 폭격대의 접근을 발견하지 못했다. 이들이 존재를 알아차렸을 때는 이미 돈틀리스 폭격대들이 공격 고도에서 급강하를 시작

전쟁, 혁신, 사람 그리고 전략

하고 있었다. 이들은 경험이 풍부한 조종사들이었다. 폭격대는 아무런 제지를 받지 않고 세 척의 일본 항모를 공격했다.

가가, 아카기, 소류 순으로 폭탄이 명중하였다. 돈틀리스들이 투하한 폭탄은 갑판을 뚫고 들어가서 격납고에서 폭발했다. 일본 항공모함의 격납고 안에는 무장을 교체 중인 항공기와 폭탄, 어뢰들이 가득했다. 450kg 폭탄 자체의 위력도 엄청난데 이것이 밀폐된 공간에서 항공기와 폭탄과 함께

피격당한 히류
(출처: 위키백과)

유폭을 일으키자 파괴력이 엄청났다. 아카기의 경우 명중탄은 450kg 폭탄 단 한발이었다. 이것이 갑판을 뚫고 들어가서 격납고에서 폭발한 곳이 항공유를 가득 채우고 850kg의 어뢰를 장착한 함상공격기 18대가 있는 곳이었다. 이 한발의 폭탄으로 아카기는 엄청난 폭발과 함께 생명이 끝났다. 태평양의 천하무적인 연합함대 제1기동부대의 주력 항공모함 세 척이 단 5분만에 전투 불능이 되었다. 태평양의 패권을 두고 벌인 양대국의 승부는 이 5분에 결정이 되었다고 해도 과언이 아니다. 10여 분 후 일본의 마지막 남은 항공모함 히류에서 발진한 폭격기들이 미국의 항공모함 요크타운을 폭격하고, 미국의 스프루언스 폭격대가 히류를 폭격했다. 미국의 항공모함 피해는 요크타운 한 척이고 일

침몰 직전의 요크타운
(출처: 위키백과)

본은 항공모함 네 척이 모두 침몰하였다. 미국의 완승이었다. 이로써 승부의 추는 완전히 미국으로 기울어졌다. 당시 일본 기동부대의 서쪽에는 세계 최강의 전함들이 소속된 야마모토 제독의 본대가 있었지만 550km나 떨어져 있어서 아무런 도움을 주지 못했다.

여기에서도 우리가 배울 수 있는 교훈은 리더의 흔들리지 않는 신념과 신속한 의사결정이 얼마나 중요한 결과를 만들어내는가이다. 일본의 나구모 제독은 전장에서 무게 중심을 잡지 못하고 우왕좌왕하는 모습을 보여주었고 그러는 동안 황금 시간은 지나가고 패배의 참혹함만이 돌아왔다. 기업의 비즈니스에도 중요한 것은 시간 내에 신속한 의사 결정과 실행이다. 정말로 승패를 결정하는 것은 타이밍이다. 시장을 언제 들어가느냐는 것도 언제 시장에서 철수하느냐 하는 것도 신속한 의사 결정이 필요하고 타이밍이 중요하다. 신속한 의사 결정을 위해서 리더는 정확한 정보를 바탕으로 확실한 의사 결정과 실행력을 가져야 한다. 단 5분 만에 세계 최강의 일본 해군이 무너지고 말았다.

최고의 시스템이 영원하다는 법은 없다.

아카기에서 간신히 탈출한 나구모는 미드웨이 상륙을 포기하고 오후 9시 30분경에 야마모토에게 철수를 요청했다. 그러나 야마모토는 대노하며 나구모의 지휘권을 박탈하고 곤도 제독에게 넘겼다.

야마모토는 포기하지 않고 야간에 미국 함대를 찾아서 함대 결전을 통해 미군을 격파하길 원했다. 알류산 공략 부대의 남하를 명령하고, 제1기동부대의 남은 전투함과 상륙부대에게 미국 항모를 추적하라고 명령했다. 야마모토는 대참패를 상쇄시킬 작은 전과라도 거두기 위해 휘하 부대들에 계속 공격을 명령했지만 결국 6월 7일 오전에 작전 중지를 결심하고 철수를 명령했다. 이제 그에게 남은 것은 상상조차 못했던 패배뿐이었다.

미드웨이 해전의 양국 피해 결과는 다음과 같다. 미국은 항공모함 1척과 구축함 1척 침몰, 항공기 147대 손실, 전사 307명이었다. 일본은 항공모함 4척과 중순양함 1척 침몰, 항공기 322대 손실, 전사 3,500명이다. 일본은 압도적으로 우세한 전력임에도 불구하고 대패를 당했다. 패배의 영향력은 숫자 이상이었다. 일본군의 입장에서 제1기동부대의 손실은 몇 척 침몰, 몇 명 사망 식으로 쉽게 계산할 수 있는 것이 아니었다. 항공모함과 베테랑 조종사, 항공기와 항공모함의 정비 기술 요원, 항공모함의 운항과 항공기 관리를 지원하는 인력, 이 네 요소가 유기적으로 결합된 제1기동부대는 위력적이고 정밀한 세계 최강의 무기 시스템이다. 이 시스템은 배와 항공기를 만들고 인력을 충원하여 교육한다고 쉽게 만들 수 있는 것이 아니다. 일본은 미드웨이 해전에서 일본의 가장 강력하고 정밀한 무기 시스템을 잃어버렸고, 이후에 다시는 제1기동부대 수준의 항공모함 기동부대를 운영하지 못했다. 또한, 미드웨이 해전의 결과로 일본은 더는 항공모함 집단군을 만들 수 없게 되었다. 당연히 제해권과 제공권도 가질 수 없게 되어 다시는 공세적 작전도 할 수 없게 되었다. 일본이 미드웨이에서 상실한 항공모함 4척은 단순히 항공모함 4척의 상실이 아니었다. 한계를 가늠하기 힘들 정도로 엄청난 시너지를 발휘하는 일본 최고의 무력을 상실한 것이다.

최고의 시스템이 영원하다는 법은 없다. 기업이 끊임없이 혁신하고 변화를 통해서 시스템을 개선하는 이유이다. 과거의 영광에 사로잡혀서 최고의 시스템을 가졌다고 자랑만 하고 혁신을 하지 않으면 스스로 무덤으로 기어들어 가는 꼴이 된다. 그래서 관성이 무서운 것이다. 과거에 잘나가던 기업은 자신이 최고의 기술을 가졌고 이 기술을 활용하여 신제품을 개발하고 출시하는 최고의 시스템을 가졌다고 확신하면서 서서히 혁신하는 다른 기업에 의해 잠식당하고 끝내는 수면 아래로 침몰하고 마는 것이다. 언제까지나 소비자들이 우리 기업을 좋은 시선으로 보고 있지는 않을 것이다. 소비자들도 시간이 지나면 변한다. 우리의 생태계가 그런 것이다. 진화하는 생물은 살아남을 것이고 그렇지 못한 공룡은 사라지고 말 것이다.

소잃고 외양간은 고쳐야 한다: 미국은 날아오르고 일본은 숨기기 바빴다.

미국은 일본의 주력 항모 기동부대를 격파하여 전쟁의 주도권을 잡았고 전시체제로 전환할 시간적인 여유도 가지게 되었다. 미드웨

전쟁, 혁신, 사람 그리고 전략

이 해전 이후 미국은 거대한 산업력을 이용해 엄청난 무기들을 생산하여 일본의 전력을 압도하게 된다. 참고로 일본이 항공모함을 1943년에 3척 1944년에 4척 건조한데 비해 미국은 같은 기간 동안 경항공모함 포함하여 무려 90척의 항공모함을 건조하였다. 제2차 세계대전 기간 중 미국 혼자 생산한 무기량이 전쟁 참전국인 일본, 독일, 소련, 영국 등의 무기 생산량 합계보다 많았다. 전쟁이 끝난 후 일본 해군 지휘관들은 포로 심문에서 미드웨이 해전이 "결정적 전환점"이었다고 진술하였다. 당시 해군 장관 요나이 미쓰마사는 "미드웨이 해전이 끝나고 승리에 관한 확신을 버리게 되었다"고 했다. 미국 입장에서는 미드웨이 해전 이전에 승리가 없었고, 미드웨이 해전 이후 패배가 없었다.

이렇게 미국이 날아오르는 동안 일본은 진실을 숨기기에 바빴다. 6월 11일 대본영의 발표에 일본인들은 흥분했다. 대본영의 발표에 따르면 일본 해군은 미드웨이 전투에서 미국 항공모함 2척 격침, 항공기 120기 격추, 그리고 주요 시설을 파괴했다고 했다. 아군의 피해는 항공모함 1척 침몰과 항공모함과 순양함 1척 손상, 미귀환 항공기 35기뿐이라고 했다. 대본영의 발표를 그대로 인용한 아사히 신문은 "태평양 전황은 이 전투로 결판이 났다"고 보도했다. 요미우리 신문은 "우리 제국의 방위수역을 미국 서해안까지 확장한 전쟁사에 길이 남을 큰 전과"라고 보도했다. 이처럼 일본은 진실을 철저히 은폐했다. 여기에는 천황의 동의도 있었다.

6월 10일 열린 군부는 대본영과 정부의 연락 회의에서도 사실을 숨겨서 수상이자 육군대신을 겸임하는 도조 히데키조차도 한참 후에나 진실을 알 수 있었다. 진실을 모르는 육군은 해군과 합동작전을 할 때 아직도 해군의 전투력을 과대평가할 수밖에 없었다. 일본은 피해를 은폐하기 위해 일부 함정들의 항해일지와 전투일지를 폐기했다. 귀국한 부상병들은 곧바로 격리 수용당했고 가족의 면회나 서신 교환도 금지당했다. 생존 병사들은 가족과 인사도 못 나누고 곧바로 남방지역 최전선으로 전보되었다. 반면 작전의 책임자인 두 사람 야마모토와 나구모는 전혀 문책을 당하지 않고 현직을 유지했다. 대본영이 전과를 엉터리로 발표하고 패배를 은폐하는 행태는 패전까지 계속되어 국민들은 철저히 군국주의의 모략에 놀아났다.

일본 해군은 미드웨이 패배 후에 항공모함의 설비를 바꾸고 운용 교리도 개선했다. 훈련과 전술도 개선하려고 노력했지만 공론화되지 않고 처절한 자기반성이 없는 노력에는 한계가 있었다. 같은 집단 안에서 같은 문화와 한계를 지닌 자기들만의 개선으로는 혁신적인 사고가 나올 수 없었다. 비록 나름대로 노력하여 1943년 후반기에는 변모된 모습이 되었지만 그 시점에 미국은 이미 일본이 어찌 해볼 수 없는 거인이 되어있었다.

소잃고 외양간을 고친다는 말은 실수가 일어난 다음에 후회한들 무엇하냐는 의미이지만 그래도 허술한 것은 수리해서 보강해야 다시는 실수를 반복하지 않는다. 일본은 철저하게 사실을 은폐하였고 상황을 반성하면서 개선하려고 노력하지 않았다. 또한, 패전한 병사들과 장군의 처리도 진실을 은폐하는 데만 초점을 맞추고 제대로 치

전쟁, 혁신, 사람 그리고 전략

유를 하려고 하지 않았다. 미국은 진주만의 실패를 되새기며 소잃고 외양간을 고쳤다. 다시는 실수를 하지 않기 위해 진주만의 뼈아픈 상처를 기억하고 개선하려고 노력하였다. 그 결과로 일본이 다시는 넘보지 못할 강대국이 된 것이다. 소는 잃었지만, 부실한 외양간은 반드시 고쳐야 한다.

승패의 원인

미드웨이 해전에서의 가장 큰 승패의 원인은 관성에서 어떻게 벗어났느냐의 차이이다. 미국은 진주만의 아픔을 극복하기 위해서 뼈를 깎는 노력을 하였고, 일본은 진주만의 승리에 취해서 향후 전개되는 전투에서도 다소 안일한 태도로 임했다는 것이 승패를 갈랐다. 자신감과 자만은 다르다. 자신감은 자신에 대해 정확하게 파악하고 경쟁자를 냉철하게 분석해서 자신의 우위를 점할 수 있다는 태도이고 자만감은 과거의 향수에 취해서 정확한 분석과 근거가 없이 허세를 부리는 것이다. 미드웨이 해전에서 미국은 철저한 정보를 분석하여 과학적인 의사결정을 하였고 일본은 근거 없는 자만감으로 무장하여 전투에 임했다는 것이다. 관성은 이렇게 무서운 결과를 만들어내는 승자의 저주 같은 것이다.

일본군의 패배 원인

1) 승리병으로 준비를 부실하게 하다.

태평양전쟁 초기에 일본 해군은 전력과 운영 등 모든 면에서 미국보다 우세했다. 진주만 습격 시에 일본 해군은 항공모함 6척을 동시에 투입하여 운영하였는데 기대 이상의 효과를 거두었다. 항공모함 2척으로 구성된 함대를 2개 이상 묶어서 집중운영하는 방법은 겐다 미노루 중좌가 제기한 아이디어로 1941년 1월 해군 지휘부가 채택했다. 이렇게 해서 탄생한 것이 제1항공함대로 제1항공전대아카기, 가가와 제2항공전대소류, 히류, 제4 항공전대류조를 묶어서 집중운영했고 임무에 따라서 제5항공전대쇼가쿠, 즈이가쿠를 함께 운영하기도 했다. 제1항공함대의 창설은 세계 해군사에도 획기적인 일이었다. 일본은 초기에 영국과 미국으로부터 항공모함 운영 전술을 배웠지만 제1항공함대를 창설하여 단번에 세계 최고의 혁신적이고 강력한 해군력을 가지게 되었다. 제1항공함대를 앞세운 일본은 진주만 기습과 남방작전을 실행하여 적들은 물론이고 자신도 믿기 힘들 정도의 대승을 거두었다.

그런데 세계에서 가장 강력한 일본 제1항공함대가 미드웨이에서 왜 허무하게 참패했을까? 일본의 패배 원인은 많은 전문가의 연구 대상이었다. 전문가들은 일본이 승리병 때문에 패배했다고 의견을 일치한다. 승리병이란 일본의 항공대 대장이었던 후치다 마쓰오 중

전쟁, 혁신, 사람 그리고 전략

좌가 전후에 집필한 미드웨이 해전 관련 책에서 처음 언급되었다. 그는 진주만 습격 작전 시에 항공부대 대장이었고, 미드웨이 해전에서는 아카기의 항공대장이었으나 맹장염으로 작전에서 제외되었다. 대신 아카기의 갑판에서 일본 항공모함들이 속절없이 당하는 것을 생생하게 목격한 증인이기도 했다. 후치다는 일본군이 개전 초기의 손쉬운 승리로 능력을 과신하고 적을 얕보는 현상을 승리병이라고 했다.

일본은 최대 강적인 미 태평양함대를 진주만에서의 한 번의 기습으로 막대한 피해를 줬고, 남방작전으로 단 3개월만에 동남아 일대의 연합군을 격파하고 광대한 식민지를 차지했다. 손쉬운 승리는 역설적으로 일본군이 심각한 병을 가지게 했다. 일본군은 자신의 능력을 과신하여 어떤 적과 싸워도 쉽게 이길 수 있다고 믿었다. 결과적으로 사령부 지휘관은 물론이고 참모들까지 승리병에 걸려 전쟁 초기의 예리함과 긴장감을 잊어버렸다. 일본은 미드웨이 해전에서도 승리병으로 작전 계획 수립 단계부터 실수했다. 실수는 작전의 총책임자인 야마모토 사령관의 작전 계획에서부터 시작되었다. 군인은 긴 시간 동안 자기 관점에서 적을 보는 것과 적의 입장에서 자기를 보는 법을 훈련한다. 야마모토는 자신만의 견해에 빠져서 미국을 제대로 보지 못하는 실수를 했다. 야마모토는 실제 적의 능력에 맞추어 작전을 구상하지 않고 자신이 상상하는 적을 기초로 작전을 구상하였다. 그는 미국 태평양 함대가 겁먹고 있어서 정면 대결을 회피할 것이라고 간주했다. 그들을 격파하려면 확실한 미끼로 유인하여 기습을 통한 함대 결전이 가장 이상적인 작전이라고 생각했다. 그러나 이것은 야마모토 제독 혼자만의 생각이었다. 미국은 겁먹지 않았고 니미츠는 야마모토만큼이나 대규모 전투를 원하고 있었다. 그는 수집한 정보를 바탕으로 미리 미드웨이 근처에 진출하여 일본군을 기다리고 있었다. 미국 항공모함 기동부대는 결코 약한 상대가 아니었다. 한 달 전 산호해 해전에서 미국 항공모함 기동부대는 일본의 기동부대에 비해 절대 뒤지지 않는 운영 능력을 보여주었다. 미국 조종사들은 일본인들이 생각한 유약한 미군이 아니라 그들도 전투에서 목숨 걸고 덤벼들었다. 야마모토는 이 점을 간과하고 미군은 약하다는 자기 상상 속에서 전략을 입안했다.

야마모토는 미국이 일본 암호를 해독하고 유리한 지점에 먼저 도착하여 매복하고 있으리라 상상조차 하지 않았다. 야마모토는 그런 가능성을 전혀 고려하지 않았기 때문에 너무 넓은 지역에서 너무 많은 목표를 동시에 노렸다. 야마모토 제독은 미드웨이 공략을 위한 MI작전과 함께 알류산 열도 공격을 위해 AL작전도 함께 실시하기로 하여 전력을 분산시켰다. 육군을 끌어들이기 위해 알류산 작전을 합의했다고 하더라도 구태여 동시에 실시하여 전력을 분산할 이유는 전혀 없었다. 군인에게 전력의 배분에는 타협이 있을 수 없다. 야마모토 제독의 계획은 처음부터 미국을 얕보고 자신을 과신한 교만에서 시작했다. 만일 6월 4일 미드웨이 전투 현장에 알류산에 파견되었던 북방부대 소속의 항공모함 류조와 준요 두 척이 있었더라면 전투 결과는 달라졌을 수도 있다.

야마모토는 항공모함 집중 운영에서도 니미츠 만큼 절박하지 않았다. 니미츠는 산호해 해전에서 대파 당해 수리에 90일 걸린다는 요크타운을 3일 만에 응급 수리하여 미드웨이에 투입하였다. 반면에 야마모토는 산호해 해전에서 피해를 본 제5 항공전대의 중심 항공모함 두 척 쇼가쿠와 즈이가쿠를 수리를 위해 전력에서 제외했다. 산호해 해전에서 쇼가쿠는 수리가 필요할 정도로 손상을 입었고 즈이가쿠는 항모 자체보다는 항공기의 손실이 커서 제외하였다. 야마모토 제독이 절박하게 생각했더라면 즈이가쿠에 쇼가쿠의 항공기를 탑재하여 미드웨이에 합류시킬 수 있는 상태였다. 항공모함끼리 항공기를 이용한 전투는 힘과 힘의 충돌이다. 망망대해에서는 숨을 곳도 피할 수도 없다. 먼저 발견하고 먼저 공격하는 측이 유리하고 공격하는 항공기 수가 많은 측이 절대 유리하다. 이런 항공 모함전의 특성을 가장 먼저 발견한 군대가 일본 해군이다. 일본이 진주만 기습과 남방작전에서 압도적인 승리를 거둔 이유는 특별한 전략이 우수해서가 아니었다. 기습과 항공모함을 집중운영하여 수적인 우위에 있었기 때문이다. 이것은 일본 해군 스스로가 만든 승리의 공식이었다. 승리병으로 교만해진 야마모토는 미드웨이 해전에서 자기가 만든 승리 공식조차 따르지 않았다.

야마모토가 입안한 MI작전의 특징 중 하나는 복잡성이다. 미드웨이를 공격하면서 알류산도 공격하고, 미드웨이를 점령하고 미국 태평양 기동함대도 격파한다는 구상은 일견 대단한 작전처럼 보이지만 집중력 분산으로 어느 하나도 달성 못할 수도 있다. 알류산 공략은 미드웨이 작전에 비해 결코 급하거나 중요하지 않았다. 미드웨이 작전 후에 얼마든지 할 수도 있었다. 반면 미드웨이가 실패하면 알류산 점령도 의미가 없었다. 결과로도 AL작전은 성공하여 애투 섬과 키스카 섬을 점령하였지만, 군사적으로 큰 가치가 없어서 조기 철수하였다.

미드웨이를 점령한 다음 반격해오는 미 함대를 격멸한다는 이중 목표는 현장 지휘관들의 집중력을 떨어뜨렸다. 더구나 야마모토는 현장 지휘관들에게 돌발 상황이 발생하면 미드웨이 상륙과 태평양 함대 격멸 중 어느 목표를 먼저 달성해야 하는지 우선 순위를 명확하게 정해주지 않았다. 결국 나구모는 미드웨이 폭격 중에 미국 기동부대가 갑자기 나타나자 혼란에 빠져 빠른 결정을 내리지 못했다. 결국, 완전한 공격대를 갖춘 다음 공격하려다 미국 항공기들의 선제 공격을 허용했다. 미국 함대 공격이 우선 순위 목표라는 것이 사전에 공유되었더라면 나구모는 미국 함대 발견 즉시 공격대를 출격시켰을 것이다.

야마모토의 작전 계획은 함대 구성에도 문제가 있었다. 우선 그는 아직도 거함 제일주의 사상에서 벗어나지 못했다. 항공모함 중심의 기동부대가 본대가 아니라 전함 위주의 부대가 본대라는 것이 시대에 맞지 않았다. 야마모토 제독은 산호해 해전에서 전함이 아니라 항공모함이 태평양의 새로운 주역이 되는 것을 경험하고도 전함 중심의 함대결전 사상에서 벗어나지 못했다. 그는 전함 위주로 본대를 구성하여 기동부대 뒤를 따르도록 했다. 이렇게 편성한 이유는 간단

전쟁, 혁신, 사람 그리고 전략

했다. 그는 일본함대가 동시에 몰려가면 미국 항공모함 기동부대가 겁을 먹고 미드웨이를 구원하러 나오지 않을 것을 걱정했다. 결과는 본대는 전투 현장에서 너무 멀리 떨어져 있어서 기동부대에게 어떤 도움도 줄 수가 없었다. 만일 본대가 함께 있었더라면 전투에 어떤 영향력이라도 발휘했을 것이다.

일본의 미드웨이 패전 원인으로 경계 소홀을 들지 않을 수 없다 일본은 사전에 미국 함대가 진주만에서 출격하는 것을 감시하려고 K작전을 실시했다. 윗제 환초를 출발한 대형 수상 항공기가 미드웨이와 진주만 중간 지점인 프렌치 프리게이트 숄에서 잠수함으로부터 중간 급유를 받고 진주만 근해에서 태평양함대의 동태를 감시하는 계획이었다. 5월 31일 급유를 위해 도착한 일본 잠수함은 미국 구축함이 정박하고 있는 것을 발견하고 K작전을 취소했다. 지휘부는 이 사실을 중요시하지 않았다. 결국, 그들은 미국 항공모함들이 미드웨이로 출항한 사실을 모르고 작전을 시작했다. 일본 K작전의 실패는 미드웨이 해전 실패 원인 중 아주 중요한 원인에 속한다. 결과는 미국 기동부대가 진주만에서 출항하여 미드웨이 근처에서 매복하고 있는 사실을 상상조차 하지 못했다.

일본은 또 하나의 결정적 실수를 저질렀다. 미군의 출항을 감시하기 위해 제5잠수함전대를 6월 1일까지 하와이 북방에 전개하기로 했다. 그러나 계획 차질로 6월 3일에서야 겨우 전개를 완료했지만, 그 시간에 미국 기동부대들은 이미 경계선을 통과하여 미드웨이 근해에 있었다. 일본 잠수함들은 계속 감시했지만, 당연히 미국 기동부대의 움직임을 발견할 수 없었다. 더 큰 문제는 연합함대 지휘부에서는 계획의 차질을 보고조차 받지 못하여 미국의 기동부대가 하와이에 정박하고 있는 것으로 생각하였다. 그 시각에 미국 기동부대는 이미 매복지에 도착하여 칼날을 갈며 기다리고 있었다.

일본은 6월 4일 새벽에 사전 실시한 수색에도 실패했다. 제1기동함대의 항공참모장 겐다 중좌는 혹시 있을지 모를 미국 함대를 수색하기 위해 7기의 정찰기를 발진시켰다. 출발부터 순양함 도네에서 발진할 예정이었던 정찰기 두 대가 사출기 고장으로 30분 늦게 출발하였고, 순양함 치쿠마에서 발진한 정찰기는 도중에 엔진 고장으로 돌아왔다. 공교롭게도 이 정찰기들이 정상 출격하였더라면 미국 함대를 발견할 수 있었을 것이다. 이들의 실수보다도 더 큰 실수는 겐다 중좌가 수색에 넓은 지역에 비해 너무 적은 수의 정찰기를 운영한 것이다. 정찰 거리 560km의 반원은 면적이 무려 프랑스 면적과 비슷하다. 겐다 중좌가 이렇게 넓은 지역에 정찰기를 7기만 투입한 것은 미드웨이 패배의 가장 중요한 원인일 것이다. 미국은 5월 30일부터 일본함대를 찾기 위하여 매일 B-17 폭격기 10대와 수상기 22대를 투입하고 있었다. 6월 4일에는 B-17 폭격기는 임무 변경으로 제외되지만 대신 돈틀리스 폭격기 66대를 정찰 임무에 투입하였다. 넓은 지역에서 적의 함대를 발견하는 것은 행운이 따라야 하는데 그 행운도 확률의 법칙이다. 눈을 많이 가진 측이 적을 더 빨리 발견할 확률이 높다. 겐다 중좌가 정찰기를 턱없이 적게 운영한 것에는 여러 추측이 있지만, 일단은 근처에 미국 함대가 있을 리

전쟁, 혁신, 사람 그리고 전략

없다는 함대 지휘부의 분위기와 지나친 자기 확신이 겹쳤기 때문이다. 이것은 교만의 일종이고 결국 승리병의 증상이다.

일본의 승리병은 5월 1일부터 5일까지 실시한 모의 전쟁에서도 여실히 드러났다. 미국 해군 역의 홍군 장교들이 번번이 일본 해군을 이겼지만, 지휘부는 이를 억지로 무시했다. 심지어 그 게임 중에는 몇일 후 미드웨이에서 미국 해군이 취한 공격법이 그대로 있었지만 무시당했다. 앞으로 일어날 전투의 경우의 수를 점검해야 할 모의 전쟁에서 "천황의 이름으로 …" "적을 휩쓸어 버리겠습니다" "미국이 그렇게 할리가 없다" 등의 구호가 대세를 이루었다. 결국 5일 동안 진행된 모의 전쟁은 MI작전 지휘관들의 자기 합리화와 승리에 대한 막연한 자신감만 확인한 시간으로 끝났다.

6월 1일 일본 잠수함들이 하와이와 미드웨이 중간의 프렌치 프리게이트 숄에서 미국의 구축함과 수상기 모함, 정찰기들이 모여 있는 것을 발견하여 보고하였다. 미드웨이 근처에 전개한 잠수함도 전례 없이 많은 비행기들이 미드웨이 활주로를 뜨고 내리는 것을 보고하였다. 이들 잠수함장들은 미국이 뭔가를 대비하고 있다는 낌새를 챘다. 일본 감청부대는 하와이에서 북쪽으로 발신하는 긴급 무전들이 급증하는 것을 대본영에 보고하였고, 대본영은 이를 야마모토 제독에게 전달하였다. 그러나 야마모토 제독과 나구모 제독은 경우의 수를 생각하여 작전을 변경하기보다는 MI작전의 시간표를 맞추기 위해 미국의 징후들을 크게 신경 쓰지 않았다. 어떤 경우가 닥치더라도 이길 수 있다는 자신감이 있었기 때문이었다. 전투에 임하는 군대에 가장 무서운 적은 적이 아니라 적을 얕보는 아군의 교만이다. 당시 일본군들이 그랬다.

미드웨이 해전에서 일본 연합함대는 작전 입안 단계에서부터 실수에 실수를 연속했다. 실수들이 엮이고 섞여 중첩되었고 결국 단 5분만에 세계 최고 공격력을 자랑하던 제1항공함대를 잃었다. 아마모토 제독과 참모들은 적의 능력을 예측하고 작전을 수립한 것이 아니라 자신이 생각한 적의 수준에 맞추어 작전을 입안하고 수행했다. 전투는 상대가 있는 생존 게임이다. 군대가 교만에 빠져 적을 경시하면 내가 생각한 대로 적이 움직일 것이라고 단정하기 쉽다. 이런 군대는 반드시 패배한다. 전투 계획의 잘되고 못됨은 적을 만나봐야 알 수 있는데 일본은 적을 만나기 전에 스스로 자기 수준의 적을 만들어 두고 그 수준에서 작전하다가 패배했다.

최근 많은 기업이 데이터 기반 의사결정에 초점을 맞추고 있다. 반면 여전히 과거의 직감과 경험에 과도하게 의존하는 리더들도 많다. 이는 경영진이 과거에 효과가 있었던 방법, 즉 자신이 이 자리까지 올라갈 수 있도록 해준 방법이 앞으로도 효과가 있을 것이라고 믿기 때문이다. 빠져 나올 수 없는 관성의 법칙의 늪이다. 최근 Harvard Business Review2022년 5/6월호에서 하버드경영대학원 연구진은 과거의 경험에 의존하는 관성적인 접근에서 탈피하여 과학적 방법으로 경영에 접근해야 한다고 주장했다. 뛰어난 리더는 기존 가정에 의문을 제기하고 실험하며 증거를 따른다. 경영에 도움이 되는 과학적 방법의 하나는 무수히 왜라는 질문을 던지는 회의론자가 되는 것이다. '우리는 왜 이렇게 믿고 있는 걸까?' '이게 사실이라는 증거는 뭐지?'라고 의문을 제기하면 통념을 뒤집고 문제를 정확히 파악하는 데 도움이 된다.

11년 만에 흑자 달성한 소니의 사례를 들여다보자. 2011년 히라이 가즈오가 소비자 가전 사업을 진두지휘할 당시 소니의 TV 사업은 수년째 재정 손실이 늘어나고 있었다. 수익성을 회복하려면 TV 판매 대수를 늘려 막대한 사업 비용을 충당해야 한다는 게 전임자들의 핵심 가정이었다. 회의론자였던 히라이는 전임자들의 가정이 옳은지 분석했다. 그 결과, 전임자들이 수차례 가격을 할인해 손실의 악순환이 심해진 것이 더 큰 문제라는 점을 밝혔다. 이후 그는 판매 조직에 TV 판매량을 줄이고 가격을 올리라고 지시했고 고객이 가격 인상을 수용할 수 있도록 엔지니어링 부서에 TV 화질 개선을 주문했다. 히라이의 회의적인 사고방식 덕에 소니의 TV 사업은 2015년, 11년 만에 처음으로 흑자를 달성했다. 이처럼 과거의 관성에서 벗어나는 방법의 하나는 지독한 회의론자가 되는 것이다.

2) 신무기를 가진 구시대적 사고

제2차 세계대전에서 주요 참전국들은 각국 군대의 독특한 특징을 보여주었다. 자국 군대에 무자비한 소련군과 학습능력이 뛰어난 미군, 합리적인 것 같은데 무모한 영국군, 언제나 강력한 전투력을 발휘한 독일군, 패잔병 수준의 이탈리아군, 그리고 한마디로 표현하기 힘든 일본군이 있다. 전투 현장에서 광기에 가까운 용감성을 발휘하고 포로와 점령지 주민에게 악마처럼 굴고, 항복보다는 자살을 선택하는 이상한 집단이 일본군이었다. 태평양전쟁 당시의 이러한 일본군 특징을 한마디로 표현하기에 적당한 단어가 없다. 그냥 "이상한 집단 문화"라고 표현하는 것이 좋을 듯하다. 태평양전쟁 당시 일본군의 이상한 특징들을 나열하면 다음과 같다. 기습 특히 야습에의 집착, 무모한 자살 돌격, 단순하고 반복적인 공격, 학습력과 융통성 부족, 지나친 정신력 강조, 보급 경시, 생명 경시, 파벌주의, 전선의 지나친 확대, 복잡한 작전 계획, 허술한 무기 체계 등등이 있다. 이러한 이상한 문화의 특징들이 태평양전쟁에서 일본을 침몰시켰다.

일본 해군도 다른 나라의 해군과는 다른 이상한 문화를 가지고 있었다. 그들은 과할 정도로 무언가에 대한 집착을 보였다. 이런 이상한 집착 문화는 일본 해군의 사고의 틀이 되었고 전투의 교리가 되었으며 판단의 기준이 되었다. 첫 번째 일본 해군의 집착은 1905년 쓰시마 해전에서 기습작전이 성공하면서 비롯되었다. 일본 해군은 쓰시마 해협에서 러시아 발트 함대를 격파하고 러일전쟁을 승리로 이끌었다. 발트 함대는 희망봉을 돌아서 오느라 지치고 약화하였지만 38척의 전투함으로 구성된 강력한 함대였다. 이 전투에서 일본군은 기습작전으로 거의 피해를 보지 않고 러시아의 38척 중 34척을 격침하거나 나포했다. 일본은 이 한 번의 해전으로 러시아를 굴복시키고 극동아시아의 패권을 차지했다. 이 해전을 바탕으로 일본 해군은 세 가지 집착에 대한 자신감을 얻었다. 첫째로 시간과 장소

전쟁, 혁신, 사람 그리고 전략

를 정하여 미리 준비하고 기습을 하면 승리한다는 공식이다. 이 공식에 의해 일본군은 지나칠 정도로 기습에 집중했다. 실제로 일본은 진주만 습격과 남방작전 시에 기습을 통하여 미군을 비롯한 연합군을 격파했다. 기습은 공격자가 시간과 장소를 정하기 때문에 절대 유리한 위치에서 전투를 시작할 수 있다. 하지만 항상 그런 것은 아니다. 기습이 잘못되었다는 것이 아니라 집착이 잘못되었다는 것이다.

두 번째 집착은 해군력을 이용한 한 번의 결정적 승리 즉, 함대 결전으로 전쟁을 끝낼 수 있다는 믿음이다. 일본 해군은 함대 결전을 선호했고 특히 야마모토 제독은 함대 결전을 통해 미국의 해군력을 격파하면 미국을 협상장으로 불러낼 수 있다고 내다보았다. 이 믿음으로 일본 해군은 항상 전함 중심의 함대를 이용한 대규모 해전을 원했다. 세 번째 집착은 화력을 집중한 공격이 승리를 보장한다고 믿었다. 이 믿음으로 일본군은 공격우위사상을 가졌고 그들이 말하는 "야마토 정신"과도 잘 어울렸다.

이후 일본해군은 모든 전투에서 이러한 집착에서 벗어나지 못하고 창의성이 부족한 공격 위주였고 자살 돌격을 미덕으로 여겼다. 전략과 무기 체계에도 이 집착 사상이 적용되어 공격 외의 수비, 정보, 정찰, 보급, 수리 등의 부분에는 소홀하게 되었다. 특히나 보급에 대한 무관심은 최악의 결과를 낳았다.

쓰시마 해전 후에 일본해군은 차후 잠재적 적은 미국해군으로 정하고 대응전략으로 "점감요격漸減邀擊"을 채택했다. 점감요격이란 말 그대로 먼 곳에서 오는 적의 전력을 점차로 감소시킨 다음, 마지막에 강력한 일격으로 적에게 파멸적인 피해를 준다는 전략을 말한다. 발트 함대를 상대한 전략이 그대로 적용된 전쟁 사상이다. 적 전력 감소를 위해 먼저 원거리에서 잠수함이 1번 타자로 나서고 그다음 항공모함과 점령지의 활주로에서 이륙한 항공기를 이용하여 공격하고, 그 후에는 수상 함정의 포격과 어뢰 공격 순으로 이루어진다. 적 함대가 일본 근해에 도착할 즈음 전력이 많이 약해졌을 때 전함 중심의 함대를 이용하여 적을 격멸한다는 것이 점감요격의 단계별 대응전략이었다. 일본은 시대가 지남에 따라 자체적으로 점감요격에 관한 비판의 목소리가 커지자 태평양전쟁에서는 이 전략을 포기하였다. 그러나 과거의 잘나갔던 이 방법과 분위기 속에서 훈련하고 진급한 지휘관들의 사고는 바꾸지 않았다. 이런 사고와 봉건시대의 일본 고유문화가 섞여 일본군 특유의 이상한 집착 문화가 생겨난 것이다. 이 이상한 집착 사상은 사람뿐만 아니라 무기의 설계와 운영 시스템에도 적용되었다. 일본은 이처럼 과거의 유령에 사로잡혀서 태평양전쟁에서 경제력과 산업기반, 과학 기술, 국민교육 등 모든 분야에서 한 수 위인 미국을 상대로 시대에 뒤떨어진 사고와 무기 체계로 전쟁을 했다.

점감요격 시대의 사상은 MI작전에 적용되었다. 사람이 바뀌지 않았으니 작전의 구상 단계는 물론이고 작전 실행 중에도 나타났다. 일본해군에는 전함을 주력으로 하자는 함대 주병론자와 항공모함을 주력으로 하자는 항공 주병론자들이 있었다. 야마모토는 항공 주병

　　　　　　　　　　　　　　전쟁, 혁신, 사람 그리고 전략

론자였음에도 불구하고 전함 중심의 사상에서 완전히 벗어나지 못했다. 그는 항공모함을 전면에 내세우고 본대를 전함 위주로 구성하여 후방에 배치하여 함대결전을 노렸다. 이것은 전형적인 점감요격 사상에서 비롯된 것이다. 우선 항공 주병론자인 야마모토가 항공모함 기동부대를 미끼처럼 내세우고 전함부대로 함대 결전을 노렸다는 것이 이해하기 힘들다. 반면 미국은 일본의 전함에 관심이 없었다. 오직 일본 항모 기동부대를 노렸다. 스프루언스 제독은 일본 항공모함을 폭격하고 나서 전과 확대를 위한 추격을 미련없이 포기하여 연합함대의 덫에 걸려들지 않았다.

야마모토의 목표는 미국 기동부대를 기습하는 것이었다. 기습은 공격자가 원하는 장소와 시간에 적에게 화력을 집중할 수 있는 최고의 방법이다. 세계 전쟁사에서 모든 장군들이 원했던 것이 완벽한 기습이었다. 야마모토도 진주만의 태평양함대를 비롯하여 남방 작전 중에 기습을 통하여 연전연승했다. 하지만 MI작전에는 완벽한 기습이 힘들어졌다. 우선 태평양함대는 발트 함대처럼 먼저 전면 공격을 하지 않았고 기동부대를 이용하여 치고 빠지는 전략을 썼다. 넓고 넓은 태평양에서 태평양함대를 찾아다니는 것은 힘들었다. 진주만을 다시 기습하자니 미국의 경계와 방어가 너무 강하여 생각조차 할 수 없었다. 야마모토는 기다리는 것이 아니라 유인하기로 했다. 미드웨이를 공격하여 반격에 나서는 태평양함대를 기습하기로 했다. 미드웨이까지 가서 유인하는 것은 점감요격 사상에 반하는 개념이지만 기습한다는 개념은 점감요격 사상에서 나왔다. 태평양함대가 훤히 알고 있는데도 야마모토는 기습에 지나치게 집중하여 부대간 소통을 제한했고 작전의 융통성을 축소했다.

점감요격 사상에서 비롯된 공격우위 사상은 정보, 경계, 보급 등의 소홀을 가져왔다. 공격에 집중하여 적을 격멸하면 전쟁을 끝낼 수 있는데 구태여 다른 것에 전력을 낭비할 필요가 없다는 생각이었다. 그래서 일본군은 MI작전에서 공격에만 집중하느라 경계에 소홀했다. 패배의 가장 큰 원인은 이것일 것이다. 태평양함대의 움직임을 감시하기 위한 K작전이 실패로 끝났는데도 그냥 넘어갔고, 경계를 위한 잠수함 전개가 늦어졌는데도 심각하게 생각하지 않았다. 연합함대에는 공격기 숫자를 늘리느라 상대적으로 정찰기가 적었다. 겐다 중좌는 6월 4일 경계를 위해 단 7기의 항공기만 운영했는데 적게 투입한 이유는 간단하다. 공격력을 극대화하기 위해 전투기나 폭격기를 정찰 임무로 돌리기 싫었기 때문이다. 이것도 일본군의 패배원인 중 하나인 자만심이고 공격에 대한 집착이다.

일본 해군은 개전 후 6개월 동안 세계전사에 남을 만한 승리를 거두었지만, 그 승리에서 축적한 경험을 바탕으로 더 발전한 전쟁 시스템을 개발하지 못했다. 미군은 매번 전투 후에 분석하고 평가하였고 상하 소통을 통해 혁신적인 아이디어를 채택하고 적용하였다. 덕분에 태평양 전쟁 중에 항공모함의 설계와 운영, 상륙 장비들과 운영 전략, 항공기 운영 등에서 스스로 학습하고 발전하여 일본군을 압도했다. 반면 일본은 연공중시, 파벌주의, 책임전가, 신상필벌의 부재 등으로 스스로 발전하는 모습을 보이지 못했다. 산호해 해전에서 하나의 함대 진영 안에 항공모함을 다 넣으면 모든 항공모함이 동시에 공격당할 수 있다는 것을 경험했다. 그런데도 미드웨이에서 또다시 하나의 진영에 네 척의 항공모함을 다 넣어서 세척이 한꺼번에 공격당했다. 반면 미국은 하나의 진영에 한 척의 항공모함을 운영하여 동시에 공격당할 가능성을 줄였다. 일본은 실수에 대한 학습을 하지 않고 계속 과거의 방법에 사로잡혀 있었고 미국은 끊임없이 혁신하여 새로운 방법을 채택한 것이다. 이 차이점이 태평양전쟁의 승패를 가른 것이다.

일본군의 이상한 문화는 5월 초의 모의 전투에서도 여실히 드러났다. 홍군 역의 장교들이 허를 찌르는 방법으로 연합함대를 격파했다. 연합함대 지휘관들의 대응은 한편의 코미디 극이었다. "미국이 그렇게 할 수 없다" "아카기는 침몰하지 않아. 다시 복원시켜!" 이런 식으로 미군이 자신들의 의도대로 공격하는 것만 인정했고 "만일 미군이 이렇게 하면…"에 대한 고민이나 준비는 전혀 하지 않았다. 그리고 결론은 "천황의 이름으로…" "황군 무적" "야마토 정신으로" 등의 이상한 말들로 끝났다. 개전 초기에 연합함대가 거둔 찬란한 승리는 항공모함을 집중운영한 기습으로 이룬 것이지 일본 천황이 특별하거나 일본의 민족정신이 우수해서가 아니었다. 자기의 승리 공식을 자기가 잊어버리는 이상한 집단이 일본 해군이었다. 이후 이 이상한 집단은 계속해서 이상한 짓을 하며 미국에 밀리게 된다.

기업 경영에서도 비슷한 현상이 종종 발견된다. R&D 부문의 젊은 연구자들이 앞서나가는 혁신적인 기술로 제품 개발에 성공하여 신제품을 출시하는데 마케팅 의사결정을 하는 최고 경영자CMO는 구시대적인 사고방식을 가지고 있어서 도저히 신제품과 맞지 않는 광고와 판촉으로 신제품이 시장에서 살아남지 못하게 한다. 자동차와 전자제품 시장에서 종종 나타나는 현상이다. 팬택이라는 휴대폰 제조기업이 있었다. 휴대폰으로는 독보적인 기술을 가지고 있었고 휴대폰의 보안을 강화한 지문 인식 등의 신기술을 개발하여 출시하였다. 중견 기업이라 마케팅 비용이 많지는 않았지만, 그 당시 최고의 인기배우인 이병헌씨를 모델로 광고를 하였는데 전혀 혁신과 맞지 않는 내용이었다. 결국은 이 시리즈의 휴대폰도 성과가 좋지 않았고 계속되는 실패로 결국은 휴대폰 시장에서 사라지고 만다. 엘지전자의 휴대폰 부문도 비슷한 경우이다. 때로는 더욱 뛰어난 성능과 디자인의 제품을 출시하였지만 젊은 감성과 신세대와의 소통에서 실패로 결국 휴대폰 사업을 접고 만다. 물리적인 변화도 중요하지만, 소비자와 소통하기 위해서는 마음가짐이 바뀌어야 한다. 최고경영층에서부터 최말단 종업원에 이르기까지 모두가 변화의 대상이다. 고 이건희 회장의 말이 생각난다. 부인과 자식을 제외하고는 모두 바꾸어야 세계시장에서 살아남을 수 있다!

미군의 승리 원인

1) 정보가 전력이다.

미국 태평양 함대의 작전은 간단했다. "일본 항공모함 기동부대를 먼저 발견하고 격파한다"라는 것이다. 작전이 간단하듯이 승리의 원인도 간단하다. 승리의 첫 번째 원인은 암호 해독이었다. 미국은 일본보다 전력에서는 열세였으나 암호 해독을 비롯한 정보력만은 우위에 있었다. 정보국은 2년간 매달린 끝에 1942년 3월말 일본의 암호체계인 JN – 25b의 해독에 성공했다. 이를 바탕으로 일본함대의 목적과 부대 편성, 접근 방향, 공격 날짜를 일본 함장만큼이나 파악하고 있었다. 태평양 함대 정보국의 감청수들은 일본 함정의 무전수의 습관까지도 파악하고 있을 정도였다. 특히 아카기의 무전수가 키를 거칠게 두드리는 습관을 파악하고 있었고, 6월 4일 나구모 제독의 전문이 다른 습관을 가진 무전수가 타전하는 것을 알아차려 아카기가 피습 당하여 나구모가 다른 함정으로 옮겨 탄 것까지 추측했을 정도였다.

태평양함대의 정보력은 암호 해독에 천재적인 능력을 지닌 정보장교 로슈포트 중령의 공이 컸다. 그는 IBM사 연산기의 기능에 자신의 뛰어난 추리력을 더하여 일본의 암호를 어느 정도 파악할 수 있었다. 그는 산호해 해전도 예측하였고 미드웨이가 다음 공격지라는 것도 증명하였다. 니미츠는 이 젊은 괴짜 장교와 정보국을 절대

신뢰했다. 로슈로프 중령은 거의 완벽한 정보를 제공하여 니미츠의 믿음에 보답했다. 그는 일본군이 6월 4일 오전 6시, 북서쪽 방위 325도 방향, 175마일 거리에서 발견될 것이라는 사전 정보를 제공했는데, 실제로 일본 함대는 5시 55분, 방위 320도, 거리 180마일에서 발견되었다. 완벽한 정보였다.

니미츠는 일본 연합함대의 위력과 야마모토의 공격적인 성향을 잘 알고 있었다. 자기 휘하의 태평양 함대가 전력이나 경험에서 절대 열세인 것도 잘 알고 있었다. 그러나 전혀 두려워하지 않고 맞서기로 했고 철저한 사전 준비를 했다. 5월 2일 미드웨이를 직접 방문하여 방어 태세를 일일이 점검하고 현장 지휘관이 요청한 것 이상의 무기와 병력을 파견하였다. 만일 일본이 상륙 작전을 실시했더라도 성공이 쉽지 않았을 것이다. 90일 수리가 필요하다는 요크타운을 72시간 만에 응급 수리하여 출동시켜 미드웨이 해역에서는 전력이 부족하지 않도록 조치했다. 헐지 제독이 병원에 입원하여 지휘할 수 없게 되자 신속하게 스프루언스를 선발하여 플레처와 팀웍을 맞추도록 했다. 스프루언스는 과감하면서도 신중한 결정으로 적은 손실로 적의 주력을 격파하는 대단한 성과를 거두었다.

현대 기업경영에서도 가장 중요한 것 중 하나가 정보이다. 정보통신기술은 기업과 소비자 모두를 변화시켰다. 정보화 혁명은 제3차 산업혁명을 일으켰고 더 나아가 초융합과 초연결을 강조하는 제4차 산업혁명까지도 지배하고 있다. 정보화 혁명 이전에는 인터넷이라는 것도 없고 정보는 기업과 정부기관의 독점적인 요소였다. 하지만 인터넷의 등장은 정보의 홍수시대를 가져왔고 제4차 산업혁명은 빅데이터 시대를 열어 기업의 의사결정에서도 빅데이터와 AI를 기반으로 하는 과학적 의사결정의 시대를 열고 있다. 정보의 난립으로 인해 이제는 정보의 정확성과 필요한 정보를 가려내는 것이 더욱 중요해졌다. 개인도 마찬가지이다. 소비자들도 정보의 홍수 시대에 더욱 정확한 정보를 구하기 위해 이전과는 달리 정보를 위해 기꺼이 비용을 지급한다. 2차 세계대전 때 발전한 이 무선정보통신과 컴퓨터 기술이 오늘날의 무한 정보경쟁 시대를 연 것이다.

2) 목표를 단순화하다.

어떤 전문가는 일본의 패인 중의 하나로 전력의 분산으로 꼽는다. 전력 집중의 법칙에서 야마모토와 니미츠는 서로 다른 결정을 내렸다. 야마모토는 MO작전을 위해 항공모함 두 척을 내주었다가 전력에서 이탈시켰고, 무의미한 알류산 작전을 동시에 하여 전력을 분산했다. 작전 목표도 미드웨이섬의 점령과 구하러 오는 미국 항공모함 기동부대를 섬멸한다는 두 개였다. 두 개의 목표를 위해 섬을 공략하는 기동부대와 본대의 거리를 지나치게 멀리 둔 탓에 유기적인 작전을 펼 수가 없었다. 두 마리의 토끼를 한 번에 잡으려고 하는 욕심이었다.

이에 비해 니미츠의 목표는 단 하나였다. 오직 적의 항공모함 기동부대 격파가 핵심목표였다. 이 목표를 위해 미드웨이섬에 현지 사

령관이 필요로 하는 이상의 항공기를 증원했고, 수리에 90일 걸린다
는 요크타운을 3일 만에 응급 수리하여 미드웨이에 투입했다. 이 결
과 전체 항공력에서는 일본이 크게 우위였지만 미드웨이 접점에서
의 항공기 숫자는 미국 360기 일본 248기로 미국이 수적 우위에 있
었다. 전체 전력은 열세이지만 핵심목표에 집중하여 적의 전력 우세
를 무위로 만들어 버린 니미츠 제독의 결정이 옳았다.

니미츠는 현장 지휘관인 플레처와 스프루언스에게 핵심목표를
분명히 주지하며 두 가지 지시를 했다. 첫째, 적의 항공모함 공격에
만 집중하고 기타의 목표에 대해서는 절대 모험을 하지 말라고 했
다. 두 번째는 한 번의 적 공격에 아군 항공모함이 한꺼번에 당하지
않도록 거리를 유지하라는 지령도 내렸다. 자신의 항공모함을 더 잃
으면 보충하기까지 시간이 걸렸고 그동안 태평양에서 힘의 균형이
무너지는 것을 방지하고 싶었다. 니미츠의 지시는 플레처와 스프루
언스 제독이 현장 지휘를 할 때 단순하면서도 훌륭한 지침이 되었
다. 이 결과 일본이 한 번의 피습으로 항공모함 세 척을 동시에 잃
은 것에 비해 미국은 비록 요크타운이 피격당했지만 제16기동부대
의 두 척은 아무런 피해를 보지 않았다.

니미츠의 지시는 스프루언스의 신중함과 함께 무리한 작전 수행
을 배제시켜 위험을 줄였다. 일본 항공모함 네 척을 타격한 스프루
언스는 전과 확대를 위해 일본 기동부대의 잔여 전함들을 추격하지
않았다. 스프루언스는 이미 핵심목표인 일본 항공모함 기동부대를
격파한 이상 무리할 필요가 없었다. 만일 스프루언스가 무리하게 추

전쟁, 혁신, 사람 그리고 전략

격하였더라면 복수를 벼르는 곤도의 상륙 본대와 야마모토의 본대에 의해 큰 피해를 입을 수도 있었다.

앞서도 언급하였지만, 목표가 가지는 특징 중 중요한 것은 단순 명료한 것이다. 모든 기업은 성과를 만들어내야 하고 이를 위해 목표를 수립한다. 이 목표는 위에서부터 아래로 내려오면서 더욱 구체화하고 숫자로 명확해진다. 다시 아래에서부터 달성한 숫자는 위로 취합되어 올라가면서 기업의 전체 성과목표를 나타낸다. 이 과정에서 내가 부여받은 목표가 명확하지 않고 숫자로 나타낼 수 없다면 그 목표를 어떻게 이해하고 달성할 수 있을까? 단순한 이야기이다.

예를 들어보자. 오늘날 많은 사람이 살아가면서 외국어에 대한 필요성을 공감하고 있다. 그만큼 글로벌화가 된 시대에 사는 것이다. 그런데 우리는 외국어 실력을 늘리기 위해서 어떤 목표를 가지고 있는가? 연초가 되면 누구나 이런 고민을 해보았고 올해의 목표를 영어를 잘하는 것으로 정한 사람들이 많았을 것이다. 그런데 왜 실행하지 못하고 목표를 달성하지 못했는가? 목표가 구체적이지 않고 단순하지도 않았기 때문이다. 영어를 잘한다는 것이 무엇을 말하는가? 차라리 TOFEL이나 TOEIC같은 영어시험 점수 몇점을 올해안에 달성 하자와 같은 구체적인 목표를 세워보자. 분명히 달성할 수 있을 것이다. 목표는 사람의 행동을 끌어내야 한다. 그러기 위해서는 단순하고 실행 가능한 목표를 세우는 것이 가장 중요하다.

3) 미군도 용감하다.

태평양전쟁 개전 초기에 일본은 미국과 미국인들에 대해 아는 것이 거의 없었다. 일본인들이 미국에 대해 아는 것은 할리우드와 정부가 퍼뜨린 돈은 많은데 정신력은 썩어빠진 백인이라는 왜곡된 사실뿐이었다. 남방작전 동안 필리핀에서 상대한 미군은 전투 의지는 물론이고 전투력과 무기 수준도 형편없는 약한 군대였다. 게다가 일본군은 죽으면 죽었지 항복을 하지 않는데 그들은 조금만 불리하면 항복했다. 당연히 미군은 전투에서 목숨을 걸지 않고 불리하면 후퇴할 것이란 것이 미군에 대한 일본군의 생각이었다. 이런 일본군의 잘못된 믿음은 두 달 후 과달카날 전투에서도 잘 나타났다.

미드웨이 해전에서 과연 미군들은 나약한 겁쟁이였을까? 일본군들의 편견과 달리 미군도 전투에서 목숨 걸고 싸웠다. 미드웨이 해전에서 미국 승리의 원인 중에 빼놓을 수 없는 것이 미국 항공기 승무원들의 용기와 희생이다. 태평양전투 초기에 미국의 항공기 성능과 조종사들의 실력은 일본에 비해 현저하게 열세였다. 미드웨이 해전 당시에 일본의 제로 전투기는 세계 최고 성능의 전투기였다. 게다가 조종사들도 남방작전에서 실전 경험을 쌓은 베테랑들이었다. 이에 비해 미국의 항공기는 구식이어서 성능이 형편없었다. 항공기 성능에서 급강하 폭격기 돈틀리스 정도는 그런대로 괜찮았으나 전투기 버팔로와 와일드캣은 일본 제로 전투기의 적수가 되질 못 했다. 뇌격기도 TBF 어벤저는 신형이어서 괜찮았으나 구형인 TBD 데

전쟁, 혁신, 사람 그리고 전략

버스데이터는 성능이 너무 형편없어 일본 전투기들에 전멸당했다. 또한, 미국 조종사들은 일부를 제외하고는 조종간을 갓 잡은 새내기 들이거나 실전 경험은 물론이고 훈련조차 부족한 상태였다. 게다가 뇌격기들은 일본함대를 공격하면서 어뢰 투하 방식에 발목이 묶여 있었다. 미 해군의 항공어뢰 마크13은 투하 조건부터 까다로웠다. 수상 15m 높이에서 시속 200km를 유지해야 했다. 일본의 91식 3 형 항공어뢰 투하조건이 수상 330m 높이, 시속 480km 속도인 것 에 비해 얼마나 열악한가를 알 수 있다. 이 조건 때문에 저고도 저 속으로 일본 항모에 접근하던 미국 뇌격기들은 제로 전투기의 좋은 표적이었다. 더구나 항공모함에서 출격한 뇌격기는 아군 전투기의 엄호를 전혀 받지 못했다. 조종사들의 미숙한 조종술과 상호 소통의 부족으로 전투기 부대와 뇌격기 부대, 급강하폭격기 편대들이 제각 각 비행하며 목표를 찾느라 뇌격기들이 공격을 시작할 때 호위 전투 기 편대가 도착하지 않았다. 아군의 엄호가 없는 상태에서 뇌격기들 은 제로기들에게 일방적인 학살 수준의 피해를 보았고 어뢰는 단 한 발도 명중시키지 못했다. 그런데도 미드웨이 해전에서 미군 조종사 들은 끊임없이 일본 항공모함들을 향해 돌진하여 천운과 같은 기회 를 만들었다. 뇌격기들은 일본 전투기와 대공포의 관심을 수면으로 돌려서 급강하폭격기들이 아무런 방해없이 일본 항공모함을 공격할 기회를 만들어 주었다.

전투에서는 우연과 행운이 필연적으로 따른다. 우선 전투는 예 측하기 어려운 상대에 의해 전혀 예측하지 못한 상황이 발생한다.

승리를 위해 완벽한 계획을 수립하더라도 계획의 잘되고 못됨은 적을 만나봐야만 알 수 있다. 따라서 전투는 진행할수록 계획에 마찰이 발생한다. 적군과 아군의 의지와 상호 대응 중에 발생하는 우연과 행운은 전투의 중요한 요소이다. 그런데 전투의 우연과 행운은 그냥 발생하지 않는다. 실수나 우연에 승리의 의지와 병사들의 용기와 희생이 더했을 때 행운이 찾아온다. 미군은 단순히 운이 좋아서 미드웨이 해전에서 승리하지 않았다. 그 운을 만들기 위해 많은 군인들이 용기를 발휘하고 기꺼이 희생했다.

태평양함대는 미드웨이 해전에서 최고 사령관부터 현장 항공 승무원 등 모든 조직원들이 적을 두려워하지 않았고 강한 승리의 의지를 가지고 있었다. 그 의지와 용기들이 우연을 만들고 때로는 실수를 만들기도 했지만 모든 것이 승리를 향한 원인들로 중첩되었고 결국 운명의 5분이라는 대승으로 연결되었다.

전쟁에서도 그렇지만 기업경영에서도 구성원들의 사기는 매우 중요하다. 어떤 최고경영자들은 정말 칭찬을 잘 활용해서 고래도 춤추게 만든다. 신세계 정용진 부회장의 경우이다. 사원들과 잘어울리고 격의없는 대화와 칭찬으로 직원들의 사기를 올려준다. 프로야구에서 처음 SSG가 태동할 때에도 SNS를 통한 정부회장의 행보는 거침이 없었다. 물론 최고경영자의 행동과 언행은 조심스러워야 한다. 하지만 요즘 신세대는 너무 조심스러워도 안 된다. 사기를 올려줄줄 아는 경영자의 역할이 매우 중요한 시점이다. 드라마나 영화에 나오는 망해가는 기업의 대표나 회장의 공통점이 무엇인가? 직원의 말을

　전쟁, 혁신, 사람 그리고 전략

듣지 않고 직원을 함부로 대하며 칭찬을 할 줄 모르는 카리스마만 앞세우는 사람이다. 이전에는 이런 것이 먹혔을 수도 있다. 하지만 지금은 권위적인 리더십은 더는 내세울 것이 못 된다.

이장에서는 여러 가지 전쟁의 교훈을 이야기 했지만 일관성 있게 언급한 것이 관성의 법칙이다. LG경영연구원의 정영철 연구원은 2004년 기고문에서 기업에서의 관성에 대해 언급하면서 다음과 같은 탈출 방법을 제시하였다. 약 20년 전의 글이지만 필자의 의견과 매우 일치하는 부분이 있어서 이장의 마지막으로 소개하고자 한다.

관성의 늪, 이렇게 탈출하라

조직 관성의 폐해는 성공으로의 도약을 꿈꾸는 기업이라면, 보다 촉각을 곤두세우고 관심을 두어야 할 문제일 것이다. 관성의 늪에서 탈출할 수 있는 몇 가지 효과적인 방안을 모색해 본다.

■ 망각 조직(Forgetting Organization)을 구축하라

과거의 경영 방식에서 자유롭지 않으면 새로운 변화는 좀처럼 발생하지 않게 된다. 따라서 기존의 틀에서 벗어날 수 있는 망각 조직을 구축할 수 있어야, 사업의 본질과 경영 환경에 대한 통찰력을 갖고 성공을 위한 변화의 기회를 포착할 수 있다.

예컨대, 기존 조직의 영향을 차단시키기 위하여 신사업 조직을 독립 조직 형태로서 별도로 운영하는 것도 망각 조직을 만들기 위한 하나의 시도라도 볼 수 있다. 신사업을 기존 조직에서 발전시킬 경우 기존 조직의 논리나 사고 방식으로 인해 우선 순위에서 밀리거나, 조직 내 정치적인 문제에 의해서 암묵적으로 방해를 받을 수 있기 때문이다. Sony의 게임 사업도, HP의 PC용 프린터 사업도 모두 기존의 시스템을 떠나 별도의 조직으로 분리하여 관리한 것이 성공의 요건 중에 하나였다.

■ Stretch Goal을 설정하라

반도체 칩 기술의 선도자인 Intel은 신제품 출시 속도를 조직 관성 정도를 가늠하는 지표로 삼고 있다. 시장 대응 시간 만큼 과거의 관성에 안주하고 있는가를 측정할 수 있는 더 좋은 지표는 없다고 믿었던 것이다. 이에 스스로 가능하다고 생각하는 목표보다 더 짧은 신제품 개발 시간을 설정하면서 자기 혁신 역량을 강화해 나갔다. 먼저 평균 2년 이상이 걸렸던 마이크로프로세서의 개발 시간을 52주로 줄이자는 캠페인을 전개해 나갔고, 이 목표가 달성되자마자 다시 그 시간을 절반으로 줄이는 혁신을 추진하였다. 도전적 목표 설정을 통해 구성원들이 기존의 틀을 초월

하여 새로운 방법을 모색하도록 유도한 것이다.

도전적 목표는 기존의 방법이나 사고를 통해 달성되는 것이 거의 불가능하기 때문에, 이를 관성 탈피 방안의 도구로서 효과적으로 활용하면 혁신적이고 창의적인 문제 해결을 이끌어 낼 수 있다. LG전자의 DA(Digital Appliance) 사업본부를 일약 혁신의 대명사로 만든 CEO 김쌍수 부회장은 "5%는 불가능해도 30%는 가능하다"는 도전적인 사고를 강조한다. 구태의연한 방식으로는 5% 개선도 어렵지만, 혁신적인 아이디어를 도출하면 30% 혁신도 가능할 수 있다는 발상의 전환으로 근본적인 혁신을 추구한 것이다.

■ '튀는 인재'를 뽑아라

조직에 필요한 인재는 반드시 기존의 가치나 사고 방식에 적응을 잘 하는 사람이라고만 볼 수 없다. 동일한 특성을 가진 인재만을 우수 인재의 조건으로 정의한다면, 상이한 관점을 인정하는 혹은 다양성의 가치가 길러지는 토양을 만들 수 없을 것이다. 예를 들어, 창의와 혁신이 경쟁력의 핵심인 기업에서는 똑똑하고 성실한 인재보다, 과거의 방식을 답습하지 않고 새로운 관점으로 사물을 바라볼 수 있는 '튀는 인재'가 핵심 인재일 수 있다.

Stanford 대학의 Robert Sutton교수는 조직 내 혁신이 일상화되기 위해서는 기존과 다른 차별화된 행동과 사고를 할 수 있는 인재를 고용해야 한다고 강조했다. 그는 극단적으로 '대하기 불편한 사람', '싫어하는 타입의 사람', '불필요하다고 판단되는 사람' 등을 고용해야 새로운 방식의 실험, 다양성 확장, 과거와의 단절이 가능하게 되어 창의력이 숨쉬는 조직이 될 수 있다고 이야기한다. 이러한 주장을 받아들이기가 쉽지는 않지만, 끊임없이 '우리에게 적합한 인재가 구체적으로 어떤 사람인가'라는 질문을 던지는 자세가 필요한 것 같다.

■ 문제를 이야기하는 메신저를 죽이지 말라

Intel의 Andrew Grove 회장은 조직이 얼마나 관성에 젖어 있는가를 파악할 목적으로 여러 개의 퀴즈를 고안하였는데 그중 하나는 다음과 같은 질문이다. "만약 3단계 아래 직급에 있는 구성원 중 한 명이 비서에게 전화를 해서 최근에 의사 결정된 사안에 대해서 긴급히 이야기를 하고 싶다고 요청을 했다. 여러분들이 소속되어 있는 조직의 경영진들은 어떻게 반응을 할 것인가? 그냥 전화를 받는가? 중간

관리자와 상의할 것을 권하는가? 아니면, 보고 라인에 따라 정식으로 이야기할 것을 요구하는가?"

위의 질문은 조직 내에 비판적 의견이나 다른 생각을 두려움 없이 자유롭게 이야기할 수 있는 커뮤니케이션 환경이 조성되어 있는가를 파악하려고 했던 것이다. 문제를 이야기하는 메신저들은 새로운 기회나 해결책의 단서가 될 수 있기 때문에, 관성 탈피를 위해서는 조직 내 개방적인 커뮤니케이션 환경을 조성해 나가는 노력이 필요하다. 만약 비판적인 의견을 내놓는 사람은 질책이나 비난을 받을 거라는 두려움이 만연되어 있다면, 기존의 익숙한 체제에 문제를 제기하는 사람은 쉽게 찾을 수 없을 것이다.

관성의 힘이란 무서운 것이다. 이미 패턴화되어 있는 사고의 틀 속에서 자동으로 처리될 수 밖에 없도록 만드는 관성의 힘은, 이를 멈출 수 있는 보다 더 큰 힘이 없다면 계속해서 가속력과 탄력이 붙을 것이다. 때로는 이제껏 달려온 것이 아까워서, 조금만 더 하면 목표를 이룰 수 있을 것 같아서, 또 옆에서 뛰는 사람이 멈추지 않기 때문에 조직은 달려왔던 길을 멈출 수 없게 된다. 따라서, 자사 고유의 배타적인 관성을 Zero-Base에서 다시 진단하고 개선해 나가는 노력을 게을리 하지 말아야 한다. 고착화된 경영 관행을 재정비하고 독단적 가치관을 상대화 할 수 있는 효과적인 관성 탈피 방안을 모색할 수 있어야 진정한 일류 기업으로 도약할 수 있을 것이다.

<출처> LG경영연구원

04

경쟁우위요소의 활용:
나의 장점에 집중하여 결정타를 먹이다 –
엘 알라메인 전투

지속가능경영과 경쟁우위요소의 중요성

롬멜, 그가 도착하다!

전쟁에서 승리하기 위해서는 보급이 답이다.

"사막의 여우" 전술의 천재 롬멜

전쟁에서 물자도 중요하지만 더 중요한 것은 인간의 "정신상태=사기"이다.

전술천재의 또 한 번의 실수: 전략적 큰 그림을 봐야 한다.

사막여우의 맞수 "고집장이 몽고메리"도 도착하다.

처절한 한 판 승부. 결국 많이 가진 쪽이 이기다.

승패의 요인

독일군의 패배 원인

연합군의 승리의 요인

04 경쟁우위요소의 활용: 나의 장점에 집중하여 결정타를 먹이다 – 엘 알라메인 전투

지속가능경영과 경쟁우위요소의 중요성

치열한 경쟁 환경 속에서 기업이 가지고 있는 제한된 자원을 효과적으로 또한 효율적으로 사용하여 기업의 지속적인 성과를 만들어내고 이를 바탕으로 성장을 추구하는 것이 기업의 기본적인 존재 이유와 활동이다. 경영학은 이것을 연구하기 위한 분야이고 결국은 기업의 경쟁우위요소를 만들어내고 이를 지속가능하게 만드는 것이 경영학의 숙제이다. 즉, 경영학은 어떻게 무엇을 기업의 경쟁우위요소로 만들어야 하고 이를 지속가능하게 만드는 방법은 무엇인가를 연구하는 분야이다. 이를 가장 심도 있게 연구하는 분야가 경영전략이다.

경제학에서 파생된 경영학은 기본적으로 수요와 공급의 원칙을 설명하는 경제학과 매우 유사하지만, 근본적인 가정에서 매우 큰 차이가 있다. 경제학에서는 수요와 공급의 동질성을 가정하고 있지만, 경영학에서는 특히 마케팅 측면에서는 수요와 공급의 이질성을 강조하여 세분시장의 존재와 차별화를 강조하고 있다. 또한, 경쟁이론에서도 경제학은 신고전주의 학파를 중심으로 완전경쟁에 대한 이론을 강조하지만 실제 기업의 경쟁에서는 제한된 자원을 바탕으로 하는 과점형태의 경쟁이 일반적이다. 경제학에서 수많은 학자들이 경쟁이론에 대해 발전시켜온 반면 경영학에서는 특히 마케팅에 활용되는 경쟁이론은 Barney의 자원기반이론Resource based View: RBV 과 Hunt와 Morgan의 비교우위이론Comparative Advantage Theory이 있다. 두 가지 모두 기업의 경쟁우위요소가 기업의 성과를 만들어내고 이를 지속화하는 것이 중요하다고 강조하고 있다.

두 이론의 큰 차이점은 Barney는 기업 경쟁우위의 원천이 기업이 보유한 순수자원의 이질성과 불완전 모방성에서 출발한다고 하였고, Hunt와 Morgan은 기업이 보유한 비교우위를 가진 자원이라는 것이 차이가 있다. 시작점인 자원을 바탕으로 지속적 경쟁우위를 만들어내는 것이 Barney는 지속가능성의 4가지 속성가치, 희귀성, 불완전한 모방성, 낮은 대체성이라고 주장하고 있고, Hunt와 Morgan은 결국은 경쟁우위요소를 통해 거시적인 수준과 미시적인 수준의 성과를 만들어낸다고 하였다. 이를 만드는 경쟁우위요소의 원천이 시장에서의 기업의 지위시장 순위 혹은 소비자의 이미지라고 주장하였다. 거시적인 수준의 성과는 산업의 수준을 향상시키는 효율성과 혁신 등의 성과를 포함하고 미시적 수준의 성과는 기업의 재무적 성과를 의미한다.

이러한 지속적인 성과를 만드는 기업의 경쟁우위의 원천으로 혹은 경쟁우위의 후보가 될 수 있는 요소로 경영학에서는 시장지향성과 같은 지향성과 기업의 학습을 강조하는 조직학습을 제안하고 있다. 또한 최근의 지속경영 분야에서의 연구에서는 사회적 책임 Corporate Social Responsibility: CSR을 강력한 지속성의 후보로 추천하고 있고 Porter와 Kramer는 공유가치 창출Creating Shared Value: CSV을 기업의 지속가능 경영의 대안으로 주장한다. 그리고 최근에는 환경, 사회, 지배구조의 이슈를 다루는 ESG경영이 지속가능성과 더불어 강조되고 있다.

결국, 쉽게 말해서 나의 강점을 잘 활용하고 나의 약점을 회피하는 전략으로 경쟁에서 승리하는 수단을 취하는 것이 경쟁우위요소를 만들고 발전시켜서 지속가능하게 만드는 것이다. 내가 잘한다고 굳게 믿고 있는 것을 기업의 핵심역량Core Competence이라고 하고 소비자와 경쟁사와 같은 남이 내가 잘하는 것이라고 믿는 것이 경쟁우위요소이다. 일단은 2차 세계대전 중 이 경쟁우위요소가 어떻게 전투에 활용되었는지를 먼저 살펴보자.

롬멜, 그가 도착하다!

에르빈 롬멜
(출처: 위키백과)

경영에서도 전쟁에서도 리더의 역할이 매우 중요하다고 앞에서도 강조하였다. 북아프리카 전쟁도 마찬가지였다. 1941년 2월 12일, 리비아 트리폴리, 지중해에 연한 사막도시인 이 도시에 한 독일 장군이 달랑 참모장교 두 명을 대동하고 도착했다. 롬멜 장군이었다. 이튿날에는 독일 제5경기갑사단과 제15기갑사단이 도착하였다. 이날 이후 롬멜은 사막의 여우라는 별명과 함께 세계전사에 길이 이름을 남기는 여정을 시작했다.

북아프리카 전쟁은 히틀러의 의지와 상관없이 이탈리아 독재자 무솔리니의 주제를 넘은 망상에서 시작되었다. 히틀러가 단번에 프랑스를 비롯한 서유럽 전역을 집어삼키자 이에 고무된 추축국 이탈리아의 무솔리니는 히틀러와 사전 협의도 없이 리비아에 대군을 파견하여 이집트의 영국군을 공격하였다. 그러나 이탈리아군은 결코 영국군의 상대가 될 수 없었다. 리처드 오코너 장군이 이끄는 영국 서부 사막군이 반격을 하자 이집트군은 급속히 와해하여 포로 13만 명을 넘겨주는 대참패를 겪은 후에 리비아로 다시 쫓겨왔다. 다급한 무솔리니는 히틀러에게 매달렸다. 히틀러 입장에서는 러시아 침공을 준비하는 중에 이해관계가 없는 아프리카에 파병하는 것이 부담스

전쟁, 혁신, 사람 그리고 전략

러웠지만 동맹국의 도움 요청을 외면할 시에 생길 파장을 고려하여 롬멜 장군에게 군대를 맡겨 파병하였다. 히틀러의 명령은 영국군을 방어하여 현 전선을 안정시키라는 것이었다.

프랑스 침공 시에 기갑사단을 지휘한 경험이 있는 롬멜은 기갑전의 전문가로 자처하고 있었다. 그가 보기에 숲과 하천이 없고 도시와 민간인이 거의 없는 북아프리카의 사막은 기갑전의 명당으로 보였다. 롬멜은 자신감에 넘쳐 방어에 전념하라는 히틀러의 명령을 무시하고 3월 24일 전격적으로 영국군을 공격했다. 부대를 셋으로 나누어 기동, 돌파, 우회 전술을 적절히 구사하여 영국군을 격파해나갔다. 공군력도 추축군이 우위에 있었다. 롬멜은 동쪽으로 쾌속 진격하여 벵가지를 점령하고 4월 11일에는 전략 요충지 트브룩을 포위하고 이집트 국경 바르디아에 도착하였다. 단 한 번의

진격 중인 영국군 전차
(출처: 위키백과)

전격적인 진격으로 영국군에게 뺏겼던 지역을 회복했다.

최근 들어서 기업의 경쟁에서도 전문가의 중요성이 더욱 강조되고 있다. 이전에 경제가 초고속 성장을 하던 시기에는 사업이 다양하지도 않고 시장크기도 성장 잠재력이 내제되어 있었기에 기업은 성장주도의 전략으로 사업확장에만 관심이 있었다. 이때의 리더는 다양한 분야를 골고루 아는 제너럴리스트Generalist가 필요했다. 하지만 성장이 멈추고 시장이 성숙기에 접어든 지금은 한 분야의 깊이

있는 전문적인 지식이 필요하고 그래서 스페셜리스트Specialist가 필요하다. 롬멜은 이런 의미에서 기갑전이라고 하는 사막에 적합한 분야의 전문가였다. 한 명의 천재적인 전문가가 기업을 이끈다고 한다. 기업에서도 오너경영보다는 전문경영인이 대세이다.

전쟁에서 승리하기 위해서는 보급이 답이다.

기업경영에서 보급의 중요성이 강조되고 있다. 특히나 시장이 글로벌화가 되어 있는 오늘날 보급의 중요성은 더욱 커지고 있다. 북아프리카 전쟁에서도 보급의 중요성은 다시금 크게 부각되었다. 다시 전쟁으로 돌아가서 영국군이 5월의 브레버티 작전과 6월의 배틀엑스 작전을 통해 반격을 시도했지만 롬멜의 적수가 되질 못했다. 특히 롬멜은 전투 현장의 혼란 속에서도 냉정하게 전투의 흐름을 읽으면서 전장을 지배했다. 영국군 전차부대를 유인하여 매복시켜둔 88밀리 대공포와 대전차포로 영국군을 완벽하게 제압했다.

그런데 문제가 하나 있었다. 롬멜이 대승을 거두었지만 미처 심각하게 생각하지 못한 문제가 생겼다. 바로 보급이었다. 북아프리카 지형을 보면 물자를 하역할만한 항구가 제대로 없었다. 롬멜이 진격을 시작한 사르테 만에서 이집트 국경 사이에는 벵가지와 트브룩 정도만 제대로 된 항구였고, 트브룩은 아직 영국군의 수중에 있었다. 롬멜군의 보급기지는 트리폴리와 벵가지였는데 거리가 너무 멀었다.

전쟁, 혁신, 사람 그리고 전략

진격할수록 물, 연료, 식품, 탄약등의 보급과 증원군의 보충이 부족해졌다. 반대로 후퇴한 영국군은 후방 보급기지가 가까워서 힘을 내기 시작했다. 북아프리카 전역은 공격군은 진격할수록 보급에 어려움을 겪어 약화되고 반대로 후퇴하는 쪽은 후퇴할수록 보급선이 가까워져 원기를 회복하는 특징이 있었다. 이를 벵가지 핸디캡이라고 하는데, 롬멜도 예외일 수 없었다. 보급이 부족한 롬멜의 아프리카 기갑군은 결국 영국군에게 밀려 시르테만까지 후퇴해야만 했다. 9개월 전에 롬멜이 공격을 개시한 바로 그 지점이었다. 이번에는 영국군이 벵가지 핸디캡에 발목이 잡혔다. 추격한 영국군은 늘린 용수철이 되고 후퇴한 독일군은 눌린 용수철이 되었다.

오늘날 기업의 경영에서도 물자의 보급과 자원의 공급이 매우 중요한 부분을 차지한다. 시장이 글로벌화가 되면서 특히 글로벌 공급체인망의 중요성이 점점더 커지고 있다. 최근에 벌어진 코로나사태로 인해 중국이 봉쇄가 되자 세계 경제는 심각한 공급망의 문제가 발생하였다. 얼마전 일본이 우리나라를 대상으로 주요 소재에 대한 수출 금지조치를 하여 우리나라 산업이 곤란을 겪은 적도 있다. 가장 최근에 러시아의 우크라이나 침공으로 인한 전쟁으로 석유와 밀 등의 농산물 공급망이 제대로 작동하지 못하여 많은 국가들이 어려움을 겪고 있다. 자원은 무한대로 공급되지 않는다. 그렇기 때문에 항상 여유자원을 확보하여야 하고 공급이 물흐르듯 원활하게 지속될 수 있도록 해야한다. 이전에 JITJust in Time 시스템이 강조되던 것도 이러한 공급의 중요성 때문이다.

"사막의 여우" 전술의 천재 롬멜

롬멜은 곧바로 반격을 준비했다. 영국군 전차보다 성능이 우수한 4호 전차 100대를 보급받은 독일군은 영국군을 다시 밀어내기 시작했다. 롬멜은 트브룩 점령을 목표로 영국군을 거세게 몰아 부쳤다. 영국군은 집단지휘 증후군 때문에 번번히 측면 반격의 기회를 놓치는 우를 범했다. 넓은 공간인 사막에서는 양군이 전투에 돌입하면 명확한 전투 경계선이 없어지고 서로 뒤죽박죽이 된다. 그래서 이런 전투에서는 병사들을 이끄는 현장 지휘관들의 지휘력이 절대적으로 중요하다. 당연히 전장을 완벽하게 통제하고 장악한 롬멜의 리더십이 승리를 가져왔다.

롬멜 장군은 이 전투에서 전술 지휘의 천재성을 유감없이 발휘했다. 때로는 제1선에서 선봉소대를 직접 지휘하여 돌파구를 열기도 하고, 추격과 우회기동을 통한 측면 돌파, 때로는 유인과 격파의 전술을 구사하며 영국군을 격파했다. 독일군은 영국군이 자신들을 포위 격파하려는 '애버딘 작전'도 반격으로 돌파하고 오히려 영국 제32기갑여단과 제7기갑사단, 제5인도보병사단을 분쇄하고 4,000여 명의 인도군을 포로로 잡는 성과를 거두었다.

롬멜 장군의 뛰어난 전과는 영국군 지휘관들의 무능과도 관련이 있었다. 당시 닐 리치 중장이 지휘하는 영국 제8군은 전차 270대로 빈약한 이탈리아군 전차를 포함한 200대의 전차를 가진 독일군에 비해 화력도 강했고 병력도 많이 보유하고 있었다. 그러나 리치 중

전쟁, 혁신, 사람 그리고 전략

장은 기갑부대를 집중적으로 운영하지 않았다. 롬멜조차도 영국군이 왜 부대를 집중적으로 운영하지 않는지 의아해할 정도였다. 영국군의 일선 지휘관들은 패배의식에 빠져있었고 병사들의 사기는 바닥이었다. 또 병사들은 지휘관들을 신뢰하지 않았고 고위 지위관들은 서로 반목하였고 군사령관 리치 중장은 군단장과 사단장, 여단장들을 장악하지 못했다.

6월 12일과 13일 이틀 동안의 가잘라 전투에서 영국군 기갑부대는 괴멸했다. 이 전투에서 독일군들은 영국군을 압도하는 기갑부대의 전투력과 보병, 기갑, 포병을 연계한 연합전술로 영국군 전차들을 철저하게 파괴하였다. 이 전투 결과로 원

가잘라 전투에서의 롬멜 지휘
장갑차와 전차
(출처: 위키피디아)

래 800대였던 영국군 전차는 겨우 70대만 온전했다. 이날의 패배를 영국군은 '암흑의 토요일'이라고 불렀다. 중동지역 총사령관 클로드 오킨렉 사령관은 제8군 사령관 리치 중장에게 후퇴를 명령했고, 6월 14일 영국군은 후퇴를 시작했다.

한 명의 천재가 기업의 다수를 먹여 살린다고 한다. 전쟁에서도 롬멜의 경우처럼 장군의 중요성과 장군이 차지하는 비중은 매우 크다. 우리나라의 임진왜란 당시에도 이순신이라는 영웅이 계속 패배하던 조선을 구하고 나아가서 전쟁을 승리로 이끌었다. 기업에서도 마찬가지이다. 그래서 많은 기업이 핵심인재과정을 개발하고 내부적으로 천재를 길러내기 위해 노력하는 것이다.

전쟁에서 물자도 중요하지만 더 중요한 것은 인간의 "정신상태=사기"이다.

다윗과 골리앗의 싸움에서도 다윗은 정신적으로 강력하게 무장을 했고 반드시 이긴다는 신념이 있었다. 반면에 골리앗은 신념과 투쟁의지 없이 상대를 얕보고 싸움에 집중하지 못하고 다윗에게 일격을 당하고 패하고 만다. 북아프리카전투에서도 적지만 사기가 높은 독일군이 숫자만 많고 의지가 약한 연합군을 상대로 큰 승리를 거둔다. 전쟁은 물질적인 무기로만 하는 것이 아닌 무기를 든 사람이 하는 것이다.

롬멜의 칼날은 이제 트브룩을 향했다. 1942년 6월 13일 05:20시 트브룩 전선, 롬멜이 지휘하는 독일군과 이탈리아군으로 구성된 추축국군이 트브룩을 향해 맹렬한 포격을 시작했다. 그 날 밤에 롬멜은 영국군을 동쪽으로 추격하는 듯하다가 트브룩 동쪽에 집결했다. 트브룩은 영국군 저항의 상징이기도 했고 영국군들이 후퇴 도중에도 추축군의 옆구리를 찌를 수 있는 전략적 요충지였다. 또한 비록 규모는 작지만, 북아프리카 해안 중에서 물자를 하역할 수 있는 몇 안 되는 항구이기도 했다. 이 트브룩이 지금 풍전등화에 섰다.

트브룩에는 제2남아프리카사단장인 헨드릭 클로퍼 소장이 지휘하는 약 3만 5천명의 영국군, 남아프리카군, 인도군이 수비하고 있었다. 병사들의 사기는 바닥이었고 지휘관들도 결전의 의지가 부족했다. 식수 7천 톤과 포탄 30만 발 등 물자는 충분했지만, 물자가

전쟁, 혁신, 사람 그리고 전략

병사들의 사기를 올리지는 못했다. 더구나 항공기는 이미 철수시켰기 때문에 항공지원을 기대할 수 없었다. 오킨렉 사령관조차도 작년처럼 트브룩이 포위공격을 이겨내지 못할 것을 예상하고 있었다. 반면에 독일군은 그리스와 크레타 섬의 공군력까지 동원하여 지상군을 지원하였다.

아침 7시에 추축군 보병이 전진을 개시하며 본격적인 트브룩 공략이 시작되었다. 오전 10시에 전차전이 벌어졌지만 이미 전세는 기울어져 있었다. 오후 2시경에는 독일 제21기갑사단이 항구 8km까지 진격하고, 오후 4시에는 독일 제15기갑사단이 영국군 사령부 턱밑까지 진격했다. 밤 8시에 클로퍼 소장은 전군에 탈출을 명령했고 다음날 아침에 항복 협상을 시작하고 곧바로 항복했다. 그의 병사 3만 명이 포로가 되었다.

기업경영에서도 기업의 문화라는 것이 얼마나 중요하게 작용하는지를 최고경영자는 반드시 인지하고 있어야 한다. 기업문화는 공유된 가치와 사고방식 및 행동까지도 영향을 미친다. 이러한 문화적인 요소 중 경영학에서 연구되는 것이 구성원의 사기이다. 기업의 리더는 항상 구성원의 사기에 대해서 신경을 써야 하고 이를 위해 필요한 것이 구성원에 대한 신뢰와 위임이다. 좋은 리더는 항상 좋은 팀워크를 유지하기 위해 신뢰와 위임을 적절하게 사용하여 조직을 이끌어 간다. 다음으로 필요한 것은 의사소통능력이다. 타인에게 자신의 의견을 잘 전달하고 타인의 관점에서 이해하려고 하고 상호협의를 이루는 것은 매우 중요한 리더의 스킬이다. 이러한 리더의 덕목과 자질을 통해 구성원의 사기를 올려놓아 기업의 성과를 높이는 것은 현대 경영에서 매우 중요한 부분이다. 최근 조사에 따르면 코로나 위기 이후 다국적 기업 구성원들의 몰입과 사기가 현저히 떨어졌다고 한다. 구성원들의 마음이 회사를 떠나 있을 가능성이 높음을 보여주고 있다. 불확실한 경영환경을 헤쳐나갈 전략적 고민도 중요하지만 힘든 시기일수록 구성원과의 신뢰를 돈독히 쌓고 마음을 얻는 것이 위기 극복의 출발이 될 수 있을 것이다.

전술천재의 또 한 번의 실수: 전략적 큰 그림을 봐야 한다.

트브룩 함락으로 영국은 엄청난 타격을 입었다. 제8군의 전차를 거의 다 잃어버렸고 지중해 일부의 제공권과 제해권을 추축군에게 내주었다. 북아프리카의 중요한 전략 항구를 내주었고 엄청난 물자도 추축군에게 내주었다. 이제는 이집트까지 위험한 상황에 처했다. 만일 수에즈 운하를 내주게 되면 그 여파는 상상조차 하기 어려운 것이었다. 오킨렉 사령관은 패배의 책임을 물어 리치 중장을 해임하고 자신이 제8군사령관을 겸임하여 방어선을 이집트 내륙 엘 알라메인까지 후퇴시킨 다음 자신도 스스로 중동사령관에서 물러났다.

정치적 파장도 컸다. 당시 처칠 수상은 미국에서 루즈벨트 대통령과 회담 중이었는데 보고를 받고는 충격에 빠졌다. 싱가포르 함락으로 국내는 물론이고 국외까지 위신이 추락했는데 트브룩까지 함락당하니 그의 정치적 입지가 흔들렸다. 실제로 그는 의회로부터 불신을 받고 있었고 국내 지지도는 추락하고 있었다. 외교적으로도 위험했다. 처칠은 소련의 스탈린과 미국의 루스벨트와 어깨를 나란히 하며 반 히틀러 동맹의 주역이 되고 싶었다. 또한, 그는 전쟁 후에 예상되는 국제질서 재편성에 영국이 큰 영향력을 발휘하길 원했다. 이런 그에게 북아프리카 전역에서의 패배는 청천벽력과 같은 소식이었다. 추축국에게도 트브룩 함락은 중요했다. 전략적으로 보급 항구를 얻었고 전술적으로 막대한 영국군의 물자를 노획하여 부족한 보급을 일부 해결했다. 이 공으로 롬멜은 원수 계급으로 진급했다.

하지만 롬멜은 승리는 거두었지만, 손실도 컸다. 롬멜은 영국군에게 엄청난 출혈을 입혔으나 그 자신도 전차가 단 70대만 남았다. 손실률 80%라는 엄청난 피해였다. 비록 트브룩을 손에 넣었으나 영국군이 항복 이전에 항구시설을 파괴했기 때문에 보급은 여전히 힘들었다. 롬멜은 벵가지에서 보급과 재충전을 기다렸다가 재공격을 하느냐 혹은 지금 즉시 영국군을 추격하여 전과를 확대하느냐 하는 선택의 갈림길에 섰다. 공격적인 성격과 전술적인 전투를 즐기는 롬멜은 즉시 영국군을 추격하여 이집트로 진격하기로 결정했다.

롬멜이 전술의 대가이기는 했으나 전략적으로는 부족한 결정이었다. 애초에 롬멜의 결정은 트브룩 함락인지 이집트 침공인지의 전략적 목표가 명확하지 않았다. 롬멜은 보급문제를 고려하지 않고 오직 전술적 전과 확대를 위한 공격을 재개했다. 진급하여 계급이 한 단계 높아지면 해야 할 것도 있고 하지 말아야 할 것도 있다. 롬멜이 대장이 아닌 원수를 달았으면 전술을 넘어 전략적 사고와 행동을 해야만 했다. 그는 전투와 보급, 행정, 외교 등을 전략적으로 생각하지 않고 지나치게 전술적 승리에 급급했다. 롬멜은 이집트를 침공하여 수에즈 운하를 공략하고 중동에서 우크라이나를 통해 남하한 남부전선군과 연계하는 것을 꿈꾸었는지 모른다. 그러나 독일국방성은 그런 생각이 없었고, 비록 롬멜이 대승을 거두었지만, 북아프리카 전역을 중요지역으로 생각하지 않았다. 롬멜은 국방성과 논의를 통해 전략적 합의를 하고 그 결정에 합당한 전술적 행동을 했어야만 했다. 결국, 길어진 추축군의 보급선은 엘 알라메인에서 전환점을 맞이 한다.

리더의 의사결정은 기업의 미래를 결정하는 것이기 때문에 매우 신중할 필요가 있다. 최근에 과학적인 의사결정과 데이터 기반 의사결정 등이 대두가 되는 이유이다. 최고경영자의 잘못된 의사결정은 장기적인 전략적인 관점에서 기업에 큰 부정적인 영향을 미친다. 반대로 최고경영자의 올바른 결정은 기업의 지속성장을 결정하는 전략적 의미에서 긍정적인 영향을 미친다. 이처럼 리더의 의사결정이 중요한데 대부분의 경우 큰그림을 보지 못하고 작은 전술에만 집중하여 이러한 의사결정을 내리는 것이다. 흔히들 나무를 보지말고 숲을 보라는 이야기를 한다. 부분만 보지말고 전체를 보라 혹은 현재만 보지 말고 미래를 보라 또는 과제만 보지말고 목표를 보라는 의미이다. 많은 CEO나 리더들이 구성원들에게 강조하는 말이다.

전쟁, 혁신, 사람 그리고 전략

맞는 말씀이긴 한데 무엇을 어떻게 하라는 건지 다들 답답하게 생각할 때가 많다. 전체를 보기 위해서는 어떻게 하면 될까? 미래를 보기 위해서는 어떻게 하면 될까? 큰 그림인 숲을 보기 위해서는 어떻게 해야 할까? 해결방법은 말 그대로 크게 보고 구체화하면 되는 것이다. 전체와 미래와 숲이 어떤 모습인지 구체화하고 그걸 기준으로 바라보면 된다. 미래가 어떻게 될 지 답답하고 지금 무엇을 해야 할 지 잘 모를 때 미래에 기대하는 결과물인 비전과 목표와 전략이 그 실마리를 찾을 수 있다. 성과창출에 결정적인 과제에 선택과 집중을 해야 한다면 목표를 구체화하면 해답을 얻을 수 있다. 그런데 롬멜은 이 부분에서 의사결정을 잘하지 못한 것이다. 원래 목표와 지금 보이는 목표로 인해 순간적으로 선택과 집중을 망각하고 전체 숲이 아닌 특정 나무를 바라본 것이다. 해야 할 일에 대한 목표가 명확하면 쓸데없는 일을 하지 않게 된다.

사막여우의 맞수 "고집장이 몽고메리"도 도착하다.

1942년 8월 13일, 북아프리카 영국 제8군사령부에 깡마른 체구에 약간은 교만해 보이는 한 장군이 신임 사령관으로 부임해 왔다. 이 장군은 교과서적인 전술을 구사하지만 승리를 위해서는 과감하고 엉뚱한 전술도 마다하지 않는 버나드 몽고메리 장군이었다. 여러 전역에서의 패배로 자신의 지도력이 흔들리고 있던 처칠 수상은 북아프리카 전선에서의 승리가 간절했다. 무언가 변화가 필요한 그는 최고 지휘관들을 전격 교체했다. 처칠 수상은 북아프리카 전선의 패배 책임을 물어 오킨렉을 해임하고 해롤드 알렉산더 장군을 중동지역 사령관으로 임명하고 몽고메리 장군을 제8군사령관으로 임명했다. 처칠의 이 인사이동은 결과적으로 최고의 인선이 되었다.

몽고메리 장군은 자존심과 우월감이 강하여 때로 오만하게 보이는 성격의 소유자였고 승리에 대한 집착이 지나칠 정도로 강했다. 그는 자신의 전술 실행에 대한 고집도 셌고 승리를 위해 때로는 기상천외한 전술도 구사하여 주위의 동료 장군들과 충돌도 잦았다. 그러나 그는 자신의 단점을 장점으로 메웠다. 그는 승리하는 방법을 아는 지휘관이었다. 어떻게 보면 롬멜의 맞수로 꼭 알맞은 인물이었다. 그는 부임하자마자 바쁘게 움직였다. 먼저 전세가 불리하면 후퇴하겠다는 전임자의 계획을 바꾸어 현 방어선을 사수한 다음 적당한 때에 역습을 통해 독일군의 기갑전력을 분쇄하겠다는 계획을 세웠다. 패배의식에 젖어 있는 병사들의 사기를 북돋았고 방어진지를 강화했다. 본국에 병력과 화력의 증강을 요청하고 제8군을 재편성하여 부대별 훈련을 강화하였다. 그는 독일군의 전술을 연구하여 독일군의 전투 패턴을 파악하려고 노력했고, 독일군의 암호에 접근하여 예상 공격로와 대응전술 수립에 몰두하였다.

몽고메리가 이리 저리 뛴 결과 제8군은 서서히 깨어나기 시작했다. 우선 병사들의 사기와 자신감이 올라가기 시작했다. 일선 지휘관들은 독일군들과의 전투를 복기하며 대응전술을 재수립하기

전쟁, 혁신, 사람 그리고 전략

시작했다. 조직에서 가장 중요한 인물은 물
론 리더이다. 리더의 능력과 의지에 따라 조
직은 달라진다. 몽고메리는 특유의 리더십을
발휘하여 짧은 시간에 제8군 전체를 바꾸어
나갔다.

버나드 몽고메리
(출처: 위키피디아)

리더는 자신의 신념과 행동에 대한 고집
이 있어야 한다. 하지만 맹목적인 고집이 아니라 신념에 바탕을 둔
고집이어야 한다. 또한, 남의 이야기를 전혀 듣지 않는 것도 나쁜 습
관이다. 남의 이야기를 적절하게 듣고 걸러내면서 자신의 이상을 실
현해가는 것이 리더의 덕목이다. 몽고메리 장군의 잘한 점은 첫째,
사기를 올린 것과 둘째, 적을 학습한 것, 그리고 마지막으로 필요한
물자의 확충 등이다. 이 세 가지 부분에 대한 고집으로 몽고메리는
영국군을 재편할 수 있었고 그의 맞수인 롬멜과의 전쟁을 벌일 수
있게 되었다.

오늘날 기업경영에서도 최고경영자가 들어야 할 내용이다. 기업
구성원의 사기를 올리기 위해 적절한 보상과 사내 복지 시스템을 구
축하는 것은 매우 중요하다. 보상이 없는 성과향상은 생각하기 어려
운 것이다. 이 적절한 보상시스템이야말로 구성원의 사기를 올리는
가장 중요한 요소이다. 그리고 경쟁자를 파악하는 것은 아무리 강조
해도 부족하지 않은 것이다. 적을 알고 나를 알면 백전백승이다. 그
리고 자원의 확보와 효율적인 배분은 전략에서 가장 기본이 되는 부
분이다.

처절한 한 판 승부. 결국 많이 가진 쪽이 이기다.

8월 30일 밤, 알람 할파, 보름달이 뜬 사막의 야경은 무척 낭만적이다. 그러나 그 낭만은 독일군과 이탈리아군의 추축군 4개 사단의 탱크들의 소음과 먼지로 일순 깨어지고 엄청난 전쟁의 혼란이 찾아왔다. 일명 알람 할파 전투가 시작되었다. 이때까지 추축국은 트브룩을 점령하고 영국군은 엘 알라메인에서 방어진을 치며 양군은 약간의 재정비 시간을 가졌다. 보급은 영국군들에게 유리했다. 영국군의 보급기지는 후방에서 그리 멀지 않는 알렉산드리아인 반면에 추축군의 보급기지는 트리폴리와 벵가지였다. 엘 알라메인 전선에서 벵가지는 1,300km이고 트리폴리는 1,900km 거리였다. 거친 사막 지역에서 차량으로 보급을 하기에는 너무 먼 거리였다.

롬멜의 고민은 깊어졌다. 공격을 하자니 자신의 보급이 충분하지 않고, 기다리자니 영국군이 보급이 많아져서 다음 전투에서 불리할 것이 뻔했기 때문이다. 롬멜은 결국 저돌적인 성격 그대로 공격을 택했다. 전투의 주도권을 잡은 김에 여세를 몰아 영국군에게 타격을 입혀 영국이 공세적으로 전환하지 못하도록 하려는 의도였다. 롬멜이 선택을 잘 한 것인지 잘못한 것인지는 결과가 증명해 줄 것이다. 문제는 상대가 변했다는 것이다. 우선 영국군은 짧아진 보급선을 통해 사기가 높아진 병력과 화력을 보충했고 지휘관이 절대 물러서지 않겠다는 의지를 지닌 몽고메리였다.

몽고메리 장군은 암호 해독을 통해 추축군의 공격을 예상하고 있었고 독일군을 기다리고 있었다. 영국군들은 이전처럼 추축군의 기갑부대에 정면으로 맞서다가 깨지고 후퇴하지 않았다. 이전의 독일군처럼 유인 후에 매복 공격하는 전술을 구사했다. 그리고 대전차포와 포병, 항공기를 통합 운영하는 전술로 대응하였다. 전투는 처음부터 추축군에게 불리하게 진행되었다. 영국군의 항공기는 달빛을 이용하여 집요하게 공격해 왔고, 영국군들의 포격은 정확했다. 기갑전의 승패는 속도인데 추축군은 지뢰지대를 개척하느라 밤을 새웠다. 롬멜은 상황을 타개하고자 알람 할파 능선을 돌파하려 했으나 영국군들이 매복하여 기다리고 있었다. 독일군은 탱크 49대를 잃고 무력하게 퇴각했다. 알람할파 전투에서 독일군은 영국군이 이전과 다른 군대라는 것을 깨달았다.

알람할파 전투 이후 롬멜은 보급상황을 고려하여 현 전선을 고수하기로 하고 방어막을 구축했다. 길이 60Km에 폭이 8Km가 되는 지역에 50만 발의 지뢰를 매설하여 일명 '악마의 정원'을 구축하고 보급을 기다렸다. 그러나 보급은 여의치 않았다. 주요 보급 항구인 트라폴리와 벵가지는 여전히 멀었고, 트브룩도 480Km나 되는 거리에 있었다. 보급은 오직 수송차량에 의존했는데 연합군의 항공기는 수송대를 끈질기게 괴롭혔다.

반면 몽고메리 장군은 착실하게 보급품을 채워나갔다. 빨리 공격하라는 상부의 압력을 무시하고 병력과 보급품을 차곡차곡 쌓아가며 병사들을 훈련시켰다. 10월이 되자 병력과 전차, 대포는 추축군의 2배를 상회하는 수준이 되었다. 드디어 몽고메리 장군은 공격을 명령했다. 추축군의 운이 다했는지 롬멜 장군은 병가를 얻어 독일로 떠났고, 시투메 장군이 임시 사령관직을 맡고 있는 기간이었다.

1942년 10월 23일 저녁, 영국군의 대포가 압도적인 화력을 토하면서 엘알라메인 전투가 시작되었다. 무려 900여문에 달하는 대포들이 추축군 진지와 지뢰지대를 강타했다. 그리고 20만 명에 가까운 영국군과 동맹국 군이 추축군을 향해 진격했다. 영국군의 포격과 진격으로 추축군은 이미 심각한 피해와 혼란에 빠졌다. 게다가 사령관 시투메 장군이 초전에 사망하는 바람에 추축

독일군 포로
(출처: 위키백과)

군은 최고 지휘관 공석이라는 심각한 사태에 맞이하였고 혼란은 가중되었다. 영국군도 지뢰지대를 개척하면서 큰 피해를 입었다. 시간이 갈수록 양측의 피해는 늘어났는데 결국 보급이 우수한 영국군이 우위를 차지하기 시작했다. 25일 롬멜이 돌아왔지만, 전세는 이미 기울어져 있었다. 특히 부족한 병력과 전차의 숫자는 다른 무엇으로 대체할 수 없었다. 영국군도 손실이 컸지만 추축군보다 확실한 병력과 보급에서 숫자의 우위를 점하고 있었다. 이미 승부의 추는 기울었다. 롬멜은 후퇴를 명령할 수밖에 없었다. 히틀러도 처음에는 현지 사수를 명령했지만 결국 패배를 받아들이고 후퇴를 허가했다.

피해는 양측 모두 다 컸다. 그러나 승리는 많이 가진 영국의 몽

전쟁, 혁신, 사람 그리고 전략

고메리 장군의 몫이었다. 롬멜은 가진 전력 대부분을 손실했고, 더이상 전력을 보충할 가능성도 없었다. 설상가상으로 11월 8일 미군이 모로코에 상륙하자 전의를 완전히 상실했다. 이후 북아프리카 전역은 1942년 5월 13일 튀지니 전투를 끝으로 막을 내리게 되고 연합군은 이탈리아 침공을 준비하며 추축국을 압박하는 계기를 마련했다.

애초에 북아프리카 전쟁은 보급의 싸움이었다. 사막에서의 전투는 양쪽다 지치게 하였고 양쪽 모두 어마어마한 손실을 보았다. 누구의 승리라기보다는 좀더 많이 가진 쪽이 승리를 하는 것으로 끝났고 더 많이 가진 미국의 참전으로 전쟁은 연합군의 승리로 돌아갔다. 기업경쟁에서도 비슷한 상황이 있다. 특히 가격경쟁에 본격적으로 들어가면 이때부터 양측의 자원 경쟁이 시작된다. 누가 더 많은 자원을 가지고 버틸 수 있느냐의 게임이다. 이를 우리는 치킨게임이라 한다. 어느 한쪽이 중단하지 않으면 끝나지 않는 게임으로 결국은 양측 모두 손실을 보는 것으로 끝이 난다. 그래서 기업 간의 경쟁에서 가격경쟁은 최후의 수단이라고 한다. 더 많이 가진 쪽이 승리하지만, 손실은 양쪽 모두에 치명적이다.

승패의 요인

강점에 집중하고 이를 잘 활용하면 승리할 수 있다. 하지만 이를 끝까지 유지할 수 있어야 한다. 단 한 번의 오판으로 장점이 곧 약점이 되고 만다. 기업경영에서도 SWOT분석을 통해 강점을 파악하고 기회를 잘 포착하여 경쟁에서 살아남는 긍정적인 결과도 있지만 이 장점에 몰입되어 약점을 인식하지 못하고 위험에 노출하면 장점 자체가 함정이 될 수도 있다는 것을 인식하여야 한다.

독일군의 패배 원인

1) 보급 없이 승리 없다.

현대의 전쟁도 그렇고 기업경영도 그렇고 점차적으로 공급망 Supply Chain Management 구축의 중요성이 점점 커지고 있다. 한정되어 있는 자원의 공급이 그만큼 중요해진 것이다. 병참이라고 부르는 군대에서의 보급은 고대로부터 거의가 현지 징발이었다. 시대가 지남에 따라 병참의 역사는 현지 징발을 벗어나서 증원과 보충을 전문적으로 담당하는 병참부대를 설치하여 체계적으로 해결하는 것으로 발전하였다. 독일군과 연합군은 각각 동부전선과 서부전선에서는 일부 현지 징발에 의존했지만, 북아프리카 전선은 달랐다. 기갑전을 펼치기에 알맞은 넓은 공간이 있었지만 도시나 도로 따위는 없고 오직 황량한 모래뿐이었다. 증원군, 탄약, 연료, 식량과 심지어 식수까지 거의 모든 것을 오직 후방에서 보급해야만 했다.

영국군은 후방 이집트에 상당한 보급기지를 운영하고 있었지만, 독일은 이탈리아에서 모든 것을 가져와야만 했다. 하역할 수 있는 항구는 트리폴리와 벵가지 단 두 곳뿐이었다. 나중에 트브룩을 점령하지만, 규모도 적었고 영국군이 미리 파괴하여 별 도움이 되질 못했다. 게다가 철도가 없어서 수송 트럭에만 의존해야 했고, 수송 차량은 거친 사막과 황량한 자갈길을 달려야만 했다. 독일의 수송차량은 사막에 적합하지 않았다. 엔진의 경우 쉽게 과열되었고 수명은 절반으로 줄어들었다. 이들 차량이 달려야 할 거리도 길었다. 또한, 차량 고장과 공습으로 처음 적재한 30%~50% 만이 전선에 겨우 도달했다.

롬멜이 동쪽으로 진격하면 할수록 보급선은 길어져서 당연히 병참은 부족한 상태가 되었다. 이 문제는 결국 롬멜의 전력을 약화했고 수많은 전투의 승리를 의미 없게 만들었다. 1941년 롬멜이 처음 공세를 펼쳐 트브룩까지 진격했을 때 수송차량은 고장과 전복, 연합군의 공습으로 50%정도만 겨우 도착할 수 있었다. 롬멜이 1942년 재진격을 했을 때 10개 사단용 월 10만톤의 물자가 필요했으나 겨우 6만 톤 정도를 보급받았다.

그런데도 롬멜은 재공격을 명령했고, 병참선이 길어져 약화된 영국군을 격파하며 벵가지까지 진격했다. 벵가지에 도착하자 다시 보급문제가 발목을 잡았다. 히틀러와 무솔리니도 우려했고, 아프리카 이탈리아군 총사령관 우고 카발레로 장군도 정지를 요구했다. 이때 롬멜은 두 가지 선택이 가능했다. 첫째 벵가지에 머물며 영구 방어선을 구축하고 항구를 확장하며 훗날을 기약하거나 아니면 몇 개월이라도 머물면서 증원군과 물자를 충분히 보충한 다음 공격하는 것이었다. 롬멜은 이 두 가지 선택지 중 어느 것도 선택하지 않았다. 그는 오로지 진격을 결심했고 히틀러의 동의를 받아내었다. 히틀러는 진격을 허락하되 이집트 국경은 넘지 말 것을 주문했다. 롬멜은 보급은 오직 보급장교들에게 위임하고 전투에 매진하여 트브룩까지 점령하였다. 한 전장의 사령관이라면 전투 자체에 집중할 것이 아니라 하위 지휘관들이 승리할 수 있는 조건을 만들고 전체적인 전장 관리를 해야 하는데 롬멜은 이 점을 간과했다.

트브룩 방어전선의
오스트레일리아군 병사들
(출처: 위키백과)

트브룩에 도착하자 상황은 절망적으로 변했다. 진격하면서 손실도 컸고 수송선은 길어져서 절망적인 상황이 되었다. 트브룩은 작기도 했고 영국군이 기반시설을 파괴하여 사용이 어려웠다. 게다가 추축국의 해군은 연료 부족을 이유로 트브룩이 아닌 트리폴리 항구에 물자를 하역하였다. 벵가지 동쪽으로는 철도가 없어서 오직 수송차량으로 달려야 했다. 영국군 항공기의 공습을 받으며 거친 사막과 자갈길로 2,000Km 달리는 과정은 결코 쉬운 병참선이 될 수 없었다. 공습으로 파괴되고

전쟁, 혁신, 사람 그리고 전략

차량고장, 전복으로 중도 소실되어 일선의 보급품은 점점 부족해졌다. 트리폴리 항에 보급품은 쌓이는데 정작 전투지에는 보급품이 부족한 이유는 오직 긴 병참선 때문이었다. 롬멜은 트브룩을 점령하고는 단숨에 동쪽으로 다시 진격하였다. 잡은 승기를 놓치고 싶지 않았을 것이고 망설이면 영국군의 역습을 허용할 수 있을 것으로 판단했다. 그러나 영국군은 보급품 조달이 쉬워진데다가 몽고메리의 지휘 하에 단단한 방어벽을 구축하고 롬멜을 기다리고 있었다. 알람 할파에서 4일간의 격전을 치른 후에 롬멜은 영국군이 달라졌다는 것을 인식했다. 이제 롬멜 장군에게는 지친 병사들과 부족한 보급품만 남았다.

롬멜이 알람 할파 전투 후에 후퇴하여 엘 알라메인에 방어선을 구축했지만, 여전히 보급품은 부족했다. 후방 기지인 트브룩에 보급품이 도착하였지만 엘 알라메인까지는 여전히 수송의 어려움이 남아있었다. 결국 추축군은 4개월 가까이 잘 준비한 영국군에게 결정타를 맞고 북아프리카 전역에서의 패배의 길로 들어섰다.

"전투는 발포가 있기 전에 보급장교에 의해서 승부가 결정된다. 아무리 용맹한 병사라도 총 없이는 아무것도 할 수 없고, 총은 탄약이 없으면 쓸모가 없다. 기동전에서는 차량의 연료가 부족하면 총도 탄약도 쓸모가 없다. 보급품은 적군에 비해 양적으로 질적으로 최소한 거의 동일해야 한다" 이 말은 롬멜 자신이 한 말이다. 그는 교리는 잘 알고 있었다. 그러나 실전에서 이 교리를 등한히 했다. 이것이 롬멜의 패배 원인이다.

똑같은 내용이 기업에서도 적용이 된다. 흔히 영업사원은 최전선에서 싸우는 보병에 비유된다. 보병이 전선에서 승리하기 위해서는 포병과 공군의 지원사격이 있어야 하고 잘싸울 수 있도록 무기와 식량 등 많은 것이 지원되어야 한다. 영업사원도 마찬가지이다. 영업사원이 경쟁사 영업사원과 경쟁에서 살아남기 위해서 기업의 마케팅 부서는 광고라는 지원사격을 해야하고 여러 가지 프로모션 등의 무기를 지원해주어야 한다. 이런 것이 없이 경쟁에 나서면 백전백패이다.

또한 군대에서의 보급과 마찬가지로 최근에 원자재보급과 같은 물적유통체계에 문제가 생겨 공급을 제대로 하지 못하는 경우가 많아지고 있다. 특히 원자재가 거의 없고 이를 수입에 대부분 의지하고 있는 우리나라 기업의 경우는 치명적일 수밖에 없다. 최근 코로나로 인한 중국의 봉쇄조치와 한동안 지속된 일본의 전략물자 수출금지 조치, 그리고 최근의 우크라이나 사태로 인한 다양한 원자재 수급의 문제로 우리나라 기업들은 많은 곤란을 겪었다. 이제는 글로벌시대이다. 모든 나라의 경제가 연결되어 있다. 이러한 시대에 글로벌 물류체계를 구축하고 항상 비상계획을 준비해둬야 한다.

2) 전술을 놓치고 전투에 집중하다.

일반인들은 제2차 대전 중 아이젠하워, 맥아더, 패튼, 몽고메리 등 연합군의 장군들은 알고 있으면서 독일의 장군들은 롬멜 외에는

전쟁, 혁신, 사람 그리고 전략

잘 모를 것이다. 사실 롬멜은 초기 북아프리카 전선에서 몇번의 승리로 이름을 알렸지만 과대평가된 면이 많은 인물이다. 독일군이 주력을 배치하고 전력을 기울인 전선은 소련과의 동부전선이었다. 1942년 6월경 독일군 310만 명 중에서 80%의 병력이 동부전선에서 전투를 치르고 있었다. 아프리카 전선은 히틀러가 오직 외교적 이유로 1개 기갑군단을 배정한 외딴곳의 전쟁터였다. 롬멜은 히틀러가 대외 선전용으로 활용한 덕에 과하게 유명해졌다.

롬멜은 전차를 이용한 돌파와 분쇄, 적이 정신을 못차릴 정도로 몰아치는 저돌적인 진격으로 영국군을 패주시켰다. 그는 작은 그림의 전술과 전투의 귀재였다. 그러나 큰 그림의 전략적 차원에서 보면 결코 좋은 평가를 받을 수 없다. 그는 전략적 목표를 분명하게 하지 못했고 결정적인 오판을 하였다.

1941년 이탈리아군이 영국군의 역습으로 리비아로 쫓겨났을 때 히틀러가 롬멜을 파견하면서 내린 명령은 방어선을 구축하여 현재의 전선을 안정시키라는 것이었다. 히틀러 입장에서는 당시 소련을 침공하기 위한 준비에 전념하고 있을 때였기 때문에 불필요한 확전을 피하려고 했다. 그러나 롬멜은 공격에 나섰고 트브룩까지 진격하였으나 보급 부족으로 후퇴하였다. 이후 1942년 초에 재진격 하여 승승장구하며 히틀러의 국내 선전용으로 활용되었지만 독일군최고사령부OKH는 결코 롬멜의 확전을 달가워하지 않았다. 1942년에는 이미 독일군이 총력을 다해 소련군과 힘을 겨루고 있었기 때문이다. 독일군 최고사령부는 롬멜에게 전선의 안정화라는 전략 목표만 부

여했다. 하지만 롬멜은 최고 지휘부의 전략적 목표를 어기고 공격을
했다. 그러나 그는 공격의 전략적 목표가 없었다. 공격을 하긴 하는
데 왜 하는지 어디까지 해야 하는지에 대한 명확한 답을 스스로도
내지 못했다.

롬멜은 몇 가지 전략적 목표를 세울 수 있었을 것이다. 예를 들
면 먼저 트리폴리를 안전하게 방어하기 위한 완충지역을 확보하여
전선을 안정시키거나, 혹은 영국군을 이집트 국경까지 몰아내어 리
비아를 완전하게 확보한다는 목표를 세울 수 있었다. 더 욕심을 내
자면 이집트로 진격하여 영국군을 전멸시키고 수에즈 운하를 점령
하는 목표도 세울 수 있었다. 또 독일군 최고지휘부를 설득하여 동
부전선과 궤를 같이하는 전략을 수립하고 더 많은 보급을 배정받아
야 했었다. 그러나 독일군 최고지휘부는 북아프리카 전선과 동부전
선을 연결할 전략이 없었고 롬멜의 확전을 부담스럽게 생각하고 있
었다. 롬멜은 수많은 전술적 승리를 거두며 승승장구했지만 최종적
으로 어디까지 진격하고 무엇을 얻을 것인가와 그것을 얻기 위하여
무엇을 준비하고 무엇을 기다려야 하는가 하는 큰그림을 보는 전략
적 사고를 놓쳤다.

롬멜 장군의 또 다른 문제는 전장의 종합적 관리의 부족이었다.
북아프리카 전선에서 가장 큰 문제는 보급문제였다. 부족한 항구,
열악한 도로 사정, 2,000Km가 넘는 긴 수송거리로 보급은 항상 부
족했다. 한 전역의 최고 사령관이라면 최종 승리를 위한 전쟁의 종
합적 관리가 필요하다. 당연히 전략 목표에 따른 병력의 조달과 훈

전쟁, 혁신, 사람 그리고 전략

련, 보급, 정보, 전술 등을 종합적으로 관리해야 한다. 특히 병력과 보급품의 조달은 최고 지휘관의 가장 기본적인 업무이다. 그러나 롬멜은 감당할 수 없을 정도로 병참선을 길게 만들었고 보급을 스스로 어렵게 만들었다. 보급의 보충과 병사들이 휴식을 고려하지 않은 성급한 진격으로 스스로 전투력을 약화시켰다. 다른 누구의 책임이 아니라 명확한 전략적 목표 없이 병참선을 길게 만든 롬멜 자신의 책임이다. 전술과 전투의 결과 책임은 오직 최고 지휘관에게 있다.

앞서도 언급하였지만, 리더는 항상 큰그림을 보고 멀리 내다볼 줄 알아야 한다. 가까운 곳만 바라보는 근시안에 빠지면 자신의 강약점을 파악하기도 어렵고 경쟁사가 누구인지도 알기가 어려워진다. 이를 마케팅 근시Marketing Myopia라고 한다. 철도회사가 자신의 경쟁사를 다른 철도회사만 규정하고 보는 근시안적인 태도는 다른 운송수단을 가진 항공사와 항만회사등의 더 큰 경쟁사를 보지 못하는 오류를 만든다. 이처럼 최고경영자는 기업의 경쟁구도와 사업의 범위를 규정하는 것이 무척 중요하다. 너무 좁게 규정하면 근시에 빠지고 너무 넓게 규정하면 자원의 낭비를 가져온다. 이러한 이유로 최고경영자는 전략적 사고 능력을 반드시 가지고 있어야 하고 이를 지속해서 연습해야 한다. 기업전체를 보고 산업 전반적인 것을 고려해서 우리가 속해 있는 산업이 무엇인가를 명확하게 규정짓고 자신의 경쟁사가 누군인지를 정확하게 알아야 대응을 할 수 있을 것이다. 이러한 전략적 사고를 통한 큰그림을 보지 못하면 근시안에 빠져서 스스로를 망하는 길로 인도할 것이다.

연합군의 승리의 요인

연합군의 승리 요인은 명확하다. 최우선으로 목표를 분명하게 하고 선택과 집중을 했다는 것이다. 방어와 독일군의 유인을 통해 한 번에 승부를 본다는 명확한 목표를 세우고 보급을 확충하고 병사들의 사기를 높이는 등의 기본에 충실하였다. 전쟁은 사람이 하는 것이다. 전투를 수행하는 사람이 충분한 보급이 있어야 하고 강한 정신력으로 무장하고 있어야 한다, 기업에서도 유사하다. 한때 한국을 배우자는 붐이 있었고 한국의 성장 요인 중 하나로 "군인정신 즉하면 된다Can do Spirit"라는 것을 주시했다. 연합군도 몽고메리 장군의 병사들의 사기충전과 재정비라는 것을 통해서 독일군과의 한판 승부를 준비하는 것으로 결국 승리를 거머줘었다.

1) 힘을 모우다: 물자와 사람의 충전으로 한판 승부에 대비하다.

인류 전쟁사에서 대부분의 승리는 많이 가진 측이 대부분 이겼다. 병력과 화력이 부족한 측이 승리한 경우는 소수의 사례에 불과하다. 제2차 대전이 연합군의 승리로 끝난 이유도 병력과 화력이 추축국보다 앞섰기 때문이다. 당시 인구 대국 소련은 2천만 명의 인적피해를 보면서도 끊임없이 병력을 동원하여 독일군을 압도했다. 미국은 독일, 일본, 소련, 영국 등 전쟁 당사국들이 생산한 합계보다 더 많은 전쟁 물자를 생산하고 보급했다. 독일군은 분쇄해도 끊임없이 새로 생기는 소련의 사단들에 출혈을 강요당했고, 연합군에게 엄청난 보급품을 제공하는 미국의 물량전에 밀렸다.

엘 알라메인에서 영국군이 승리한 것은 기발한 전술적 작전 때문이 아니었다. 추축국과 비교하면 압도적인 병력과 무기를 운영한 몽고메리의 물량전의 승리였다. 롬멜이 임기응변에 능한 천재형이었다면 몽고메리는 교과서에 충실한 모범생형이었다. 몽고메리는 지금껏 영국군과 독일군이 치른 공간을 확보하기 위한 작전이 아니라 적군의 전력을 분쇄하겠다는 목표를 세웠다. 그래서 섣부른 공격을 자제하고 방어에 임하며 병력과 무기를 보충하는 데 주력했다. 당시 승리가 목마른 처칠 수상은 계속해서 공격을 종용했지만 몽고메리 장군은 확실한 승리의 때를 기다렸다. 공간을 확보하기 위한 승리 정도라면 당시의 병력과 화력으로도 얼마든지 가능하였다. 그러나 적의 전력을 완전히 분쇄하기 위해서는 압도적인 숫자의 우위가 꼭 필요했다. 몽고메리 장군은 병력과 항공전력, 기갑전력이 적의 2~3배가 될 때까지 기다렸다. 그는 상대에게 작은 주먹 여러 방을 날리는 것보다 결정적인 큰 것 한 방을 원했다. 그 과정에 기만 작전도 병행했다. 주공을 남쪽인 것처럼 보이기 위하여 가짜 전차와 트럭을 만들고 나무로 만든 급수탑과 유류 창고를 세워 독일군에게 혼란을 주었다.

몽고메리 장군은 1942년 8월부터 10월 사이에 병력 4만명 이상, 대포 800문과 전차 1,000여대를 더 보충했다. 전차 중에는 성능이 우수한 미국의 셔먼 전차 300대도 포함되어 있었다. 그동안 그는 병사들을 훈련하며 실전을 준비했다. 10월 말이 되자 병력과 화력면에서 영연방군이 독일군보다 압도적으로 많았다. 또한, 병사들의 사기도 충분히 고조되어 있었다.

몽고메리는 이러한 숫자 우위를 앞세워 1942년 10월 23일 총공격을 개시했다. 물론 독일군은 강했다. 이탈리아군도 잘 싸웠다. 10월 25일이 되자 전투는 절정에 달해 영국군의 피해가 심각해졌고 일부 군단장들조차 더 이상의 진격은 무리라고 생각했다. 그러나 몽고메리 장군은 단호했다. 그에게 병사와 전차의 손실은 승리를 위한 불가피한 과정이라고 여겼다. 아군 병사 한 명이 사상 당하면 적군도 한명 사상 당할 것이고, 아군 전차 한 대가 파괴되면 적군 전차 한 대도 깨질 것이다. 결국, 시간이 지날수록 적이 견딜 수 없는 한계점이 올 것이고 그 때는 더 많은 병력과 화력이 남은 측이 이길 것이라는 확신을 하고 있었다. 그는 참모들의 작전 중지 요청을 단호하게 거절하고 공세를 늦추지 않았다. 시간이 지날수록 영국군의 피해가 커졌지만, 독일군과 이탈리아군도 와해의 임계점에 도달했다. 병력은 물론이고 전차와 대전차포가 바닥이 났다. 병 치료를 위해 독일로 갔던 롬멜 장군이 급히 돌아와서 전세를 만회하려고 노력했지만 이미 패배는 확정적이었고 마침내 11월 2일에 후퇴를 결심하게 된다. 전술의 천재인 롬멜 장군도 결국 물량의 우위 앞에서는 어쩔 도리가 없었다.

엘 알라메인 전투는 보급의 중요성을 강조하고 끈기있게 하나의 목표에 집중한 몽고메리 장군의 승리였다. 그는 천재적인 전술적 능

전쟁, 혁신, 사람 그리고 전략

력을 발휘한 것이 아니라 힘을 모우고 철저히 준비하여 한 번의 승부로 전세를 뒤엎었다. 특히 본토의 처칠을 비롯한 정치인들이 빨리 공격하라고 정치적 압력을 가해도 이겨내고 때를 기다리며 병력과 화력을 보충한 그의 인내력도 돋보인다. 그의 지휘력으로 아프리카 전선에서 연합군을 귀찮게 하던 독일의 아프리카 군단은 없어졌다. 물론 다른 측면에서 보면 물량전으로 아군의 피해도 어마어마했다. 그러나 적군이 먼저 임계점에 도달했다.

앞서도 언급했지만, 경쟁에서 최후에 고려해야할 물량 공세인 치킨게임과 같은 가격 경쟁과 유사하다. 한쪽이 자원이 고갈해질 때까지 계속되는 물량 소모전인 것이다. 이렇게 물량적인 측면에서 이 전투를 평가하자면 그렇게 추천할 만한 것은 못 된다. 다만 지도자의 명확한 목표의식과 목표를 달성하기 위해 선택한 것은 포기하지 않고 끈기 있게 밀어붙이는 능력과 자원을 집중하여 반드시 선택한 목표를 달성하겠다는 흔들리지 않는 의지는 높이 살만하다. 하나의 목표를 선택한다는 것은 다른 목표는 포기한다는 것과 마찬가지이다. 사업을 하다 보면 이 부분이 참 어렵다. 하나의 방향으로 가면서도 다른 곳의 이익이 눈에 보이면 흔들린다. 이때를 경계해야 한다. 선택과 집중은 정말 전략에서 중요하다는 교훈을 다시 한번 강조한다.

영국군 사기 복돋아 독일군 궤멸 … 2차대전 전환점 마련

■ '사막의 생쥐' 몽고메리

Bernard Law Montgomery·
1887~1976

"영국군의 패배는 용감하고 훌륭한 장군이 적에게 있었기 때문이다." 영국 총리 윈스턴 처칠도 '적장' 롬멜을 이렇게 평가했다. 하지만 그에겐 몽고메리가 있었다. 1942년 8월 '롬멜 대항마'로 몽고메리 장군을 급파한다.

1년 반 동안 롬멜에게 쫓긴 영국군의 사기는 '바닥'이었다. 몽고메리는 일일이 병사들을 만나 사기를 높였고 대규모 군대를 집결시켰다. 1942년 8월 롬멜군은 영국군 주진지를 돌아 후방을 점령하려 했지만 몽고메리는 이미 후방 진지를 강화시켜 놓았다. 3일간 전투에서 피해를 보고 퇴각하는 롬멜군을 쫓는 몽고메리군. 야포 2800문이 불을 뿜고 전차 2000대와 보병 8만 명의 '보·전 합동전투'로 독일군 3만2000명을 전사시켰다. 1942년 11월 엘 알라메인 전투 승리로 몽고메리는 롬멜을 이집트에서 몰아냈다. 북아프리카의 주도권도 연합군 쪽으로 돌려놓았다.

북아프리카를 가로지른 추격전으로 1943년 5월 튀니지에서 독일군 항복을 받아내고 이후 독일 심장부로 진격해 1945년 5월 4일 독일 북부군의 항복도 받아냈다.

전투마다 '완벽한 준비'를 강조한 그는 느리지만 확실한 승리를 거둘 수 있었다.

18개월간 독일 연전연승 이끈 '승리의 보증수표'.

전쟁, 혁신, 사람 그리고 전략

■ '사막의 여우' 롬멜

Erwin Johannes Eugen Rommel·
1891~1944

영국군은 연전연패하며 그에게 별명을 붙였다. '사막의 여우(The Desert Fox)'. 제1차 세계대전 때부터 대담무쌍한 기습공격으로 전공을 쌓은 롬멜은 1941년 2월 북아프리카 독일 군단 사령관이 된다. 병력과 장비는 영국군에 열세였지만 그의 '해군식 전차 전술'(군함처럼 전차도 포를 쏘며 돌진하는 기동전)은 '승리 보증수표'였다. 때론 트럭으로 모래바람을 일으켜 '대규모 군대'인양 허장성세(虛張聲勢·실속은 없으면서 허세를 부림)했고 공격할 때는 모든 전차와 화포를 동원해 '일제 폭격'을 감행했다. 적이 공격하면 '맞짱' 대신 적진을 돌아 보급선을 공격했고, 적이 보급선을 방어하면 최전방을 공격했다. 18개월간의 연전연승. 고트 준장 등 영국군 사령관 7명은 연패의 충격으로 정신 이상자가 되거나 독일군의 포로가 됐다.

달도 차면 기우는 법. 1942년 롬멜은 보급 문제와 병사 피로 등을 이유로 철수를 요청하지만 히틀러는 수에즈 운하 공격명령을 내린다. '알렉산드리아에서 96km 떨어진 이집트의 엘 알라메인에서 '맞수' 몽고메리 장군을 만나며 '롬멜 신화'는 마침표를 찍는다.

〈출처〉 배수강 기자, 동아일보

05

SWOT 분석의 중요성:

지피지기를 몰라서 대패하다 – 과달카날 전투

SWOT 분석
·
두 조직의 의사결정 방법의 차이
·
되풀이되는 지상전 실수
·
적을 무시하면 안 된다. 전쟁이나 경쟁에서는 항상 최선을 다해야 한다.
·
실패한 방법을 반복하다.
·
미국의 자존심을 회복하다.
·
승패의 원인
·
일본군의 패배 원인
·
미군의 승리 원인

05 SWOT 분석의 중요성: 지피지기를 몰라서 대패하다 - 과달카날 전투

SWOT 분석

자사분석을 하는 도구로써 SWOT 분석이 일반적으로 사용된다. SWOT 분석은 강점Strengths, 약점Weaknesses, 기회Opportunities 및 위협Threats의 매트릭스 분석을 통해 바람직한 전략을 수립하는 과정이다. 기업의 강점과 약점이 기업 내부의 환경요소라면 기회와 위협은 외부 환경요소라고 할 수 있다. 빠르게 변화하고 있는 시장 경향과 발전과정을 파악하고 시장 내 경쟁우위를 획득하기 위해 마케팅관리자들은 외부 요인인 기회와 위협을 더욱 세심히 살펴보아야 한다. 기회와 위협, 조직의 강·약점을 평가하는 방법에는 여러 가지가 있지만, 일반적으로 마케팅관리자의 주관적 판단에 크게 의존한다. 따라서 전략 수립과 관련 있는 집단이나 관리자들도 평가작업에 참여하여야 주관적 판단에 따른 오류를 감소시킬 수 있다. 이는 주요 환경요인에 대해 공통된 인식을 보유하는 것이 전략도출 및 실행에 중요하기 때문이다.

자사분석의 핵심내용은 자사의 내부 강·약점에 대한 규명 및 평가, 자사가 직면한 외부시장기회와 전략적 기회에 대한 평가, 자사의 경쟁적 위치의 강·약점 분석, 자사의 핵심역량 구축을 위한 경영우위 및 경영자원의 분석을 포함한다. 이러한 내용은 어떠한 사업전략이 자사의 전반적인 상황에 적합한가를 판단하는 데 핵심적인 역할을 하게 된다. 기업은 특정 시장에서 경쟁기업에 비해 비교우위를 갖고 있을 때가 시장 자체의 매력도가 높은 시장에서 경쟁자에 비해 비교우위가 낮은 경우보다 이익을 남길 수 있는 가능성이 크다. 기업은 경쟁에서 살아남기 위해서 차별화되고 지속 가능한 경쟁우위를 창출할 수 있는 전략을 만들어야 하며, 이러한 전략은 자사분석을 통해 구체화한다. 자사를 분석하는 방법에는 성과분석, 원가분석, 강·약점 분석, 기업내부 능력 분석 및 과거·현재 전략 분석이 있다. 또한, 기업의 SWOT분석을 통해 일정 시점에서 기업활동에 영향을 미치는 주요 환경요인을 기회와 위협으로 분류하고 이들을 전략적 관점에서 자사의 강·약점과 결합함으로써 효과적인 전략을 수립할 수 있다.

손자는 지피지기면 백전백승^{知彼知己 百戰百勝}이라는 말을 하지는 않았다. 그가 남긴 병서에는 지피지기면 백전불태^{知彼知己 百戰不殆}라고 되어있다. 적을 알고 나를 알면 항상 승리한다는 것이 아니라 지

전쟁, 혁신, 사람 그리고 전략

기가 어렵다는 것이 정확한 표현이다. 그만큼 경쟁에서 이기기 위해서는 여러 가지 요소를 고려하여야 하고 그중의 하나가 지피지기라는 것이다. 또한, 손자는 결코 인명의 손실이 있는 전쟁은 피하고 전쟁을 하지 않고 이기는 것이 최상위의 병법이라고 하였다. 그래서 적을 알고 나를 알면 우리가 위태롭기가 어렵다는 말을 남긴 것이다. 기업경영에서도 그렇고 실제 전쟁에서도 지피지기가 어떻게 작용하는지를 다시 태평양전쟁으로 돌아가서 살펴보도록 하자.

두 조직의 의사결정 방법의 차이

1941년 12월 초의 진주만 기습과 함께 시작한 일본의 남방 1단계 작전은 대성공을 거두었다. 불과 3개월 만에 필리핀과 말레이반도, 인도네시아, 싱가포르 등을 손에 넣었다. 그러나 너무 빠르고 쉬운 승리는 결코 좋은 것만은 아니다. 첫째, 일명 승리병이란 것이 생겼다. 허약하고 전쟁 준비가 덜 된 상대로 거둔 승리임에도 이후 일본은 자기들의 역량을 과신하고 연합국의 전력을 얕보게 되었다. 함포 몇 발이면 상대의 군함들이 도망가고, 칼 빼 들고 돌진하면 적군들이 항복할 것이라는 착각에 빠졌다. 일본군 전체가 이 병에 걸렸고 대본영은 물론이고 일선의 지휘관들도 무리한 작전을 기획하게 된다.

둘째, 전쟁의 종단점終端點을 정하지 못했다. 전투력은 근거지에서 전장까지 거리에 반비례한다. 전쟁 시작 시에 진격의 종단점을 정해두고 전쟁을 수행해야 하는데, 일본은 종단점을 정해두지 않았다. 전략적으로 어디로 어디까지 가야할 지를 정해두지 않았으니 저마다 생각이 달랐다. 육군은 중국과의 전쟁에 집중하고 싶었고 일부는 소련 침공을 주장하였고, 또다른 일부는 버마를 통한 인도 침공을 주장하였다. 해군에서는 호주를 침공하자는 주장도 있었고 연합함대는 미드웨이를 공략하자고 떼를 썼다. 결국, 뉴기니의 포트모르즈비를 점령하여 호주를 압박하려는 MO 작전, 미드웨이를 점령하고 미국 항모기동부대를 섬멸하려는 MI 작전, 미국과 호주의 해상교통을 봉쇄하기 위한 피지와 사모아를 점령하려는 FS 작전을 확정하였다. 당시 일본의 경제력과 무기 생산 조달, 병력 동원과 보급선 유지 등의 역량을 벗어난 작전이었지만 승리병에 취한 일본은 5월 초에 MO작전과 6월 초 MI 작전을 시행하였다.

• 그림 5-1 • 1942년 일본의 점령 지역과 과달카날 위치

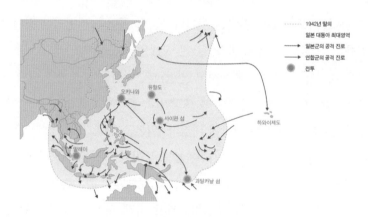

전쟁, 혁신, 사람 그리고 전략

결과는 실패했고 오히려 태평양에서 공세의 주도권을 미국에게 내주었다. MO 작전은 산호해 해전에서 전술적으로는 판정승했지만, 포트모르즈비의 상륙을 포기하면서 전략적으로 실패했다. MI 작전에서는 미드웨이 해전에서 주력 항공모함 4척을 상실하는 대참패를 당했다. 특히 미드웨이 해전의 패배로 주력 기동항공모함 전력과 숙련된 해군과 항공 승무원을 잃어버리고 전쟁의 주도권을 미국에 넘겨주었다.

이후 일본은 7월 11일 MO 작전과 FS 작전을 공식적으로 해제했는데, 아직도 전쟁지휘부인 대본영의 명확한 목표는 없었다. 육해군이 총력을 다하여 어디로 진격할 것인가, 아니면 현재 점령지를 요새화하여 연합군의 반격에 대비할 것인가를 확정하지 못했다. 그 와중에 7월 21일 다바오에 주둔 중인 제17군이 포트모르즈비 점령을 목표로 뉴기니 동북부 부나에 상륙하였다. 그 전에 해군도 자기들끼리 일을 하나 벌였다. 7월 6일 해군은 독단으로 툴라기 남쪽의 섬인 과달카날에 일단의 군인들과 설영대를 상륙시켜 활주로를 건설하기 시작했다. 뉴기니에 주둔 중인 해군 제25항공전대장 야마다 시다요시 소장의 발상과 상신에 의한 것이었다. 해군은 과달카날에 비행장을 건설하여 포트모르즈비 공격 시에 측면 보호 기지와 남태평양 공략의 전방기지로 활용하고 싶었다. 이처럼 당시 일본의 전략적인 방향은 전쟁을 어디로 어디까지 수행할 것인가의 대전략에 의한 것이 아니었다. 일선의 지휘관들에 의한 지엽적인 의견과 때로는 일부 참모들의 위계질서를 무시한 결정, 육군과 해군의 알력과 서로 눈치보기 등이 뒤엉킨 전략이었다.

어네스트 킹
(출처: 위키백과)

일본의 진주만 습격 이후 필리핀, 사이판과 괌, 웨이크 등을 점령하여 미국을 정신없이 만들었다. 그렇지만 미국은 반격을 위한 내부 의견을 조율하기 시작했다. 함대총사령관인 어네스트 킹 제독이 큰 그림을 그렸는데, 먼저 형제국인 호주와 뉴질랜드를 방어해야만 하고, 두 국가와의 해상 수송로를 확보하기 위하여 사모아, 피지, 뉴칼레도니아 등 남태평양에 비행장이 갖추어진 기지를 건설해야 한다. 그리고 반격을 위해서 뉴헤브리디즈에 기지를 건설한 다음 솔로몬 제도를 거쳐 일본의 남방 기지가 있는 라바울로 진격하는 것이 킹제독의 기본 구상이었다. 1944년 중반까지의 미국의 전략은 이 청사진을 따라 진행하게 된다. 이처럼 미국은 우왕좌왕하는 일본과는 달리 장기적 목표를 확립하고 이에 따라서 단기적인 작전을 수행하여 종국에는 전쟁을 승리로 이끌었다.

미국의 반격 루트는 육군과 해군의 견해 차이가 있었으나 육군 참모총장 마셜과 함대총사령관 킹의 조율을 거쳐 합동참모본부의 정식 명령으로 3단계로 정리되었다. 산타쿠르즈 제도와 툴라기를 시작으로 뉴기니 동부와 솔로몬 북부 지역을 거쳐 라바울로 진격하는 것이 미국의 반격 루트로 확정되었다. 라바울은 일본의 남태평전선의 전진 기지였기에 반드시 공략해야 할 목표였다. 공격 개시일은 8

전쟁, 혁신, 사람 그리고 전략

월 1일로 정해졌다.

이 계획은 7월 5일 킹과 태평양함대 사령관 니미츠 제독이 샌프란시스코에서 1단계 작전에 관한 회담을 하던 중에 다수의 일본군과 물자가 과달카날에 상륙했다는 정보가 도착하면서 급변했다. 연합군은 항공정찰을 통해 일본이 과달카날에 비행장을 건설하는 것을 파악했다. 이에 킹과 니미츠는 1단계 작전을 변경하여 과달카날부터 당장 공격할 것을 주장하였고, 합동참모본부도 이를 남태평양 사령관 로버트 L. 곰리 제독에게 정식으로 명령했다.

미국으로서는 만일 일본군이 과달카날에 비행장을 완성하면 당장 미국과 호주의 해상 수송로가 위협을 받는 것은 물론이고 반격기지인 에스피리산투와 뉴칼레도니아의 에파테도 위협에 빠지게 된다. 남서 태평양 사령관 맥아더와 남태평양 사령관 곰리는 공격의 연기를 주장하였지만 킹 제독은 당장 공격할 것을 강력하게 밀어붙였다. 이 결정은 태평양 전쟁 중에 미국이 내린 많은 결정 중에서 가장 현명한 결정으로 평가된다.

이처럼 태평양전쟁에서 승리한 미국의 전략을 분석해보면 일단은 장기적인 큰 그림을 그리고 목표를 명확하게 가지고 있었다는 점이다. 일본은 이러한 거시적인 관점에서의 목표가 없었기 때문에 발생하는 전투에만 집중하였고 큰 장기적인 관점에서 전쟁을 끌고 가는 동력이 약했다. 기업경영에서도 매우 중요한 부분이다. 기업은 장기전략이 반드시 있어야 하고 이에 앞서서 최고경영자는 장기 비전을 제시하고 기업이 나아가야할 방향을 제시하여야 한다.

일본이 패배한 원인은 앞서도 언급한 승리병이다. 기업의 최고 경영자가 항상 경계해야 할 점이다. 과거의 승리가 계속된다는 보장은 없다. 그리고 앞으로의 경쟁 상황이 과거와 같다는 보장도 없다. 그러기에 기업은 끊임없는 변화를 추구하고 이를 위해 혁신을 해야하는 것이다.

되풀이되는 지상전 실수

● 그림 5-2 ● 과달카날 해역지도

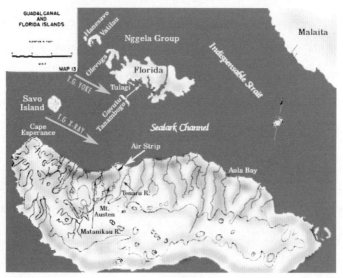

위 작은 섬이 플로리다 섬이고 바로 아래 툴라기 섬이 있다.
두 섬 사이 왼쪽에 있는 섬이 사보섬

출처: 위키백과

전쟁, 혁신, 사람 그리고 전략

과달카날 전투는 미국과 일본 모두 실수가 연속되는 전투였다. 내가 실수를 하더라도 적이 더 큰 실수를 해서 반전이 일어나는 어처구니없는 상황이 반복되었다. 8월 1일로 계획된 미국과 연합국의 과달카날 상륙 계획은 준비가 늦어져 8월 7일로 연기되었고, 작전명은 망루작전으로 정했다. 이때 미국은 현지 지형조차 제대로 파악하지 못했고 일본의 정확한 의도를 알지 못했다. 일본도 미군의 규모를 제대로 파악하지 못했고 미국이 얼마나 이 섬을 지키려 하는지 알지 못했다. 서로 지피지기가 안 된 상태에서 많은 병력과 물자가 투입된 치열한 지상전이 있었고, 50회에 걸친 함정 대 함정, 함정 대 항공기, 항공기 대 항공기의 전투가 있었다. 또한 세계 해군전사에 기록된 대규모 해전도 7번이나 치렀다.

8월 7일 새벽 5시 45분에 함재기들이 툴라기와 과달카날을 기습 폭격하고 이어 중순양함과 구축함들이 엄청난 화력을 퍼부었다. 이어 알렉산더 반데그리프트 소장이 지휘하는 제1해병사단의 주력인 1만 7천 명이 툴라기와 과달카날에 상륙하였다. 태평양전쟁 기간 중 미군의 상륙방법은 주로 강습상륙이었다. 사전에 파악한 적 거점들을 바둑판 격자무늬로 나눈 다음 항공기, 폭격기, 함포들에 목표와 시간표, 폭격 횟수를 할당한 다음 몇 시간 때로는 며칠에 걸쳐 강철비를 쏟아붓는다. 그리고 난 다음

알렉산더 반데그리프트
(출처: 위키백과)

해병과 육군이 적 정면에서 상륙하는 강습 상륙을 주로 사용했다. 야간 기습 상륙 같은 것은 없고 먼저 상세한 상륙 계획을 세운 다음 계획에 따른 무시무시한 화력 투사와 힘으로 밀어붙이는 것이 미국식 상륙방법이었다. 과달카날에서도 그랬다.

과달카날에 상륙한 해병대는 일본군들과 설영대들이 사전 포격에 놀라서 정글 속으로 도망을 가버려서 거의 무혈 상륙을 했다. 다음날 목표인 비행장을 점령하고 일본군들이 남겨두고 간 무기와 탄약, 식량, 건설장비, 트럭, 유류 심지어 제빙기 등을 노획하였고, 이후 이들을 귀하게 사용하게 된다. 미 해병대는 곧 바로 비행장을 완성하고 항공기를 가져와서 암호명 캑터스

과달카날에 상륙하는 미 해병대
(출처: 위키백과)

항공대를 운영했다. 이 캑터스 항공대는 과달카날 전투 기간 중에 핵심 역할을 담당했다.

미군이 솔로몬 제도에 상륙했다는 보고를 받은 라바울의 일본 제17군은 즉각적으로 반응했다. 뉴기니의 밀른 만의 호주군을 폭격하기로 한 다이난 항공대에게 급히 명령하여 솔로몬 제도의 미군 수송대를 폭격하게 했다. 이후 일본은 거의 매일 과달카날에 항공기를 보내어 폭격을 시도하였다. 그러나 성과 보다는 항공기 손실이 더 많은 소모적인 작전이었다. 라바울과 과달카날은 항공기로 편도 3시간 왕복 6시간의 거리인지라 과달카날 상공에서는 겨우 15분 정도

전쟁, 혁신, 사람 그리고 전략

체공하며 작전을 할 수 있었
다. 일본 항공기나 함정이 솔
로몬 제도의 슬롯이라는 해역
을 따라 남하하면 솔로몬 제
도 곳곳에 있는 연안감시대들
이 사전에 과달카날에 무선
연락을 하였다. 이들의 사전

과달카날 전투 기간에 찍은 헨더슨 비행장,
일본군의 포격 흔적이 보인다.
(출처: 위키백과)

경보를 받은 미군 전투기들은 미리 발진하여 유리한 고도에서 일본
항공기들을 기다리고 있다가 요격하였다. 과달카날 전투 초기에 미
국 항공기 조종사들은 신참이 많았고 전투기도 일본군의 제로기에
비해 열세였지만 연안감시대의 사전 경보 덕분에 공중전에서 밀리
지 않고 일본공군을 격파할 수 있었다.

일본은 과달카날의 연합군 해군을 절단내기 위하여 미가와 군이
치 제독이 지휘하는 제8함대를 출항시켰다. 제8함대는 중순양함 5
척, 경순양함 2척, 구축함 1척으로 구성된 강력한 전투 함대였다. 당
시 연합군의 잠수함과 항공기들이 수차례 일본 제8함대의 남하를
발견하고 과달카날로 보고했는데 이 정보들은 무시되었다. 제8함
대는 8일 밤에 과달카날에 도착하여 9일 새벽 1시에 연합군의 호위
함대를 습격하였다. 기습적인 공격으로 전투는 일본군의 일방적인
승리로 끝났다. 미국과 호주는 중순양함 4척이 침몰하고, 중순양함
1척과 구축함이 대파되었고 1,024명 전사, 709명이 부상을 당했다.
이 해전을 과달카날섬과 툴라기섬 중간에 있는 작은 섬인 사보섬의

이름을 따서 사보 해전이라고 한다. 미국 해군으로는 태평양전쟁 중의 최대의 패전이었다. 이 패배는 경계 소홀도 있지만 다른 문제도 있었다. 당시 미해군 일부 함정에는 레이더가 장착되어 있었지만 고급 지휘관들이 레이더 운영에 대해 미숙했고 레이더를 불신했다. 이처럼 아무리 좋은 혁신 기술을 도입했다고 하더라도 그 기술보다도 그 기술을 운영하는 사람이 더 중요하다는 것을 보여준다.

일본의 이가와 군이치는 전략적으로 더 큰 실수를 했다. 연합군의 전투함들이 침몰하거나 전투 불능이 되자 과달카날 해변의 미국 수송함들은 무방비 상태가 되었다. 그러나 군이치는 미국 수송함 공격을 포기하고 후퇴하고 말았다. 만일 그가 미국의 수송함들을 덮쳤더라면 초기 과달카날 전투는 전혀 다른 양상으로 진행될 수도 있었다. 군이치는 근처에 있는 미국 항공모함에서 발진할 항공기들이 두려웠다. 참모들의 만류에도 불구하고 그는 철수를 명령하여 날이 밝기 전에 미국 항공기의 비행 거리를 벗어나라고 했다. 하지만 이 당시 미국의 항공모함들은 프랭크 플레처 제독의 오판으로 이미 남쪽으로 철수하고 있었다. 플레처는 전날 일본 항공기들이 과달카날로 공격해오자 항공모함을 잃을지 모른다는 두려움에 사령관의 허가도 없이 솔로몬해역을 철수하고 있었다. 이로 인해 과달카날 해안의 미국의 수송함들은 고립무원 상태가 되었다. 하지만 일본 군이치 제독의 오판으로 일본함대가 미국의 수송함을 공격하지 않고 철수해버린 것이다. 이는 전략적인 실수이다. 일본의 더 큰 실수는 미국의 실수를 덮어버렸다.

전쟁, 혁신, 사람 그리고 전략

이처럼 일본군의 지휘관들은 미국과의 태평양 전쟁에서 몇 가지 이해하기 어려운 결정을 내린 사례가 있었다. 작전의 마지막 실행 단계에서 오판과 독단으로 작전을 중지시키는 경우가 많았고, 그 결과는 전투는 이겼지만, 전술에서는 실패하는 경우가 많았다. 일본은 산호해 해전에서 미국과 역사상 최초의 항공모함 대 항공모함 전투를 치렀다. 이노우에 시게요시 제독은 전투적으로는 판정승을 거두었지만 가장 중요한 목표인 포트모르즈비의 상륙을 포기했다. 결국 나중에 육로인 코코다 트랙을 통해 포트모르즈비를 점령하려다가 비참한 패전을 당했다. 진주만 습격 작전 시에 나구모 주이치 제독은 완벽한 기습으로 전투적으로 대승을 거두었다. 그러나 1,2차 공습 후에 3차 공습으로 유류창고와 수리시설을 공격하자는 부하들의 건의를 받아들이지 않고 철수하였다. 그 결과 미해군은 이른 시일 내에 전력을 복구시킬 수 있었다. 1944년 10월 레이테 해전에서는 구리타 다케오 제독도 레이테만에 상륙 중인 미국 수송함들을 분쇄할 완벽한 기회를 얻었지만 돌연 후퇴하였다. 결국, 레이테 해전에서 일본 해군은 처참하게 희생하고 그 댓가로 미국에게 필리핀을 쉽게 내주었다.

　　전쟁에서도 아군이 실수한다고 해도 적이 더 큰 실수를 범하여 승패가 다시 뒤집히는 경우가 있다. 작은 전투에서의 승리만 가지고 더 큰 그림을 보지 못하고 오판을 하는 것이다. 작은 것은 얻고 큰 것을 잃어버린다는 소탐대실의 전형적인 모습이다. 그만큼 리더들이 장기적인 큰그림을 볼줄 아는 전략적 사고가 없다는 것이다. 기업경영에서도 최고경영자가 명심해야할 부분이다. 최고경영자는 반드시 전략적 사고 역량을 키워야 하고 이를 바탕으로 장기적이고 폭넓은 사고를 할 줄 알아야 한다.

실수에 대해서도 생각해보자. 인간이기 때문에 누구나 실수는 있을 수 있다. 이는 상대방에게도 적용된다. 경쟁하다 보면 나의 작은 실수는 경쟁사의 더 큰 실수에 덮여버리고 반전이 일어나기도 한다. 내가 실수했다고 해서 아무런 조치도 하지 않고 포기하는 경우가 많은데 나만 실수하는 것이 아니라는 것을 알아야 한다. 인간이기 때문에 경쟁사도 언젠가는 실수를 하게 되어 있고 방심한 상태에 더 큰 실수를 저지르기도 한다. 그래서 항상 상황을 주시하고 올바른 정보를 얻기 위해 노력하고 실수를 만회하기 위한 노력을 해야하는 것이다.

적을 무시하면 안 된다. 전쟁이나 경쟁에서는 항상 최선을 다해야 한다.

맹수의 왕 사자도 하찮은 먹잇감을 사냥할 때 최선을 다한다. 힘으로 훨씬 우세하지만, 사냥에 실패하면 먹이를 구할 수 없고 먹지 못하면 자신의 생명이 위태로워지기 때문이다. 그런데 일본군은 다 이긴 전쟁에서 최선을 다하지 않았다. 더구나 자기들끼리도 시작부터 합심하지 못하고 의견일치를 보지 못한 상태에서 나태한 마음으로 시작했다.

일본의 육군부와 해군부는 미해병대의 과달카날 상륙에 대하여 각자 의견이 달랐다. 해군부는 미군의 목적은 과달카날을 영구 점령하려는 것이라고 보았다. 육군부는 과달카날이라는 지명 자체가 처음 들어보는 지명이었다. 육군부는 해군이 자기네들에게 알리지도 않고 과달카날이라는 곳에 전초 비행장을 건설하다가 미군에 뺏기고 나니까 도움을 요청하는 것이라고 생각했고 더 나아가 미드웨이 해전에서 격멸하지 못한 미기동함대와의 결전을 위하여 육군을 끌어들이는 것이 아닌가 의심도 했다. 또한, 육군은 뉴기니의 포트 모르즈비를 점령하는데 역량을 집중하는 중이었기에 과달카날이라는 곳이 귀찮기만 했다. 무슨 이유인지 상륙한 미국 병력을 2천 명 정도의 소규모 인원이라 판단했다. 실제 미군은 1만 5천 명 이상이 상륙했다. 이런 잘못된 판단으로 이치키 대좌가 이끄는 2천 3백 명을 라바울의 제17군으로 소속시켜 과달카날과 툴라기로 파견하기로 했다. 이치키의 부대 2천여 명이 선정되었을 때 해군부가 이 병력으로는 미군을 상대하기 힘들 것이라는 의견을 제시했지만 육군부는 충분하다고 큰소리쳤다. 이치키 대좌는 수송선도 부족했고 미국 잠수함의 공격도 감안하여 속도가 빠른 구축함을 이용하여 두 번에 걸쳐 나누어 상륙하기로 했다. 우선 8월 18일 이치

이치키 기요나오 대좌, 미군을 얕보고 후속 부대를 기다리지 않고 공격하다가 부대원들은 전멸당하고 자신도 자살했다.
(출처: 위키피디아)

키 대좌가 지휘하여 1진 916명이 과달카날의 미해병대 주둔지 동쪽에 상륙했다. 2진은 8월 22일 상륙하기로 했다. 구축함을 이용한 수송이라 중화기는 가져가지 못했고, 병사들이 휴대한 무기는 빈약했다. 사전 예행연습은 생략되었고 공략하기 위한 세밀한 계획도 없었다. 8월 20일 밤에 이치키 부대는 2진의 도착을 기다리지 않고 헨더슨 비행장의 동쪽 일루 강 방면으로 공격을 시작했다. 특별한 작전은 없었고 일본군의 장기인 야간 돌격으로 미해병대를 향해 돌진했다.

과달카날의 미국 해병대
(출처: 위키피디아)

미해병대는 연안감시대원과 정찰대를 통해 일본군의 상륙과 공격 방향을 미리 파악하고 만반의 준비를 하고 기다리고 있었다. 참호와 기관총, 포, 철조망으로 방어선으로 구축한 잘 준비된 방어선이었다. 이치키는 이런 것을 생각지도 않았다. 밤새 반복적으로 무모하게 돌진한 일본군은 전멸당했다.

사무라이 정신도 기관총 앞에서는 하나의 과녁에 불과하다. 이튿날 미군은 탱크와 항공기 까지 동원하여 역습을 가했고 이치키 부대는 전사 871명, 포로 15명으로 전멸했고, 이치키 대좌는 자살했다.

이치키 지대의 전멸 소식을 접한 일본은 포트모르즈비 공략이 1순위이던 목표 대신에 과달카날 공략을 1순위로 변경하였다. 이번 과달카날 공략에는 제35보병연대장 가와구치 기요다케 소장이 지휘

196

하는 가와구치 지대를 파견하기로 했다. 가와구치 지대는 제24연대를 추축으로 해서 구성되었고, 과달카날에 남아있는 패잔병들을 규합하여 약 8천 명으로 구성될 예정이었다.

가와구치 지대는 9월 7일까지 상륙을 마쳤고 먼저 도착한 주력은 그 전날 미해병대 방어선으로 출발했다. 하지만 가와구치 지대의 수송과 상륙 후의 상황은 불리한 방향으로 흘러갔다. 수송 병력의 일부가 미군 항공기의 공격으로 과달카날을 상륙하기도 전에 수장당했다. 상륙하여 보급품을 쌓아둔 후방 기지는 미군의 습격을 받아 대포, 탄약, 식량의

가와구치 기요다케 소장
(출처: 위키백과)

대부분이 파괴당하고 서류도 탈취당했다. 일본군은 보급품 부족으로 곤란을 겪게 되었다.

가와구치도 미군의 병력을 과소 평가했고 승리를 장담했다. 심지어 그는 미군의 항복을 받을 때 입을 예복까지 준비했다. 그는 미해병대 기지를 삼면에서 협공하기로 계획했다. 주공은 방어가 허술할 것으로 예산되는 남쪽을 정했다. 주공을 담당한 4개 대대는 비행장 남쪽으로 가기 위해 4일을 정글로 행군해야 했는데 이 때부터 가와구치 소장의 계획은 틀어지기 시작했다. 정글을 헤치고 가야 하기에 대포는 가지고 갈 수가 없었다. 낮에는 미군의 항공기 때문에 이동할 수 없었고 밤에 진군해야 하는데 고난의 연속이었다. 무덥고 습한 날씨, 한치 앞도 보이지 않은 캄캄한 밤, 길도 없고 고개를 넘고 강을 건너야 하는 행군으로 전열은 뒤죽박죽이 되었다. 공격대기

선에 도착하기도 전에 병사들은 이질과 말라리아로 쓰러지고 탈진으로 쓰러졌다. 일부 부대는 다른 방향으로 가버렸고, 일부는 시간 내에 도착하지 못하고 또다른 부대와는 통신이 안 되었다.

미군은 그동안 방어선을 강화하고 있었다. 툴라기에 주둔 중이던 병력을 과달카날로 불러들이고 1만 7천 명의 병력이 방어선을 구축하였다. 특히 일본의 주공이 남쪽일 것이라는 분석을 통해 이 지역에 메릿 에드슨 대령이 지휘하는 제1기습대대와 제1낙하산대대를 배치하였다. 참호와 철조망으로 방어선을 강화하고 기관총과 야포로 화집점을 조정하며 만반의 준비를 하였다.

가와구치 지대의 원래 공격 계획은 13일이었는데 피지 방면에서 미국 수송선이 출발했다는 정보를 접하고는 미군 증원부대가 도착하기 전에 공격하기 위해 공격일을 12일로 앞당겼다. 해군과의 지원 사격도 12일로 약속되었다. 그러나 정글을 헤치고 오면서 시간이 지체되었고 일부 부대는 제 시간에 도착하지 못했다. 13일로 연기를 요청하고 싶었지만, 가와구치는 결국 12일 밤에 공격을 명령했다. 일본군은 휴식도 취하지 못하고 공격 시점도 맞추지 못했지만 공격은 매서웠다. 특히 주공이 담당한 남부 지역의 전투는 그야말로 혈투였다. 일본군 주력과 에드슨의 부대가 혈투를 벌인 지역은 능선이 길고 좁은 지역인데 일본군은 지네 능선이라 불렀고 미해병대는 피의 능선이라 불렀다. 가와구치 지대의 공격은 15일 아침까지 이어졌다. 일본군은 거의 돌파할 뻔하고 미해병대는 무너지뻔한 아슬아슬한 상황까지 가기도 했다. 심지어 미해병대 사단본부까지 소수의 일

전쟁, 혁신, 사람 그리고 전략

본군이 도착하기도 했다. 14일 밤에는 일본군이 12회나 공격을 가했고 미해병대 포병대는 이날만 105mm 포를 무려 1천 9백발이나 쏘며 강철의 탄막을 만들며 방어에 결정적 기여를 했다.

피의 능선 전투는 일본군이 이길 수 있는 결정적 전투였으나 일본은 패배했다. 중화기의 도움 없이 경무장 보병만으로 반복 돌격한 가와구치 지대의 단순한 전술로는 철조망과 기관총 그리고 야포의 지원을 받는 미 해병대를 이길 수 없었다. 결국 가와구치 지대의 주력은 남쪽 방어선을 돌파하지 못했고 동쪽과 서쪽에서 공격하던 다른 부대들도 실패했다. 15일 아침이 되자 가와구치는 더 이상 공격할 여력이 없음을 인정하고 철수를 명령했다. 가와구치 지대의 공격은 과달카날 전투 기간에서 일본이 과달카날에서 승리할 수 있는 마지막 기회였다. 이후 9월 18일 제7해병연대 4천 명이 보급품과 함께 상륙하면서 미해병대의 방어선은 더욱 강화되었다.

이렇게 계속되는 오판과 미군을 얕잡아보는 일본군은 결국 다 이긴 전쟁을 패전으로 마무리하고 만다. 과달카날 전투를 몇 번씩 자세히 분석해봐도 마찬가지이다. 일본군은 우선적으로 적을 얕잡아 보고 최선을 다하지 않았고 잡은 기회조차도 활용하지 못하고 오판으로 놓쳐버리고 만다. 기업경영에서도 최고경영자가 명심해야할 부분이다. 항상 경쟁에서는 최선을 다한다는 마음가짐으로 경쟁사를 얕봐서는 안된다. 기업에 대한 자문과 컨설팅을 하면서 이런 오판을 하는 경영자들을 정말 많이 보았다. 다 잡은 기회를 말도 안되는 오판과 자만심으로 경쟁사에게 내어주고 마는 경우를 정말 많이 보았다. 계속되는 노조문제로 제대로 된 생산 활동을 못하던 기업이 있었다. 시장 2위의 지위를 가진 기업이었는데 바로 밑의 3위 기업이 계속 오판을 하면서 2위로 올라갈 수 있는 기회를 스스로 차버리는 경우를 보았다. 가만히 아무것도 하지 않아도 2위를 할 수 있었는데 욕심과 자만으로 어려워진 2위 기업을 얕잡아보면서 오판을 한 것이다. 리더는 조직의 자만과 욕심을 항상 경계해야 한다.

실패한 방법을 반복하다.

가와구치 지대까지 실패하자 일본 내부에서는 과달카날을 포기하자는 의견이 있었다. 체면을 구긴 육군부는 오기가 발동하여 다시 한번 더 과달카날을 공략하기로 했다. 대본영은 이치기 지대와 가와구치 지대의 실패를 분석하여 공격방법을 개정했다. 먼저 상륙한 부대가 섣부르게 먼저 공격하는 것이 아니라 후속 부대를 기다려 병력을 늘리고, 우회 공격이 아닌 정공법을 택하고 야포와 항공기가 합세하는 합동작전을 구상했다. 두 개 사단이 필요하다고 판단하여 제2사단과 제38사단을 제17군에 소속시켰다. 그러나 일본군의 승리병은 이때도 작동했다. 제17군 사령관 하쿠다케 하루요시 중장은 전력증강이 더 필요하다는 가와구치를 패배주의에 빠진 지휘관으로 낙인찍고 그의 의견을 무시했다.

하쿠다케의 승리병과 오판은 이후에도 계속되었다. 그는 미해병대 병력을 7천 5백명 수준으로 판단했다. 대본영은 2개 사단으로 과달카날을 공략하라고 했지만 하쿠다케는 제2사단을 주력으로 하되 제38사단은 2개대대만 동원했다. 제38사단의 주력은 훗날 뉴기니 공략에 동원하기로 하고 라바울에 남겨두었다. 이때 제38사단의 주력이 포함된 완전편제로 과달카날에 상륙했더라면 이후 전투의 양상은 달라질 수 있었다. 일본군의 승리병과 적을 얕보고 축소 투입하는 실수가 또 다시 반복된다.

일본은 이번 공략을 위해 보병 약 1만 7천 5백 명, 화포 약 176문 그리고 충분한 탄약과 식량을 준비하였다. 문제는 역시 보급수송에서 발생했다. 병력 대부분은 구축함으로 수송하여 무사히 과달카날에 상륙했다. 야포와 탄약, 식량과 나머지 병력은 수송선 6척을 동원하여 수송하기로 했다. 이들 수송선들은 항공기와 해군 함정의 엄호하에 10월 15일 과달카날에 도착하여 양륙을 시작했지만 도중에 미군 항공기들의 공격을 받았다. 수송선 3척이 침몰하고 3척은 양륙을 끝내지 못하고 철수했다. 이미 양륙한 보급품들은 17일까지 정리되지 못하고 야적장에 산더미처럼 쌓여 있었다. 이 날 아침 미해군의 구축함 두 척이 해안에 접근하여 보급품들을 향해 불을 뿜었다. 5인치 포를 무려 2,000발이나 쏟아부었고 잠시 후에는 항공기들도 몰려와서 폭격에 가세했다. 이 폭격으로 탄약과 식량 대부분이 불탔다. 야포 포격으로 정공법을 펼치기로 한 계획은 수포로 돌아갔다.

이 기간에 미군도 증원했다. 10월 13일 육군 제164보병연대 2천 8백 명과 항공요원 210명이 보급물자와 함께 무사히 도착했다. 이로서 과달카날과 툴라기의 미군은 하쿠다케 중장의 짐작처럼 7천 5백 명이 아니라 2만 7천 7백 명에 달했다. 반데그리프트는 방어선을 개편하고 강화하여 일본군을 기다렸다. 한편으로는 니미츠는 과달카날 전투에 소극적인 남태평양해역군 사령관 곰리를 해임하고 후임으로 윌리엄 헐지 중장을 임명하였다. 평소 병사들에게 인기가 좋았던 헐지의 임명은 병사들의 사기를 한껏 올렸다.

야포를 상실한 하쿠다케는 정공법을 포기할 수밖에 없었다. 급하게 계획을 수정하여 병력을 양분하여 주공을 남쪽에 두고 조공을 서쪽에 두기로 했다. 하지만 급하게 계획을 변경하니 여러 변수가 생겼다. 우선 주공을 남쪽으로 이동시키기 위해 공격일을 10월 18일에서 21일로 변경했다. 주공이 남쪽으로 이동하자니 정글을 헤치고 가야 하는데 정글의 행군은 계획을 수립한 참모들의 상상 이상으로 힘들다. 날씨는 덥고 습하다. 온갖 나무와 덩굴이 거미줄처럼 앞을 막고, 바닥은 이끼로 미끄럽고, 온갖 벌레들이 피를 빨아먹으려고 덤벼들고, 허리까지 빠지는 늪을 지나면 미끄러운 고개가 나타났다. 각 병사는 개인 무기와 탄약, 식량을 휴대하고 분해한 박격포의 부품과 포탄을 등에 지고 이동해야 했다. 병사들은 탈진하기 시작했고 박격포 부품이나 포탄은 버릴 수밖에 없었다. 물론 밧줄로 끌고 가던 야포도 버렸다. 무기는 소총과 기관총만 남게 되었다. 당연히 부대별 배치가 제때 이루어지지 않고 상호 통신은 원활치 못했다. 3차공격대는 가와구치 지대가 겪었던 고난을 다시 겪었다. 공격일은 24일로 더 연기되고, 이 와중에 주공의 우익대를 지휘할 가와구치가

전쟁, 혁신, 사람 그리고 전략

경질되었다.

일본군의 24일 저녁에 피의 능선 부근에 도착하여 그날 밤 공격을 시작했다. 공격은 단순하며 무모했다. 지원사격은 박격포 없이 기관총에만 있었고, 병사들은 대검을 착검한 소총과 수류탄을 휴대하고 미군의 방어선으로 돌격하는 방법이었다. 그들 앞에는 철조망이 가로 막고 있었고 미군의 기관총 사격과 무시무시한 포격이 기다리고 있었다. 24일 밤에 일본군 주공은 피의 능선에서 미군의 방어선을 뚫지 못하고 상당한 손해를 입었다.

탱크까지 동원한 서쪽의 조공은 마타니카우 강에서 강력한 미군의 화력에 막혔다. 일본군은 25일 밤에 다시 한번 더 총공세를 가했지만 결국 실패했고 심각한 피해를 봤다. 약 3천 5백 명이 전사하며 더는 공격을 할 수 없는 상태가 되어 결국 29일 철수했다. 가와구치 지대가 실패하여 정글로 철수하며 질병과 배고픔으로 쓰러졌듯이 제2사단의 생존자들도 같은 고난만이 남게되었다. 일본의 3차 공격은 가와구치 지대의 2차 공격의 복사판이었다. 험난한 정글 행군과 주공격 장소인 피의 능선, 중화기의 지원은 없었고, 무모한 야간 돌격 등, 실패한 방법을 반복했다.

왜 실패를 반복할까? 이것도 리더들의 아집이라고 할 수 있다. 자신들이 과거에는 성공한 방법이었기 때문에 직전에 실패했더라도 다시 하면 성공할 수 있다는 잘못된 믿음이다. 실패를 하고 난뒤 실패의 원인을 분석하고 그 원인을 수정하거나 제거하지 않으면 똑같은 실수가 반복될 수밖에 없다. 앞에서도 언급한 소 잃고 외양간 고친다는 속담에 대해서 다시 한번 이야기해보자. 이 속담은 실패하기 전에 조심해서 만반의 준비를 해야 한다는 것이다. 준비하지 않고 있다가는 큰 손실을 본다는 것이다. 그렇다면 소를 잃어버린 다음에는 어떻게 해야하나? 계속 외양간을 방치해야 하나? 그러면 다음에 들어오는 소도 또 잃어버릴 것이다. 우리는 잘한 것에 대해서는 너무 자랑만 하며 오만에 빠지고 못 한 것은 숨기려고만 한다. 기업에서도 실패사례보다 성공사례만을 챙겨보려고 한다. 성장하기 위해서는 실패를 공개하고 실패의 원인을 되새겨 볼 필요가 있다.

미국의 자존심을 회복하다.

일본은 3차 공격이 실패하자 4차 공격을 준비한다. 라바울에 남겨둔 제38사단의 주력 2개 연대를 과달카날에 파견하기로 했다. 증원군 약 1만 명과 과달카날에 생존해 있는 병력을 합치면 충분한 병력이라고 예상했다. 병력과 함께 50문의 중포와 탄약 8만 발, 3만 명의 1개월치 식량을 함께 수송하기로 했다. 그러나 과달카날의 미군도 증원했다. 11월 4일 제2해병사단의 8연대 4천 명이 항공요원들과 함께 상륙하였다. 캑터스 항공대는 항공기 숫자도 늘렸고 신형 기종들도 배치하였다. 원거리를 타격할 수 있는 155mm 대포도 도착하여 이제 과달카날의 미군은 병력과 항공기, 무기와 보급품 등 모든 면에서 일본이 쉽게 공격할 수 없는 수준이 되었다.

하지만 여전히 일본은 미국의 전력을 제대로 파악하지 못했고, 미국이 전략적으로 과달카날을 얼마나 지키고 싶어 하는지 모른 체 4차 공격대를 출발시켰다. 이전의 실수를 되풀이하지 않기 위해 중화기 지원 없는 보병만의 공격으로 실패한 경험을 바탕으로 대포와 탄약을 충분히 준비했다. 이를 수송하기 위해 수송선을 준비했고 호위 함대를 배치했다. 제공권을 뺏긴 경험을 살려 헨더슨 비행장을 무력화시킬 포격 함대도 준비했다. 이를 위해 11척의 수송선 부대와 전함 부대, 순양함 부대를 과달카날로 출항시켰다. 일본의 수송선단이 출발한 정보를 접한 미국도 이를 저지하기 위해 동원 가능한 함대들을 동원하여 과달카날에 파견했다. 과달카날 전투 중에서 분수령이라고 할 수 있는 과달카날 해전이 시작되었다.

첫 전투는 11월 13일 새벽에 벌어졌다. 아베 히로아키 제독이 지휘하는 전함 부대가 수송선에 큰 위협인 과달카날의 비행장과 캑터스 항공대를 포격하기 위해 접근했다. 전함에는 전함 혹은 항공모함으로 상대해야 하는데 당시 미해군은 근처에 두 종의 함대가 없었다. 터너 제독은 노먼 캘러헌 제독과 노먼 스콧 제독의 순양함 전대에 요격을 명령했다. 육상전투는 산 뒷편으로 후퇴하거나 땅을 파고 들어가 숨을 수도 있지만, 함대끼리의 전투는 탁 트인 공간에서 서로 펀치를 주고받는 난타전이다. 당연히 더 큰 대포와 더 두꺼운 철갑으로 방어한 쪽이 유리하다. 전함과 순양함의 전투는 주포와 방어력이 강한 전함이 절대 유리하다.

이 전투는 양측이 캄캄한 어둠 속에서 난타전을 벌였다. 서로가

월리스 리 제독, 과달카날 해전에서
승리를 거두며 일본군이 과달카날을
포기하게 만들었다.
(출처: 위키피디아)

치고 받고 때로는 아군을 오인 공격하는 식의 난타전이었다. 이날 미해군의 구축함들의 분전이 눈부셨다. 상대적으로 덩치가 작은 구축함들이 큰 손실을 입고도 일본 전함들에 근접하여 함포와 기관총을 쏘며 분전했다. 아베 제독은 미군에게 큰 피해를 줬지만, 미군의 기세에 질려 과달카날의 헨더슨 비행장 포격을 포기하고 후퇴를 명령했다. 주요 목표인 비행장 포격을 포기했기 때문에 다음날 일본의 수송함대는 캑터스 항공대의 집중 공격을 받아서 전멸당하여 과달카날 전투에서 균형의 추가 미군에게 기우는 계기가 되었다. 전투는 승리하고 전술적으로는 실패하는 일본 해군의 실수가 또 반복되었다.

한편 일본 해군에는 아직도 곤도 노부다케 제독의 순양함 부대와 미카와 군이치 제독의 중순양함 부대가 있었다. 이들 부대와 함께 일본 수송함대가 과달카날로 접근해오자 미국은 백악관까지 긴장하기 시작했다. 루즈벨트 대통령도 과달카날을 포기를 걱정할 정도였다 그러나 미국에는 항공모함 엔터프라이즈의 항공대와 캑터스 항공대가 있었다. 14일 두 항공대는 바쁘게 출격과 폭격을 반복했다. 조종사들은 식사할 시간도 없이 출격을 반복하여 일본함대들을 공격하였다. 결국, 상당한 피해를 본 미카와 함대는 견디다 못해 후

전쟁, 혁신, 사람 그리고 전략

퇴했다. 수송함대도 6척이 침몰하고 1척은 대파당해 회항했다.

일본은 남은 수송선 4척이라도 과달카날에 도착시키기 위해 계속 항진을 명령했다. 아베 제독의 잔존 함대를 흡수한 곤도 제2함대 사령관은 전함 기리시마와 중순양함 2척, 경순양함 2척, 구축함 9척을 이끌고 수송선 보호와 헨더슨 비행장을 포격하기 위해 동행했다. 이에 대항하여 미국은 전함 2척과 구축함 4척으로 구성된 제

미국 전함 워싱턴, 1942년 11월 14일 밤 과달카날 해전에서 일본의 전함 기리시마를 격침시켰다.
(출처: 위키백과)

64기동함대가 전투에 임했다. 지휘는 윌리스 리 제독이 맡았다. 곤도는 미국의 전함 두 척을 순양함 두 척으로 잘못 판단하고 쉬운 상대로 생각했다. 전투 초반은 일본군에게 유리하게 진행되었다. 곤도는 초반에 포격과 어뢰로 구축함 4척을 무력화시키고 전함 사우스다코타에 주포탄과 부포탄 26발을 명중시켜 전투불능으로 만들었다. 그러나 사우스다코타가 순양함이 아니라 전함이라는 것을 보고 놀라고 있을 때 전함 워싱턴이 나타나서 곤도 함대를 두들겨 패기 시작하자 상황이 급반전했다. 워싱턴의 주포는 16인치이며 철갑탄의 무게는 1.2톤이 넘는다. 워싱턴에서 발사한 철갑탄은 기리시마를 회생불능으로 만들었고 기리시마는 결국 침몰한다. 세계 해전사에서 귀한 전함 대 전함의 포격전은 워싱턴의 케이오 승으로 끝났다. 워싱턴의 출현에 놀란 곤도는 헨더슨 비행장 포격과 수송함 보호를 포기하고 후퇴하였다. 이제 미국이 제공권과 제해권을 다 가졌고

일본 전함 기리시마, 과달카날 해전에서
미국 전함 워싱턴의 포격으로 침몰하였다.
(출처: 위키피디아)

일본 수송선은 손쉬운 사냥감이 되었
다. 다나카 제독은 보급품을 조금이라
도 양륙시키기 위해 남은 수송선 4척
에게 과달카날 해안으로 돌진하여 해
안에 좌초하라는 고육지계 명령을 내
렸다. 그러나 15일 날이 밝자 미국 항
공기와 구축함들이 몰려와서 수송선
을 모두 수장시켜 버렸다. 과달카날 해전에서 일본은 전함 2척, 중
순양함 1척, 구축함 3척이 침몰하고 항공기 50대가 추락했다. 무엇
보다 수송선 11척 모두 침몰 및 회항하면서 준비한 무기와 탄약,
식량 등 보급품 거의 100%를 상실하였다. 병력은 1만 명 중 4천여
명이 상륙에 성공했는데, 중화기도 식량도 없이 내렸다. 기존 부대
들에게는 그렇지 않아도 식량이 부족한 판에 사람 수만 더 늘어난
셈이다.

이제 일본이 과달카날을 점령할 기회는 영원히 사라졌다. 남은
병사들은 공세에 나선 미군에 대항하여 오스틴 선에서 격렬하게 싸
웠으나 상대가 될 수 없었다. 결국, 일본은 1943년 2월 1일에서 7일
사이에 미국 몰래 구축함 20척을 동원하여 생존한 병사들을 철수시
켰다. 이로써 미국과 일본이 6개월 간 혈투를 치른 과달카날 전투는
막을 내렸다.

일본은 과달카날에 병력 3만 2천 명을 투입하여 사망과 행방불
명이 2만 명이 넘었다. 이 중에는 전투 사망이 아니라 열대성 질병

전쟁, 혁신, 사람 그리고 전략

과 굶어서 사망한 숫자도 제법 많이 포함되어 있다. 해군은 함정 56척이 침몰, 115척이 손상을 입었다. 항공기는 무려 850기를 잃었다. 이 손실은 당시 일본의 국력으로 쉽게 보충할 수 있는 것이 아니었다. 결국, 일본은 과달카날 전투 이후로 공격의 주도권을 상실하고 수비에 급급하게 된다.

1941년 12월 진주만 기습으로 시작된 태평양전쟁은 초반 내내 일본이 주도권을 잡고 있었다. 일본군의 공세에 밀리던 미국은 미드웨이 해전에서 일본군의 창날인 기동부대를 격파하며 한숨을 돌렸다. 과달카날 전투에서는 6개월 동안 일본군에게 소모전을 강요하며 결국 전투에서 승리했다. 한편으로 전략적으로도 호주와의 보급선을 지켜 반격의 발판을 준비할 수 있게 되었다. 이제 승리의 추가 미국으로 기울어졌다.

과달카날 전투 시작 시점 당시에는 분명 일본군이 강했고, 유리하였다. 하지만 부대를 이끄는 장군들의 연이은 오판으로 순식간에 전세가 뒤집혔다. 과달카날 전투는 많은 것을 시사한다. 우선 지피지기의 중요성이다. 일본은 정보에 취약하여 미군의 숫자와 전력 파악에 실패했다. 전투에 앞서서 기본이 적의 전투력을 파악하는 것이다. 기업경쟁에서도 마찬가지이다. 경쟁사의 자원과 강약점이 무엇인지를 파악하는 것이 기본이다. 그리고 수 싸움에서도 일본은 미국에 밀렸다. 한수 앞을 내다보는 미국과 그렇지 못하고 근시안적인 시각을 가진 일본의 전투에서 당연히 미국이 승리하였다. 미국은 진주만의 치욕을 씻고 자존심을 회복하는 계기를 만들어낸 전투가 과달카날 전투이다.

승패의 원인

이 장에서는 지피지기의 중요성을 이야기 하였다. 그리고 지피지기를 통해 나의 장점과 적의 약점을 잘 파악한 뒤 장기적인 목표를 세우고 이를 달성하기 위해 단기적인 전술을 수행하는 것이 바람직하다는 교훈이다. 또한 나를 잘 안다는 것은 내가 지난 일에 대해 반성하고 더 잘할 수 있는 준비를 한다는 것과 같다. 자신을 돌아볼 줄 모르고 과거에만 집착하여 현재를 깨닫지 못하면 관성의 늪에 빠지고 만다. 일본군은 이러한 승리병에 빠져버렸고, 미군은 목표를 잘 설정하고 이를 장기적으로 추진하는 것에 집중하여 결국은 전쟁에서 승리하였다. 또한 일본군은 같은 실수를 반복하면서 여러 가지 유리한 상황을 불리한 상황으로 몰아가면서 스스로 자멸하고 만다. 손자가 말했듯이 지피지기면 백전불태이다. 적어도 적을 알고 나를 알면 내가 위태로워지지는 않는다는 말이 맞는 것 같다. 적을 제대로 몰랐기 때문에 스스로를 어려운 상황으로 몰고 간 것이다.

전쟁, 혁신, 사람 그리고 전략

일본군의 패배 원인

1) 큰 그림(전략)의 부재

과달카날 전투를 진행하면서 미국과 일본은 전투를 결정하고 수행하는 과정에서 많은 차이를 보였다. 미국은 일본과의 전쟁에서 대통령과 합동참모본부, 육－해군이 하나의 대전략으로 움직였다. 미국의 최종 목표는 일본의 본토에 상륙하여 항복을 받는 것이고, 호주를 거점으로 솔로몬과 뉴기니를 통해 북상하여 먼저 일본의 라바울을 점령하는 것이었다. 미국은 육군과 해군은 이 대전략을 달성하기 위하여 각종 작전을 펼쳤다. 제일 먼저 과달카날에 일본군이 비행장을 건설한다는 정보를 접하고는 신속하게 공격 지역을 변경하여 과달카날을 우선 점령하고 디딤돌로 삼아서 라바울로 진격하기로 했다. 미국은 과달카날이 중요했고 과달카날을 지키려고 총력을 다했다.

미국은 대전략뿐만 아니라 지휘체계가 명확했다. 단일 지휘체제 아래서 해군과 해병대, 항공대, 육군이 합동으로 6개월 동안 전력을 다했고 끝내 승리하였다. 상륙 초기에는 보고와 지휘에 약간의 혼선이 있었지만, 시간이 경과할수록 이 지휘체계에서 전투가 일사분란하게 진행되었다. 니미츠는 인력과 무기, 보급품을 최대한 지원하였고, 특히 초기에 남태평양 사령관 곰리가 승리에 대한 의지가 부족하다고 판단되자 바로 헐지로 교체하는 강수를 통해 전군의 사기를 올렸다. 헐지는 과달카날 전역의 해군과 해병대, 육군, 항공대 들을 전체 지휘하여 승리를 거두었다. 그는 지상전 사령관들에게 "과달카날의 모든 일본군을 제거하라"는 한마디로 핵심 목표를 명확하게 정리해주었다. 그는 해군의 함대를 적극적으로 지휘하여 일본군의 증원과 보급을 차단하였고 반면 아군의 증원과 보급은 성공시켜 지상군이 우세를 유지하도록 했다. 반데그리프트 사단장은 정찰대를 운영하여 일본군의 동태를 파악하고 병력을 효율적으로 배치하여 압도적인 승리를 거두었다. 이처럼 지휘체계에서도 명확한 역할 분담과 확고한 명령체계하에 모든 군이 협력을 하여 승리를 이끈 것이다.

반면 일본군은 과달카날 전투를 치르면서 미국처럼 대전략에 의한 일사불란한 지휘체계를 보여주지 못했다. 일본에도 미국의 합동참모본부와 같은 대본영이라는 조직이 있었다. 태평양전쟁을 수행한 대본영은 1937년 노구교 사건 때 설립되어 종전까지 유지되었다. 대본영은 천황을 보좌하기 때문에 정부나 내각과는 독립적으로 운영되었고, 천황과 군부 사이에서 보고 및 재가를 담당했다. 조직 체계상 대본영은 천황의 지시를 받아 군사작전을 통제하는 역할을 해야 하지만 전통적으로 천황은 군사 실무에 깊게 관여하지 않았기 때문에 군정과 군령 업무를 담당했다. 그러나 대본영은 그렇게 효율적으로 운영되지 못했다. 대본영은 각 군을 통합 관리하는 곳이 아니라 육군과 해군이 서로 이익 다툼을 하고 각 계파들의 이익이 충돌하는 장소였다. 대본영은 합리적이고 체계적인 운영과는 거리가 먼

전쟁, 혁신, 사람 그리고 전략

곳이었다.

내부에 작전과가 있어서 천황에게 보고와 재가를 받는 곳이라서 실제적인 전쟁업무는 여기서 관리하였다. 그러나 대본영은 대전략을 수립하고 이를 통합적으로 관리하는 기능을 수행하지는 못했다. 육군과 해군이 대립하고 불신했기 때문에 합동작전은 서로가 회피했고 각군이 단독으로 실행하기가 예사였다. 게다가 육군의 관동군과 해군의 연합함대는 대본영을 통하지 않고 천황에게 직접 보고하기 일쑤였다. 게다가 육해군 내에서는 각 계파끼리 서로 불신하고 심지어 명령 불복종이나 월권 등이 있었다. 이런 분위기에서 미국처럼 국가적 전군 차원의 대전략은 있을 수 없었고 지휘체계도 제대로 확립되지 못했다.

과달카날 전투는 일본의 대전략에 의한 것도 아니고 대본영이 중앙 컨트롤 타워 역할을 한 것도 아니었다. 해군과 육군은 상호 협조보다는 따로 작전을 수행했다. 육군은 해군이 과달카날에 비행장을 건설하고 있는 사실을 전혀 모르고 있었다. 해군이 다급하게 도움을 요청했지만 육군은 당시 중일전쟁과 뉴기니 전선에 집중하고 있었기 때문에 별로 중요하지 않은 일을 떠 맡았다고 생각했다. 또 해군이 제공하는 미군 숫자 정보는 아예 믿지 않았고 자기들이 상상하는 유약한 미군만 생각하며 지상전을 준비했다.

해군은 대본영이 아닌 연합함대의 지시를 받았고, 연합함대는 초기에 과달카날에 전력을 다하지 않았고, 지상전은 육군에게 맡기고 통합작전을 할 생각도 하지 않았다. 지상군을 위한 포격 지원 작전이 몇 번 있긴 있었지만 전혀 손발이 맞지 않아서 큰 성과를 거두지 못했다.

미국은 과달카날의 중요성을 인식하고 대통령까지 나서서 힘을 실어주었다. 태평양 함대는 모든 역량을 쏟았고, 해군과 해병대, 육군은 단일 지휘체계에서 합동작전으로 승리를 했다. 이런 미국에 비하면 일본은 과달카날 전역을 관리하는 대전략도 없었고, 통합된 지휘체계도 없었다. 일본군들도 과달카날이 중요하다고 인식했고 간절히 미군을 몰아내고 차지하고 싶었다. 하지만 이것을 위한 대전략과 중앙 지휘체계가 없이 육군과 해군이 진행 상황별로 작전을 펼치고 심지어는 현장 지휘관들의 독단으로 작전을 실행하다가 실패했다. 현장 지휘관들은 적을 경시하고 창의성이 부족한 단순 공격법으로 일관했다. 대전략과 일관된 지휘체계의 부재는 6개월 동안 소모전을 치르게 하여 결국 여태까지의 공세를 상실하는 계기가 되었다.

일본군은 질 수밖에 없었다. 큰 그림 하의 대전략도 없었고 지휘체계도 문제가 있었고 육군과 해군간의 협력 또한 존재하지 않았다. 그리고 마음속에는 미군을 얕잡아보는 오만이 자리잡고 있었다. 이에 비해 미군은 대전략도 명확했고, 지휘체계도 확고하였고, 군대간의 협력도 매우 잘되었다. 또한 진주만 이후에 복수심에 불타오르며 강하게 정신을 무장하기도 했다. 이런 상황인데 결과가 어떻게 되겠는가? 눈을 감고 예측을 해도 미군이 승리할 것이라 말할 수 있을 것이다. 기업이 비즈니스를 하는 것도 유사하다. 최고경영층부터 아래 직급의 모든 종사자들이 한마음으로 단결하고 소통이 잘되어서

전쟁, 혁신, 사람 그리고 전략

일사 분란하게 행동으로 움직인다면 그야말로 백전백승일 것이다. 기업내부에서는 소통이 잘되어야 하고 외부적으로는 합심하여 협력하는 모습을 보여줄 때 고객들도 우리기업을 신뢰하고 믿음을 줄 수 있는 것이다.

2) 지피지기의 실패

손자병법의 지피지기는 동서고금을 막론하고 군사 지휘관이라면 알고 있어야만 하는 금언이다. 일본이 과달카날 전투에서 패배한 이유 중의 하나는 바로 지피지기에서 실패했기 때문이다. 일본은 먼저 지기 즉 자신을 아는데 실패했다. 진주만 습격으로 시작한 남방작전을 손쉽게 성공하자 일본군은 자신의 역량을 과신하게 된다. 그러나 여태 일본이 손쉬운 승리를 거둔 이유는 상대가 오합지졸 수준이었고 완벽한 기습 덕분이었다. 중일전쟁에서는 당시 중국이 경제적으로도 후진국이었고 그야말로 오합지졸인 국민당군을 상대로 거둔 승리였다. 남방작전에서는 전쟁 준비가 전혀 되어있지 않고 본국의 지원을 받지 못하는 영국군과 미군, 네덜란드군을 상대로 승리했다. 더구나 상대 부대원들은 거의가 현지 원주민으로 구성된 부대들이었다. 원주민 군대는 훈련은 물론이고 무기, 전투의지는 오합지졸 수준이었다. 이들과의 전투는 일본군이 이길 수밖에 없었고, 그 이유는 비대칭 전력 때문이었다. 그러나 연합군과 본격 전쟁을 치르게 되면서 일본은 자신들의 무기와 전술, 전쟁 수행능력이 상대적으로 얼마나 허술한 지를 모르고 본격적인 태평양전쟁에 돌입하게 된다. 즉 자신에 대한 파악이 덜 된 상태로 전투에 임하게 된다.

일본군은 그들이 얼마나 시대에 뒤떨어졌는지를 몰랐다. 일본군을 지배하는 패러다임은 사무라이 정신과 같은 무형의 정신적 요소를 중시했고 이는 백병전 사상으로 이어졌다. 일본군에는 사무라이 정신력으로 무장한 보병이 총검으로 돌격하여 백병전으로 전투를 끝내는 것이 전략과 전술에 스며들어 있었다. 육군의 전투는 당연히 보병 중심이었고, 지휘관들은 총검 돌격과 백병전으로 최후의 승리를 얻고자 했다. 이런 공격법은 중국 전선에서는 통했고, 태평양전쟁 초기에도 화력과 군기가 약한 상대들에게는 통했다.

문제는 일본군은 그 뒤의 현대전에서 전투을 치르면서 화력과 탱크의 위력을 경험하고도 총검돌격 사상에서 벗어나지 못했다는 것에 있다. 여전히 일본군은 전쟁의 전략적 수행 보다는 마치 사무라이들의 전투처럼 단기 결전을 선호하게 했다. 해군도 마찬가지였다. 전쟁의 전체 흐름을 보면서 전략적으로 자원을 운용하기보다는 함대결전 사상에 매몰되었다. 결국, 함대 결전을 노리다가 미드웨이 해전에서 패배했다. 잠수함들도 그랬다. 미 해군은 잠수함을 주로 전략적으로 활용했다. 일본의 전쟁 자원을 고갈시키기 위해 동남아에서 석유와 고무 등을 싣고 일본으로 가는 일본 수송선을 공격했다. 이로 인해 일본은 시간이 갈수록 물자 부족으로 전쟁 수행력이 약해졌다. 반면 일본 잠수함들은 주로 미국의 전투함들을 공격하는데 더 집중했다. 물론 미국의 항공모함까지 침몰시키는 전공도 있었지만 긴 안목을 가지고 전략적으로 운영하지는 못했다.

육군은 보병 위주의 전투 교리였고 보병과 전차, 포병, 항공기의 합동 전술을 개발하지 못했고, 현장의 지휘관들은 창의적인 전투 방법을 생각하지 못했다. 대본영의 고위 참모는 물론이고 일선의 지휘관들도 정신력을 강조하여 무모한 돌격 전술을 반복하여 목표 달성은 고사하고 의미없이 병력을 소진했다. 무기 개발조차도 시대에 뒤떨어졌다. 해군은 외국에서 들여온 기술로 현대적 항공모함, 전함, 잠수함, 함재기를 운영했지만, 육군은 그들의 무기가 시대에 얼마나 뒤떨어지는지 몰랐다. 탱크는 제1차대전 수준에 머물러 있었고, 소총과 기관총도 대전 중에 개량하지 않았다. 특히 자기들이 탱크 개발에 집중하지 않으니 대전차 무기에도 소홀하였다. 대전차 포나 대전차 지뢰가 없으니 사람이 폭탄을 짊어지고 탱크 밑으로 기어들어가는 방법 밖에는 없었다. 시간이 갈수록 현대화된 미군에게 밀리고 사상자 교환 비율은 1:30까지 치솟았다.

일본군은 지피에도 실패했다. 특히 육군은 자기들이 믿고 싶은 것을 믿었고 자기들이 하고 싶은 것을 했다. 일본 육군은 과달카날에 상륙한 미군을 2천 명 정도로 추측하고, 미군의 상륙 이유가 무력 정찰 정도로 생각했다. 일본군이 상륙하여 밤에 반자이만세를 외치며 돌격하면 미군의 방어선은 힘없이 무너지고 곧 과달카날을 포기하고 후퇴하리라 예측했다. 그러나 과달카날의 미군은 숫자와 무기, 보급품 조달 수준은 일본의 상상을 훨씬 뛰어넘는 수준이었다. 과달카날과 툴라기 지역에 미군은 증강된 해병 1개 사단이 상륙했고, 절대로 과달카날을 일본군에게 내어줄 의향이 없었다. 미군은 잘 구축된 방어진지와 기관총, 야포는 물론이고 탱크까지 갖추고 일본군을 기다렸다. 이런 미군 방어진지를 향해 일본군은 계란으로 바위를 치듯이 무모하게 총검을 겨누고 고함을 지르면서 앞으로 돌격했다.

이치키 지대는 조용히 기습공격을 해야 하는 야간에도 조명탄을 터뜨리고 함성을 지르며 왁자지껄하게 미해병대 앞으로 돌격했다. 그들 앞에 기다리는 것은 미리 준비한 미해병대의 철조망과 대포, 기관총이었다. 1차 돌격이 실패하면 원인을 분석하여 다른 방법을 찾아야 한다. 이치키 대좌는 융통성이나 창의성도 없이 2차, 3차 돌격 명령을 내리고 결국 모두 전멸했다.

가와구치 지대도 마찬가지였다. 그들은 주공 방향을 남쪽으로 바꾸었지만 중화기도 없이 경무기로만 돌격을 시도했다. 2차 돌격이 실패하면 창의적인 다른 방법을 찾아야 하는데 같은 방향과 방법으로만 돌격하다가 결국 실패했다. 하쿠다케 사령관은 미군은 약하다는 선입관을 버리지 못하고 가와구치의 전투의지와 정신력이 약해서 실패했다고 생각했다. 후타미 아키사부로 참모장이 2개 사단의 병력과 포병 5개 연대, 충분한 보급과 항공기 지원이 필요하다는 의견을 내자 바로 경질했다.

일본은 진주만 기습 때 항공모함 6척을 동원했다. 당시에 항공모함 6척을 동시에 한 전투에 투입하여 합동 운영 가능한 해군을 가진 국가는 일본뿐이었다. 이랬던 일본이 남방작전에서 손쉬운 승리를 거두자 기고만장해져서 적을 얕보게 되었다. 미드웨이 해전에서도

전쟁, 혁신, 사람 그리고 전략

항공모함이 부족하지 않았다. 상대에 대한 충분한 분석없이 상대가 약하다는 막연한 착각에 빠져 항공모함을 알류산에 분산 배치하여 미드웨이에서 대패를 당했다. 알류산에 보낸 항공모함 2척도 미드웨이에 파견하였더라면 결과는 달라졌을 것이다. 이렇게 미군을 얕잡아보고 선택과 집중을 하지 못하고 전력을 분산시킨 결과 패전하고만 것이다.

과달카날 전투에서도 그랬다. 과달카날 전투 초기에 일본 해군은 미국 해군을 압도하고 있었다. 미해군이 항공모함 4척 가용 가능할 때 일해군은 9척을 가지고 있었고 9월 15일 이후는 미해군은 운용 가능한 항공모함이 호넷 한 척뿐이었다. 9월 말경에는 일본군은 항모 5척을 남태평양에 배치하여 미해군을 압도하고도 남았다. 만일 이 항모 5척을 동시에 과달카날 전투에 투입했더라면 미군은 견디지 못했을 것이다. 일본 해군은 세계 최대 규모인 야마토와 무사시를 비롯하여 전함 9척을 가지고 있었고 순양함과 구축함도 미국보다 더 많았다. 그러나 일본은 과달카날에 전함 히에이와 기리시마 두 척만을 투입하여 전함도 잃어버리고 과달카날 활주로 포격도 실패하여 제3차 공격대와 보급품 양륙에 실패하였다. 만일 이 때 전함을 더 투입하였더라면 11월 14일 밤에 미국의 활주로와 캑터스 항공부대의 포격에 성공하였을 것이고, 증원과 보급을 성공했을지도 모른다.

1942년 하반기에 일본은 만주에서 소련을 견제하면서 중국과 전쟁을 치르고 있었다. 태평양에서는 버마까지 진출하여 인도의 영국군과 전투를 앞두고 있었고 남태평양에서는 뉴기니와 과달카날에서 전투를 벌이고 있었다. 당시 일본의 경제력과 군사력 수준으로는 이렇게 광대한 지역에서 동시에 역량을 집중하기에는 무리였다. 특히 병력과 보급품의 조달은 물론이고 이를 전투지역으로 이동시키는 보급 시스템이 부실했다. 욕심은 크면 자기 역량을 키워야 한다. 그러나 역량이 뒷받침되지 못하는 욕심은 재앙이다.

근본적인 패배의 원인은 지피지기의 실패이다. 자신을 아는 지기적인 관점에서 자신의 장점과 자신이 가진 역량에 대한 파악이 되어 있지 않았고 마음가짐도 계속되는 승전 속에서 나태해지고 적을 얕보는 마음이 강하게 자리 잡았다. 적을 파악해야 하는 지피의 측면에서도 정확한 정보 없이 감에 의한 의사결정을 하였고, 적의 강점과 무기가 어떤 것인지도 제대로 파악하지 못한 채 옛날의 전투만을 생각하고 정신력에 의존하는 전투를 치르려고만 했다. 총체적으로 모든 것이 잘못되었고 당연히 전쟁에서 패배한 것이다.

오늘날의 기업의 비즈니스 상황도 마찬가지이다. 경쟁이 치열해지면서 우리 기업이 가진 경쟁우위요소가 무엇인지를 잘 파악하고 상황분석을 통해 기회와 위기 분석을 잘해서 가장 적합한 타이밍을 찾아내야 한다. 그리고 적시에 모든 자원을 집중할 수 있는 선택과 집중을 잘해야 한다. 또한 경쟁사의 전략과 강점도 잘 파악하여 우리의 경쟁우위요소가 잘 작동할 것인지에 대한 분석도 해야 한다. 손자가 언급하였듯이 지피지기면 백전불태이다. 최소한 우리가 위기에 빠지지는 않는다. 반대로 잘하지 못하면 우리기업은 위기에 빠지고 말 것이다.

전쟁, 혁신, 사람 그리고 전략

미군의 승리 원인

1) 전 조직이 집중하다.

제삼자의 섬에서 두 국가가 전투하면 누가 이길까? 당연히 그 섬에 증원과 보급을 많이 한 측은 이기고 반대로 증원과 보급에 실패한 측은 패배한다. 일본과 미국 모두 잘모르는 제3의 장소인 과달카날 전투에서도 승리의 필수 조건은 병력의 증원과 식량, 탄약, 의약품 등 보급이었다. 이 핵심 목표에 성공한 미국은 승리했고 실패한 일본은 패배했다.

미군의 지휘관들은 모두가 과달카날 전투에서 승리하기 위한 핵심 요소가 증원과 보급이라고 인식했고 여기에 집중했다. 니미츠 제독은 과달카날을 직접 방문하여 현장을 파악하고 병사들을 격려했다. 그는 반데그리프트 사단장의 지원 요청을 흔쾌히 수락했고 그 이상을 지원해주었다. 헐지 제독도 함대와 항공기를 최대한 운용하며 과달카날의 보급에 집중했다. 또한 헐지는 일본군의 과달카날 증원과 보급을 막는 것에도 집중하여 성공했다. 과달카날 해전을 통해 일본군의 증원과 보급을 막자 일본군은 공격도 할 수가 없었고 굶주리는 거지떼로 전락했다.

미국은 지휘부가 핵심 목표에 집중하므로 전투는 통일된 방향으로 진행되었다. 해군은 과달카날 전투 기간 중 일곱 차례의 해전을 통해 큰 손실을 보았다. 사보 해전과 산타쿠르즈 해전, 과달카날 해전의 첫째날 전투, 타사파롱가 해전 등에서 미 해군은 많은 함선이 침몰하고 인력 손실도 많았다. 작전 가능한 항모가 한 척만 남은 순간도 있었다. 그러나 미해군은 일본 해군의 보급 상륙을 막았고 비행장 포격을 막았다. 해상에서 손실을 보더라도 일본의 증원과 보급을 방해하는 전술 목표는 달성했다. 이후 미군은 보병뿐만 아니라 포병과 전차 부대, 공병 부대도 함께 상륙하여 전투력에서 우위를 점하고 있었다.

과달카날 전투는 비행장 때문에 시작된 전투이고 비행장을 뺏으려는 일본과 지키려는 미국의 대결이었다. 비행장을 단시간에 가지는 방법은 직접 건설하는 것이 아니라 남이 건설한 것을 뺏는 것이다. 미국이 그랬다. 미국은 일본이 과달카날에 비행장을 건설하고 있는 것을 파악하고는 곧장 1개 사단을 투입하여 비행장을 점령했다. 이후 이 비행장을 활용하여 캑터스 비행대를 운영하여 제공권을 확보했다. 일본 항공기들은 라바울에서 이륙하여 1천Km를 비행하여 과달카날 상공에서 고작 15분 정도 작전을 할 수 있었다. 이에 비해 캑터스 항공대는 날이 밝은 시간대에는 언제든지 작전을 펼칠 수 있었다. 심지어 항공모함의 함재기들조차 이 비행장을 활용할 수 있었다. 미군은 이 캑터스 항공대로 공중전은 물론이고 함정을 폭격하고 지상전을 지원했다. 일본 함정들은 밤에 과달카날에 와서 포격을 하거나 보급품을 내린 뒤에 날이 밝기 전에 캑터스 항공대의 항속거리 밖으로 달아나야만 했다.

일본은 캑터스 항공대를 무력화하기 위하여 10월 13일 밤에 전

전쟁, 혁신, 사람 그리고 전략

함 공고와 하루나를 보내 14인치 함포로 800발 이상을 포격하였다. 14일 밤에도 다시 중순양함 2척을 보내 포격을 가했다. 이틀 밤의 포격으로 캑터스 항공대는 항공기 대부분이 파괴되고 항공유도 불 탔다. 활주로에는 포격 구덩이가 생겨 캑터스 항공대의 기능이 마비 되었다. 이 기회를 활용하여 일본의 수송선 6척이 타사파롱가 해안 에 도착하여 병력과 물자를 양륙하기 시작했다. 미군으로는 대포와 함정도 없고 이륙시킬 항공기도 없어서 발을 동동 구를 수밖에 없었 다. 그러나 다행히도 미군에는 플랜B가 있었다. 과달카날 점령 후 해군 공병대가 헨더슨 비행장 옆에 임시로 전투기 전용 비상 활주로 를 건설해 두었다. 이 활주로는 전투기 전용이라 거리도 짧고 마스 덴 매트를 깔지 않아 비가 오면 질척거렸고 풀이 자라서 일본군이 이 활주로를 전혀 눈치채지 못했다. 캑터스 항공대와 해병대는 신통 한 재주를 보여주었다. 항공기 정비병들은 파괴된 비행기에서 쓸만 한 부품들을 빼내어 덜 파괴된 비행기에 교체하는 식으로 긴급히 몇 대를 날 수 있도록 만들었다. 해병대는 보급품 양륙 때 손실 처리하 고 숨겨둔 항공유 드럼을 400통이나 찾아왔다. 캑터스 항공대는 부 랴부랴 항공기를 띄워 일본 수송선을 폭격했고 에스피리산투에서 날아온 항공기까지 합세하여 일본 수송선 3척을 침몰시켰다. 이미 상륙한 보급품도 구축함들과 불태워버렸다. 일본군은 중화기 대부분 을 상실하였고 이는 제3차 공세의 실패로 연결되었다. 식량도 상실 하여 제3차 공격 실패 후에 살아남은 많은 병사들이 굶주림으로 죽 게 된다.

과달카날 해전 후에 일본군은 더 이상의 공세는 포기하고 철수를 고려하기 시작했다. 그래도 과달카날에 남은 병사들에게는 양식을 수송해야만 했다. 그들은 기발한 방법을 생각했다. 드럼통에 식량을 채워서 속도가 느린 수송선 대신 구축함에 실어서 보내기로 했다. 식량 150kg을 채운 드럼통을 구축함 한 척당 200개 정도를 실기로 했다. 과달카날 근해에 도착하여 드럼통들을 그물로 묶어서 바다에 띄우면 육지의 병력이 배를 타고 나와서 갈고리로 인양해가는 방법이다. 얼핏 보면 기발한 방법이다. 그러나 세계최대 항공모함 부대를 운영하고 최대의 전함을 가진 일본군이 고작 이런 방법을 시도한 것 자체가 코미디였다. 이 방법은 암호를 해독한 미군의 해군 함정에 막히고 때로는 어뢰정들 때문에 실패했다. 일본은 구축함이 어렵게 되자 드럼통을 잠수함을 이용하여 수송하려고 했으나 미국의 어뢰정에 막혀 실패하고 포기하게 된다. 일본 해군은 속이 탔다. 육군에게 식량을 수송하느라 구축함들이 소진되고 있었다. 당연히 이 소모전에서 발을 빼고 싶을 것이다.

일본은 제2차 세계대전을 치르면서 보급의 중요성에 대해서 충분히 인식하지 못했다. 그들은 "정신력으로 극복" 혹은 "현지 조달"이라는 이상한 구호를 외치며 보급의 중요성을 외면했다. 중국 전선 같은 도시나 민가가 있는 지역에서는 현지 징발이나 약탈을 통해 가능하다. 그러나 태평양 전선은 민가가 거의 없는 정글 지역이었다. 보급이 안 되면 생존 자체가 안되는 곳이다. 탄약과 의료품이 없고 먹을 식량이 없으면 황군 정신도 필요 없고 사무라이 정신도 필요

전쟁, 혁신, 사람 그리고 전략

없다. 일본은 이후 벌어지는 뉴기니 전선과 임팔 작전 시에도 보급 실패로 참패를 당했다. 수많은 병사가 전투로 손실되는 것이 아니라 굶고 병들어서 죽었다.

반면 미국 지휘부는 대전략의 목표가 분명했다. 미국에는 과달카날의 의미는 아주 중요했다. 먼저 일본이 과달카날에 비행장을 완성하면 미국과 호주의 해상 교통로가 막힌다. 그리고 미국이 일본 본토로 진격하는 입구가 막힌다. 미국 지휘부는 일본이 과달카날에 비행장을 건설하는 것을 확인하자 바로 상륙하여 탈환할 것을 결정했다. 당시 미해군은 강군이 아니었다. 특히나 제1해병사단도 진주만 습격 이후 입대한 신병들로 구성되어 전투 경험이 전혀 없었다. 병력과 보급품의 운영 등에 관한 기술도 부족했다. 그러나 미국 지휘부는 과달카날의 전략과 전술적 중요성을 인식했고 즉시 공격을 했다. 만일 시간을 한 달만 늦추었다면 일본군이 비행장을 이용하여 미국의 접근을 어렵게 만들어 미국과 일본의 위치가 바뀌었을 것이다. 자칫 태평양 전쟁의 향방이 달라졌을지도 모른다.

일본은 연전연승의 신화에 도취하여 무모한 싸움에 나섰다가 급속한 몰락의 길로 접어든 것이다. 거기에는 거대한 자기 망상이 깔려 있다. 이처럼 과거의 성공 경험을 가지고 자기의 능력과 방법을 맹신할 때, 돌이킬 수 없는 결과에 이르기 일쑤다. 일찍이 〈손자병법〉에서도 그러한 과오를 경고했다. 지피지기 백전불태. 상대를 알고 자기를 알면, 백번 싸워도 위태롭지 않다. 출처를 알 수 없지만, 흔히 '지피지기 백전백승'으로 잘못 암송된다. 그러나 백전백승이 가능한가? 손자는 그의 병법서에서 허황된 믿음을 경계한다. 승패가 아니라 위태로워지지 않는 것이 중요하다고 가르친다. 이기고도 위태로워질 수 있다. 그렇다면 언제 위태로워지는가? 멈추어 서야할 때는 멈출줄을 알아야 한다. 흔히들 선을 넘지말라고 한다. 어떤 선을 넘어버릴 때 감당하지 못하는 상황이 벌어지는 것이다. 이처럼 경쟁에서 지피지기는 항상 승리만을 위한 것이 아니라 내가 위태로워지지 않기 위한 것이다. 소크라테스의 너 자신을 알라라는 말이 가슴 깊이 들어온다. 이 현자는 너 자신이 얼마나 무지한지를 깨달아야 학습에 진전이 이루어진다고 하였다. 내가 얼마나 모르는가를 알지 못하면 더 이상의 배움과 발전이 있을 수 없다는 것이다. 결국 현자들의 말은 상호 통하는 것 같다.

또한 전쟁에서의 전략이 기업 경영에서도 통하는 것과 마찬가지이다. 전쟁에서도 이기기 위한 목표를 세우고 자원의 효율적인 운영을 계획하고 실행한다. 기업경영도 유사하다. 기업의 장기적인 비전하에 전략을 수립하고 기업이 가진 자원을 활용하여 경쟁우위요소를 만들어나가는 것이다. 이를 바탕으로 자원의 수급과 생산 그리고 시장으로의 유통 등에 관한 공급망의 구축이 기업의 승패를 좌지우지 한다. 전쟁에서도 보급의 중요성이 여러번 강조되었다. 작전에 실패한 지휘관은 용서받지만 보급에 실패한 지휘관은 용서받지 못한다는 말이 있다. 그만큼 병사들의 사기와 목숨과 직결되는 것이 보급이다.

전쟁, 혁신, 사람 그리고 전략

손자병법: 동서고금 불문 두루 읽힌 병서

"싸우지 않고 이기는 것이 최상"이라고 강조하는 손자병법(孫子兵法)은 중국 춘추시대의 병서(兵書)다. 전쟁에서 승리하는 모든 비법을 망라한 책이다. 우리에게는 '상대를 알고 나를 알면 백 번 싸워도 위태롭지 않다(知彼知己 百戰不殆)'는 성구(成句)로 알게 모르게 익숙해져 있는 것이 바로 손자병법이다.

2천500년 전 탄생한 손자병법은 군사 교과서의 대명사로, 동서고금을 불문하고 두루 읽혔다. 마오쩌둥은 이 책을 늘 침대 곁에 두었고, 나폴레옹은 항상 지니고 다니며 읽었다고 한다. 제1차 세계대전에서 패전국이 된 독일의 황제 빌헬름 2세는 "만일 20년 전에 이 책을 읽었더라면 그렇게 무참하게 패하지는 않았을 텐데"라며 회한했다. 빌 게이츠나 손정의가 이 책을 경영 지침서로 삼는다는 것도 널리 알려진 사실이다. 이 병서에 들어있는 탁월한 전략적 사고는 국가와 기업의 운영에도 혜안을 주고 있다.

손자(孫子)는 춘추시대 제(齊)나라 장수 집안 출신 전략가인 손무(孫武)이다. 공자(孔子, 기원전 551~479)와 거의 동시대에 활동했다. 강력한 힘을 가진 나라가 힘없는 나라를 쳐부수던 혼란의 춘추시대를 배경으로 젊은 시절 그는 오(吳)나라를 강대국으로 키운 오자서(伍子胥)의 추천으로 오나라의 장수가 되어 여러 전쟁에 참여한다. 오나라 왕 합려(闔閭)의 신임을 받은 것은 물론 오자서와 뜻이 맞아 함께 오나라를 대국으로 성장시키는 데 중요한 역할을 했다. 손자는 전쟁을 일종의 프로젝트로 바라봤다. 전쟁을 이끄는 장수는 프로젝트를 관리하는 전문경영인이었다. 손자가 병서에서 가장 강조한 것은 전쟁에 나서는 사람의 가치관이다. 특히 군대를 이끄는 장군의 가치관을 중요하게 생각했다. 전쟁은 개인의 영욕이나 명예, 권력에 목적이 있는 것이 아니라 보민(保民)과 보국(保國)에 있다. 손자는 백성과 나라를 지켜야 한다는 소명의식을 가장 중요하게 생각했다. 병서를 줄줄 외우고 엄청난 지식이 있어도 소명의식이 없으면 장군감이 될 수 없다. 두 번째로 강조한 것이 전략이다. 전쟁에서 승리하기 위해 무기나 병력, 군량미도 중요하지만 가장 중요한 것은 전략이다. 그러면서 '지피지기'란 말을 한다. 전쟁은 대충하면 안 되고 철저하게 자신과 적을 분석해서 해야 한다. 언제, 어디로, 어떤 속도로 쳐들어갈지 전략을 짜서 해야 한다. 세 번째로 전쟁의 승패는 결국 구성원이 꿈과 비전을 얼마나 공유하는가에 달려 있다고 강조한다.

〈참고 및 출처〉 연합뉴스. 2017. 07. 11

전쟁, 혁신, 사람 그리고 전략

06

공격이 최선의 방어:
과감한 역공으로 전환점(Turning Point)을 만들다 –
스탈린그라드 전투

최선의 방어는 공격이다.

실리가 아닌 명분에 집착하다.

끓는 가마솥이 된 시가전

지휘관의 오판으로 병사들만 고생하다.

대군이 파멸하다.

승패의 원인

독일군의 패배 원인

소련군의 승리 원인

06 공격이 최선의 방어: 과감한 역공으로 전환점(Turning Point)을 만들다 – 스탈린그라드 전투

최선의 방어는 공격이다.

비즈니스 세계는 보이지 않는 전쟁과도 같다. 보이지 않지만, 그 안에서는 무수한 정보 수집과 전략을 세워 그 업계에서 살아남기 위해 다들 고군분투한다. 장군이 전쟁터에 갑옷을 입고 검을 차고 나간다면 기업의 직장인들 역시 갑옷 대신 양복을 입고 검 대신 노트북을 챙겨 나간다. 생사가 갈린 전쟁에서 승리하기 위해서는 기선을 잡는 것이 매우 중요한데 마찬가지로 비즈니스에서도 선점은 중요하다. 선점하지 못했다면 먼저 발명했더라도 소비자들로부터 인정을 못 받는 사태가 벌어진다. 시장으로부터 인정을 못 받았다면 이는 곧 전장에서 죽은 것이나 다름없는 셈이다. 선점이라는 의미도 시장에서 기다리고 방어망을 구축한다는 것이 아니라 시장을 적극적으로 공략하기 위해서 미리 움직이고 조치를 취한다는 의미이다.

'최선의 방어는 공격이다.'라는 말처럼 주동적으로 먼저 상대방을 공격해서 기선을 잡는 것으로 〈손자병법〉에서도 적이 승리하지 못하게 하는 것이 바로 방어이며, 적에게 승리하는 것은 바로 공격이다. 그러므로 능히 자신을 안전하게 보전하면서 완전하게 승리할 수 있는 것이다.

현재 많은 기업이 위기에 처하는 것도 대개가 현재의 성공에 안주하고 빈틈을 보이다가 후발 주자들의 추격과 틈새 공격에 무너지는 경우들이다. 포지셔닝 기법으로 잘 알려진 세계 최고의 마케팅 전략가 잭 트라우트Jack Trout도 업계 1위 회사의 최고의 방어적 전략으로 경쟁사가 경쟁하려는 움직임을 보일 때 즉시 공격해 무력화시켜야 한다고 했다. 공격이 최선의 방어임을 강조한 것이다.

공격은 오자吳子가 말한 것처럼 신속하게 공격하고 지체하면 안 된다. 그것은 곧 주도권으로 연결되기 때문이다. 그래서 오자는 〈오자병법〉에서 "전투의 승패를 가늠하는 요소에는 네 가지가 있는데, 첫째는 기세"라고 꼽았다. 그 이유를 〈손자병법〉 허실虛失편에서 "적을 내가 조종하되 내가 적에 의해서 조종되지 말아야 한다"고 설명했다.

이처럼 전쟁의 핵심은 주도권 싸움 즉 기세 싸움이다. 전쟁과도 같은 비즈니스 세계 역시 마찬가지다. 경쟁사에게 먼저 공격해서 승부를 걸어야 한다. 만약 경쟁사로부터 선공을 당했더라도 후의 선으로 맞대응해 위기를 벗어나 주도권을 되찾아야 한다. 이것이 공격이

전쟁, 혁신, 사람 그리고 전략

최선의 방어라는 의미이다. 가만히 기다리고 수성을 하는 것은 안정적이 될 수도 있지만 기업의 생존과 성장에는 한계가 있는 것이다. 따라서 기업이 성장을 위해서도 무작정 수성하는 것보다 선공을 해서 시장을 선점하고 확보하는 것이 중요하다는 의미이다. 이렇듯 무한경쟁에 내몰린 대기업과 중소기업의 최고 경영자는 생존의 전략이 담긴 병법서를 필독해야 하지 않을까?

실리가 아닌 명분에 집착하다.

1942년 8월 23일 새벽, 스탈린그라드 서남방면 칼라치 북방의 돈 강 서편에서 독일 제16기갑사단이 부교를 통해 도강을 시작했다. 뒤이어 제13사단과 제60사단이 따르며 스탈린그라드를 향해 진격했다. 인류 역사상 단일 전투로는 가장 길고 참혹했던 스탈린그라드 전투가 시작된 것이다. 당대의 두 독재자인 히틀러와 스탈린이 자존심을 걸고 벌인 이 전투는 제2차 대전의 향방을 가른 가장 큰 전환점으로 알려져 있다.

히틀러는 1939년 9월 폴란드를 침공하고, 1940년 6월에는 프랑스를 비롯한 서유럽 전역을 손에 넣었다. 그리고 1941년 6월에는 300만 대군으로 소련을 침공하였다. 소련으로 빠르게 밀고 들어간 독일군은 12월에 모스크바 근교까지 진격하여 소련을 거의 무너뜨릴 뻔했다. 그러나 독일군은 소련의 가장 큰 무기인 강추위인 동장군과 소련군의 결사적인 항전에 부딪혀 모스크바 전선에서 후퇴하였다. 1942년 봄에 소련군이 대대적으로 반격을 했지만, 전열을 정비한 독일군은 게르치 반도 전선과 하리코프 전투에서 대승을 거두면서 소련군의 큰 출혈을 강요했다.

여름 작전을 앞두고 독일 장군들은 다시 모스크바 진격을 준비하고 있었다. 소련도 독일군이 다시 한번 더 모스크바로 몰려올 것으로 예상하였다. 그러나 히틀러는 많은 장군의 반대를 물리치고 남부의 곡창지대인 우크라이나를 점령하는 것과 카프카스의 유전 지대를 점령할 것을 명령했다. 창끝을 적의 심장이 아닌 손과 발로 변경한 것이다. 히틀러가 모스크바가 아닌 소련 남부를 목표로 정한 것은 전쟁을 계속하려면 곡물과 석유의 확보가 가장 중요하다고 판단한 듯하다. 오늘날 우크라이나 전쟁이 일어난 이곳은 2차 세계대전 때에도 매우 중요한 전략적 가치가 있는 곳이었다.

1942년 7월 남부집단군 사령부를 방문하여 직접 작전지시를 내리고 있는 히틀러. 유능한 장군들을 해임하고 자신이 직접 전략을 입안하고 지시하였다.
(출처: 네이버 지식백과)

1942년 6월 28일 히틀러는 소련 남부를 점령하기 위한 하계 대공세인 블라우 작전Blau, 청색 작전을 발령했다. 블라우 작전은 히틀러가 직접 구상하고 계획한 작전이다. 그는 남부지역을 담당할 군대를 A집단군과 B집단군으로 나누었다. A집단군의 주력은 제17군과 제1기갑군이었고, B집단군의 주력은 제6군과 제4기갑군이었다. 먼저 두 집단군이 돈

전쟁, 혁신, 사람 그리고 전략

강 만곡부에 거대한 포위망을 만들어 남부 지역의 소련군을 공격하고, 이후 A집단군은 주공으로 남쪽의 카프카스로 진격하고, B집단군은 동쪽의 스탈린그라드 방면으로 진격하는 계획이었다.

초기에 두 집단군은 초원지대에서 자신들의 장기인 전격전을 발휘하며 거침없이 진격했다. 넓은 초원과 옥수수 밭을 수백 대의 탱크와 장갑차들이 먼지를 일으키며 쾌속 진격하는 장면이 연출되었다. 하지만 히틀러는 자신감이 넘쳤지만 자기 아집에 빠져 있었다. 그는 자기의 작전에 반대를 표하거나 작전 수행이 조금이라도 마음에 들지 않는 장군은 바로 경질했다. 9월에 작전 수행방법으로 이견을 제기하는 A집단군 사령관인 빌헬름 리스트 장군을 해임하고 자신이 직접 사령관직을 맡았다. B집단군 사령관 폰 보크 장군도 교체했다. 히틀러는 세부적인 작전 목표와 전술에도 직접 관여하여 장군들을 혼란스럽게 만들었다. 7월 중순에 히틀러는 그동안의 결과가 기대에 미치지 못하자 독단으로 목표를 수정했다. 이 명령으로 A집단군과 B집단군은 서로 협력하지 못하고 각자 별도의 목표를 향해 다른 방향으로 진격하게 되었다. 전술에서 가장 좋지 않은 것이 힘의 분산인데 히틀러의 갑작스러운 명령으로 두 집단군은 혼란을 겪게 되었다.

당시 정황을 볼 때 독일에게 스탈린그라드는 반드시 점령해야 하는 전략적 요충지는 아니었다. 그러나 히틀러는 소련 최고 권력자인 스탈린의 이름을 딴 이 도시를 꼭 점령하고 싶었다. 히틀러는 스탈린그라드 점령은 소련 국민들에게는 사기 저하를, 자국 독일 국민들에게는 자신의 업적을 홍보할 기회로 보았다. 스탈린그라드에 대한 전략적 의미를 부여하자면 스탈린그라드는 카프카스 지역의 출입구와 같은 지형적 위치, 카프카스 지역의 자원이 모스크바로 이동하는 중간 거점, 터키 등 남쪽 지역으로 통하는 교통 요충지인 곳이다. 만일 스탈린그라드가 점령당하면 소련이 남과 북으로 둘로 나눠질 것이고 이는 사실상 전략적 패배와 같았다. 이런 의미에서 스탈린그라드는 소련에게 더욱 중요한 곳이었다. 자신의 이름을 딴 도시의 위기를 직감하고 정치적으로도 위기감을 느낀 스탈린은 특별 명령을 내려 스탈린그라드 사수를 준비했다.

8월 23일 독일군 제16전차사단은 동쪽으로 달려 스탈린그라드에 진입했고, 저녁 무렵에는 볼가 강둑까지 진격했다. 스탈린그라드는 이미 독일공군의 폭격으로 처참하게 부서져 있었고, 이미 폐허가 된 이 도시는 쉽게 함락되는 듯했다. 그러나 문제는 바로 다음에 발생했다. 이 도시를 점령하기 위해서는 최소 2개 보병사단이 필요했는데, 보병 사단들이 따라오질 못한 것이다. 전격전의 기본은 전차로 돌파구를 만들고, 연이어 보병부대들이 후속하여 전과를 확대하는 전술이다. 강한 돌파력과 기동 속도, 전차부대와 보병부대의 연계가 전격전의 핵심인데, 제6군의 보병사단은 전차사단을 따라잡질 못했다.

이날 스탈린그라드는 거의 무방비 상태였다. 만일 독일 제6군의 보병이 함께 쇄도했더라면 스탈린그라드는 쉽게 무너졌을 것이다. 독일군이 절호의 기회를 놓친 이유는 다름 아닌 제6군 사령관인 프

전쟁, 혁신, 사람 그리고 전략

리드리히 파울루스 대장 때문이었다. 그는 전형적
인 참모 출신으로 야전 지휘를 해 본 적이 없는 히
틀러의 추종자였다. 히틀러는 따지고 덤비는 지휘
관들을 해임하고 자기 명령을 무조건 따르는 심복
인 파울루스를 최고 사령관 자리에 임명한 것이다.
야전 지휘관은 참모가 데이터를 바탕으로 제안하
는 의견을 종합적으로 판단하여 과감히 결단하고
추진을 명령하고 독려하는 위치이다. 하지만 파울

프리드리히 파울루스 장군
(출처: 위키피디아)

루스 장군에게는 이런 능력이 부족했다. 파울루스 장군이 결단을 내
리지 못하고 시간을 소비하면서 스탈린그라드를 쉽게 점령할 기회
가 날아갔다. 전쟁에는 시간이 중요하다. 내가 준비할 시간을 가지
면 상대도 그 시간에 준비한다.

또한, 기본적으로 실리를 추구해서 효과적으로 전략적 요충지를
점령하고 전쟁을 끝내야 하는데 히틀러는 너무 명분 싸움에 집착하
였다. 명분은 물론 중요하다. 하지만 실리를 취할 수 있다면 순간적
인 명분은 양보할 만하다. 최고경영자는 이런 점을 명심해야 한다.
최근의 비즈니스 경쟁 상황에서 어느 때보다 양적인 성과보다 질적
인 성과를 중요시한다. 이전에 기업의 최고경영자들이 중요시했던
시장점유율이라는 양적인 성과 보다는 수익성 혹은 생산성이라는
질적인 성과가 기업경쟁력에 있어서 더욱 중요하게 다루어진다. 우
리가 시장 1위 기업이라는 양적인 것보다는 실질적으로 수익이 많
이 나고 있다는 질적인 것이 더욱 중요하다는 것이다. 기업의 우선

순위도 실리이다.

또한, 전쟁에서 승리하기 위해서는 병력과 물자 등의 자원을 배분하는 것도 중요하지만 병력 자체를 이끄는 리더를 운용하는 것이 더 중요하다. 히틀러는 이런 관점에서는 낙제점을 받았다. "인사는 만사"라는 말이 있다. 전쟁과 기업경영 모두에서 사람의 역할이 가장 중요하다. 특히 리더의 역할은 결과를 바꿀 수 있을 만큼 중요한 것이다.

끓는 가마솥이 된 시가전

스탈린그라드의 트랙터 공장, 이후 이 공장은 치열한 전투장이 되었다.
(출처: 위키피디아)

8월 25일 독일군은 스탈린그라드 포위망을 완성하고 소련군을 동쪽의 볼가강으로 밀고 나갔다. 이후 전투는 치열한 시가전으로 펄펄 끓는 가마솥으로 변했다. 9월 12일 오후 늦게 볼가강 동쪽에서 스탈린그라드 방어를 책임진 소련 제62군의 새로운 사령관 바실리 추이코프 장군은 겨우 배를 구해서 스탈린그라드 시내로 들어와 사령부에 도착했다. 사령부라야 임시로 판 참호에 탁자 하나와 여자 교환수, 소장 한 명이 있는 곳이었다. 형편없는 군사령관의 취임식이었지만 추이코프로 인해 스

전쟁, 혁신, 사람 그리고 전략

탈린그라드 전투는 새로운 국면으로 접어들기 시작했다. 추이코프는 가난한 농촌 출신으로 붉은 군대에 입대하여 수많은 전투를 경험한 전형적인 야전 사령관이었다. 특히 그는 시가전을 수없이 치른 경험으로 도시에서 싸울 줄 아는 사람이었다. 추이코프 장군은 이러한 시가전 경험을 바탕으로 전술을 구상했다.

추이코프 장군은 먼저 무너진 군기를 확립하고, 16일부터 본격적인 시가전을 시작했다. 소련군은 독일군이 지금까지 듣지도 보지도 못한 방법으로 전투를 시작했다. 추이코프 장군은 정상 부대 편제를 무시하고 10여명 규모의 돌격대를 조직하여 각자가 알아서 싸우도록 하는 것이었다. 소수로 구성된 수많은 돌격대가 전선의 구별 없이 독일군 코 앞에서 싸움을 걸다가 불리하면 무너진 건물 잔해 사이로 사라졌다. 독일군은 항공기와 전차를 이

바실리 추이코프, 소련 제62군 사령관으로 스탈린그라드 전투를 지휘했다.
(출처: 위키피디아)

용한 합동작전과 정상 편제 단위의 전투에 익숙해져 있었다. 그러나 10여명으로 구성된 소련군들이 두더지처럼 무너진 벽과 하수도, 지붕, 다락방으로 옮겨 다니며 턱 밑에서 싸움을 걸어오자 독일군들은 당황하기 시작했다. 아군과 적군의 거리가 가까우니 포격지원이나 항공지원도 할 수가 없었다. 무너진 건물 잔해물만 가득한 폐허더미에서 탱크도 돌격할 수가 없어 독일군이 자랑하는 속도의 의미가 사라졌다. 소련군들은 신발에 헝겊을 감고서 소총, 수류탄, 곡괭이 심

지어 삽으로 무장하고 수류탄 투척거리에서 독일군을 공격했다. 아군과 적군의 방어선과 돌격선도 없고 그야말로 전 시내가 소규모 골목 싸움판으로 변했다. 잘게 나누어진 돌격대들은 별도 지휘관도 없고 전략이나 전술도 없었고, 상황에 따라서 스스로 싸우고 흩어지는 도시 게릴라식으로 전투를 진행했다.

추이코프 장군은 독일군의 장점이 무엇인지 또 그 장점을 무력화시키기 위해서는 어떻게 싸워야 하는지를 정확하게 파악하고서 싸움의 룰을 바꿔버린 것이다. 독일군들은 이런 소련군을 '쥐떼들', '반칙 전투'라고 욕했지만, 자신들이 엄청난 소모전에 휩쓸리고 있음을 눈치채지 못했다. 이런 전투 방식으로 추이코프 장군은 스탈린그라드의 90%가 독일군의 수중에 들어갔지만, 남은 10%를 처절하게 붙잡고서 독일군을 끝까지 물고 늘어졌다. 어떤 때

스탈린그라드에 진입한 독일군
(출처: 네이버 지식백과)

에는 독일군 전차가 그의 사령부 앞 700미터 앞까지 돌격해오는 상황에서도 그는 포기하지 않고 병사들을 독려했다. 이런 전투는 연일 계속되었고, 10월 초순이 되자 양군의 피해는 심각한 수준에 이르렀다. 독일군은 특별조치로 돌격공병단을 투입하고, 소련군은 최정예 제13친위사단을 투입하면서 양측은 인간 소모전의 블랙홀로 빠져들고 있었다. 스탈린그라드 시내는 양군의 거대한 무덤으로 변해가고 있었다.

전쟁, 혁신, 사람 그리고 전략

쌍방이 함께 심각한 피해를 보았
으나, 초조한 쪽은 독일이었다. 세계
최강이라는 제6군과 제4전차군이 진
흙탕에 빠져서 서서히 소멸되고 있
었다. 전투는 11월에 접어들었고 이
제 겨울이 와서 최저 기온이 영하
18도까지 내려가기 시작했다. 단기

스탈린그라드의 독일군
(출처: 네이버 지식백과)

간에 스탈린그라드 점령을 끝내고 B군단을 카프카스로 이동시키려
고 계획했던 히틀러의 '브라우 작전'은 이제 그 의미가 퇴색되고 있
었다.

발상의 전환은 어디서나 통한다. 전투하면서 상대방이 잘하는
방식으로 끌려갈 것이냐 아니면 전혀 생각하지 못한 방식으로 국면
을 전환하느냐 하는 것은 전투의 승패를 결정짓는다. 기업의 최고경
영자도 마찬가지이다. 모든 것이 알려진 방식의 판촉과 광고를 통해
경쟁사와 경쟁을 하면 바로 경쟁사도 유사한 방식으로 전환하여 대
응한다. 경쟁사가 따라하지 못할 혁신적이고 창의적인 방식으로 접
근하는 법을 연습하여야 한다. 방법은 기업내부에 있지 않고 기업외
부인 시장에 있다. 소련군이 스탈린그라드의 폐허가 된 지형지물을
이용한 것처럼 기업도 소비자가 있는 시장의 상황을 이용해야 한다.
소비자 관점에서 생각하고 소비자를 위한 제품을 개발하고 소비자
가 좋아하는 방식을 제공하는 것이야말로 시장의 방식을 따르는 것
이다. 기업이 잘하는 방법과 기업이 좋아하는 것은 오히려 해가 될

수 있다는 것을 명심해야 한다.

지휘관의 오판으로 병사들만 고생하다.

스탈린그라드의 독일군
(출처: 네이버 지식백과)

11월 19일 오전 6시 반에 소련군의 화포 3,500문이 일제히 독일군을 강타하기 시작했다. 2차 대전의 전세를 바꾸는 소련군의 '우라누스 작전Uranus'이 시작되었다. 추이코프 장군이 독일군 23개 사단을 물고 늘어지고 있는 동안, 소련군 최고사령부 스타프카STAVKA는 히틀러가 상상도 못 한 대담한 전략을 구상하고 있었다. 즉, 소련 전역에서 대병력을 끌어모아 스탈린그라드를 포위하고 있는 독일군을 역포위하여 전멸시킨다는 대담한 도박을 준비했다. 추이코프 장군에게 스탈린그라드를 끝까지 물고 늘어지게끔 한 이유도 여기에 있었다. 소련 전역에서 병력을 동원하여 이동시키려면 45일 정도의 시간이 필요했고 그 기간 동안 추이코프 장군이 독일군을 덫에 물고 있어야 했다. 추이코프 장군은 이 역할을 훌륭하게 수행했다.

소련 스타프카의 총사령관 대리 게오르기 주코프 장군은 독일군의 정찰과 첩보를 피하며 100만 명이 넘는 병력과 14,000문의 화포, 900대의 전차, 1,000대 이상의 항공기 등 천문학적인 병력과 무기

전쟁, 혁신, 사람 그리고 전략

를 독일군 몰래 감쪽같이 이동시켰다. 이 움직임은 추이코프 장군조차도 몰랐다. 그는 폐허가 된 도시의 10%밖에 남지 않은 땅을 끝까지 지키라는 명령을 완전히 이해하지는 못했지만 자기만의 방법으로 독일군 최고 강군을 물고 늘어져 스탈린그라드에 묶어 두는데 성공하여 대전략을 성공시키는 핵심 목표를 달성했다. 반면 독일의 파울루스 장군과 히틀러는 소련군의 움직임에 대한 첩보를 들었으나 이를 무시하며 죽음의 미끼를 물고 있었다.

소련군은 남과 북에서 눈보라를 헤치며 눈사태처럼 독일 B집단군 측면을 후려쳤다. B집단군의 측면은 주로 루마니아군들이 담당하고 있었는데, 그들은 전투력은 물론이고 전투의지도 허약한 부대들이었다. 강력한 소련군이 이들을

역포위를 위해 진격하는 소련군
(출처: 네이버 지식백과)

돌파하여 23일에는 독일군 주력을 그물망에 가두는 포위망을 완성했다. 여태 당하기만 한 소련군이 처음으로 엄청난 숫자인 약 25만 명의 독일군을 포위했다. 이 포위망을 만든 소련군은 독일군들이 알고 있던 이전의 오합지졸이 아니었다. 이들은 이전과는 다른 최신식 복장과 무기로 무장했고, 계급체계도 바뀐 군인다운 군인들이었다.

당황한 파울루스 장군은 히틀러에게 전략적 철수를 요청했지만, 히틀러는 항공기로 물자를 보급할 테니 현 위치를 사수하라고 명령했다. 전략적 후퇴라는 단어를 모르고 실리보다는 명분에 집착하는 히틀러에게 후퇴는 용납할 수 없는 일이었다. 파울루스 장군은 전체

판세를 읽는 전략적 안목도 부족했고, 참모들의 철수 의견보다는 히틀러의 명령을 따르기로 결정을 내리면서 제6군을 파멸의 지옥으로 몰고 가기 시작했다.

이 후 양군은 일진일퇴의 공방을 했으나, 독일군은 물자부족과 추위로 급속하게 위축되고 있었다. 1월이 되자 독일군은 급속하게 붕괴되기 시작했다. 식량부족으로 아사자가 속출하고, 추위로 하룻밤에 수천 명이 쓰러져 나갔다. 살아남은 병사들은 이가 들끓는 누더기를 겹겹이 걸치고 오물과 시체더미 속에서 먹을 수 있는 것은 모두 입 속에 넣었다. 심지어 가죽으로 만든 벨트나 신발까지도 먹었다. 그 상황에서도 히틀러는 현지사수라는 명령을 반복했고, 무능한 파울루스 장군은 아무런 계획도 없이 하루하루를 버티고 있었다. 반면 소련군의 공격은 날로 강도를 더해가며 독일군의 숨통을 조였다.

독일군의 사례에서 보듯이 리더가 무능하면 부하들이 고생한다. 리더는 무능하더라도 자신의 무능함을 인정하고 참모들의 조언을 잘 듣는 사람은 오히려 상황을 나아지게 할 수도 있다. 하지만 부하들의 조언도 듣지 않고 무능하고 고집이 있는 리더는 정말 최악이고 이런 지도자의 밑에 있는 사람들은 지옥을 경험 할 것이다. 오늘날 기업경영에서 핵심 인재와 차세대 리더 양성에 대해서 강조하면서 이들의 선발과 교육에 많은 노력을 기울이는 이유도 여기에 있는 것이다. 유능하고 소통능력이 있는 차세대 리더를 양성하여야 기업이 올바른 방향으로 나아갈 수 있는 것이다. 훌륭한 리더는 전략적 사고를 할 수 있는 능력도 있어야 하고 부하들과의 소통능력도 뛰어난

전쟁, 혁신, 사람 그리고 전략

사람이어야 한다. 능력이 있어도 소통이 안되는 리더와 둘다 안되는 최악의 리더는 되지 말아야 한다.

대군이 파멸하다.

해가 바뀌고 1943년 1월 31일, 소수의 참모를 대동한 파울루스 장군이 소련 제64군 사령부에 들어섰다. 파울루스 장군은 정식으로 소련군에 항복했다. 히틀러는 전날 파울루스 대장을 원수로 진급을 시켰다. 독일군 중에서 항복한 원수는 아직도 없었다는 것을 주지시키면서, 항복 대신 자결을 강요한 것이었다. 그러나 파울루스 원수는 자결대신 항복을 선택했다. 전략과 대책도 없이 25만 명의 부하를 포위망 속에서 소멸하게끔 만들고 정작 자신은 목숨을 구하고 항복을 선택한 것이다.

2월 1일 아침부터 전 독일 방송은 제6군이 스탈린그라드에서 전멸했다는 것을 보도했다. 라디오에서는 전황 보도와 함께 장송행진곡이 흘러나왔고, 독일 전국이 3일간 조기를 게양할 것과 일체의 음주가무를 금한다고 발표했다. 스탈린

독일군 포로 행렬, 9만명 중 종전 후
5천명만 살아서 돌아왔다.
(출처: 네이버 지식백과)

스탈린그라드에서 전사한 독일군, 전사
외에도 동사, 아사 등 비전투 사망도 많았다.
(출처: 네이버 지식백과)

그라드 전투에서 독일은 너무 큰 피해를 입었다. 독일군 20개 전투사단, 루마니아 2개 기병사단, 크로아티아 연대 6천명 등이 없어졌다. 총 25만에 이르던 대병력 중에서 일부 9만 1천 명만 살아남아서 항복했다. 이 포로들은 소련군의 가혹행위로 거의 사망하고 1955년 단지 5천 명 정도만 고향에 돌아왔다. 독일군의 입장에서는 정예 제6군이 없어짐으로써 소련전선에서 그 공백을 메우기가 어렵게 되었다. 또한 탱크 1,000대와 항공기 489여대를 상실했다. 이는 독일의 생산 능력으로는 복구가 힘든 수준이었다.

이 전투에서 소련군도 손실은 컸다. 약 100만 명에 가까운 인적 손실을 입었다. 그러나 소련은 인력을 얼마든지 보충할 수 있는 인구 대국이었기에 큰 문제가 아니었다. 대신에 전략적으로 그리고 정신적으로 큰 승리를 거두었다. 먼저 자신을 날카롭게 찔러온 독일 제6군을 전투서열에서 지우며 이제 전쟁의 균형을 맞출 수 있는 계기를 만들었다. 이 전투를 겪으면서 미숙하나마 전차와 보병의 제병합동 전술을 구사할 수 있었고, 지휘관들은 전투 현장을 지휘하는 방법을 터득하게 된다.

이후에 독일로 반격한 장군들은 물론이고 현장의 초급 지휘관들 중에도 스탈린그라드에서 전투 경험을 쌓은 장교들이 많았다. 추이

전쟁, 혁신, 사람 그리고 전략

코프 장군 이하 많은 장교들이 '스
탈린그라드 시가전 사관학교' 출신
으로 이후 독일군과의 전투에서 중
요한 역할을 담당하였다. 일반 병
사들도 마찬가지였다. 소련군은 스
탈린그라드에 참전한 병사들을 전
군에 분산 배치했다. 이들의 영웅

승리를 자축하는 소련군
(출처: 네이버 지식백과)

담이 전군에 퍼지고 스탈린그라드의 승리가 전 군에 확산되도록 했
다. 소련군 전체의 사기가 오르고 더 이상 독일군 공포증에 빠진 겁
쟁이 군대가 아니라 고향을 파괴하고 부모 형제를 살해한 원수들을
격파할 군대로 변하는 계기가 되었다. 스탈린은 이 전투를 계기로
전쟁은 주코프 원수를 비롯한 스타프카의 장군들에게 맡기고 자신
은 정치적으로 권력을 더 강화하는 계기를 만들었다.

　반면 히틀러는 전략적으로 중요도가 낮은 지역인 스탈린그라드
를 점령하려다 최정예부대를 잃어버렸다. 마치 장기판에서 졸卒을
먹으려다가 차車를 잃어버린 격이었다. 스탈린그라드 전투 이후 독
일군은 동부전선에서 밀리기 시작했다. 게다가 1941년 11월 아프리
카의 엘 알아메인 전투에서 롬멜 전투군단이 패하고, 미군이 아프리
카 튀니지에 상륙함으로써 영국과 소련 외에 미국이라는 거인을 상
대해야만 했다. 여태 일방적으로 우세한 전쟁을 치렀던 독일군이 아
프리카와 소련전선에서 연달아 패함으로써 이제 수세에 몰리기 시
작했다.

승패의 원인

독일군의 패배 원인은 히틀러라는 지휘자의 독단과 그 밑의 지휘관의 무능함에 있다. 히틀러는 실리보다는 명분을 앞세웠고 유능한 참모들은 배척하고 아부하는 부하들만 기용했다. 항공기와 대포로 적진지를 포격한 다음 탱크를 앞세운 기갑부대가 빠른 속도로 진격하여 적의 방어선을 돌파하고, 후속하는 보병들이 조직적으로 전과를 확대하는 것이 독일군들의 전투 방식이었다. 독일군 현장 지휘관들은 이러한 강점을 전혀 활용하지 못하고 소련군의 기상천외한 새로운 방식의 전투 방식에 말려들어 고전했다. 반대로 소련군의 승리에는 지휘관들의 우수한 작전과 창의적인 방식의 도입과 실행에 있다. 역시 가장 무서운 것은 무능하고 참모의 말도 듣지 않는 고집투성이의 리더이다. 그리고 소련군도 방어에만 집중하지 않고 결국은 전쟁을 끝내는 방법이 공격이라는 것을 잘알게 해주는 스탈린그라드의 전투였다.

독일군의 패배 원인

1) 혼자서 다 하다.

히틀러는 제2차대전에 다른 국가 정치 지도자들과는 달리 전술에 깊게 관여했다. 전쟁의 관리 차원을 넘어서 목표 선정과 전략의 입안, 심지어 부대의 배치까지 모든 것에 관여하였다. 히틀러는 1941년 모스크바 점령 실패의 책임을 물어 총사령관 브라우히치 원수를 해임하고 자신이 직접 총사령관에 올라 전쟁 전체를 지휘하였다. '브라우 작전'은 히틀러가 직접 구상하고 계획한 작전이다. 히틀러는 '브라우 작전' 중에 참모본부의 정보와 의견을 무시했고, 단기적인 목표에 집착하고, 일선 부대에 직접 명령을 내리며 혼자 바빴다. 그의 결정들은 모두가 실패로 귀결되었고 결국은 수많은 독일군들이 희생되었다.

히틀러의 첫 번째 실수는 잦은 지휘관의 교체였다. 조금이라도 마음에 들지 않는 지휘관은 바로 해임하며 지휘라인의 혼선과 장군들의 집중력을 흩트렸다. 남부집단군 게르트 폰 룬트슈테트 장군을 해임하고, 남부 집단군을 둘로 나누어 빌헬름 리스트 장군에게 A집단군을 폰 보크 장군에게 B집단군을 맡겼다. 얼마 지나지 않아 A집단군의 진격이 느리다는 이유로 리스트 장군을 경질하고 자신이 스스로 A집단군의 사령관을 맡았다. B집단군도 보크 장군을 경질하고 막시밀리안 바익스 장군으로 교체했다. 히틀러는 스탈린그라드 전투가 한창인 9월에도 총참모총장 프란츠 할더 장군을 자기와 의견이 맞지 않는다는 이유로 예편시켰다. 히틀러는 전쟁을 함께 수행해온 많은 참모와 지휘관들을 지나치게 자주 교체하면서 스스로 고립되었다. 이 때쯤 히틀러는 장교들과 식사를 하거나 악수조차 하지 않았다고 한다. 군인들에 대한 불신과 스스로의 광기에 갇혀서 정상적인 정신 상태가 아니었고 올바른 판단을 못하는 상태였다.

히틀러가 '블라우 작전'을 발령한 것은 소련 남부 지역인 코카서스 점령이 목표였다. 그는 코카서스의 유전지대를 확보하여 독일군이 사용할 석유를 확보하고 대신 소련군의 유류를 고갈시키려는 의도였다. 그러나 돌연 조공 역할을 할 B집단군에게 스탈린그라드 점령을 명령하여 남부집단군의 전력을 분산시켜 버렸다.

나의 힘을 모아서 상대의 약한 곳을 쳐야 하는 것이 전쟁의 기본인데, 히틀러는 이 기본조차 무시하고 전쟁을 자기가 지휘하려고 했다. 히틀러는 7월 중순에 B집단군 소속이던 제4기갑군에게 남쪽의 A집단군에 합류하여 로스토프 시간전을 지원하라고 했다. 포위망을 만들어 대규모의 승리를 노렸지만, 성과는 미미했다. 그 동안 B집단군의 제6군은 혼자서 스탈린그라드로 진격하고 있었지만, 힘도 달리고 보급도 어려워 진격이 늦어지고 있었다. 7월 30일 제4기갑군은 B집단군과 합류하라는 명령을 받았지만, 소련군이 합류를 방해하면서 고통스러운 소모전을 겪으면서 전력은 약해지고 있었다. B집단군의 진격이 늦어지면서 소련군은 스탈린그라드에서 전열을 정비하고 방어선을 강화하여 독일군과의 일전을 착실히 준비하고 있었다. 결국 히틀러가 스탈린그라드의 소련군에게 시간을 벌어준 셈이다.

히틀러는 전략적 승부 보다는 명분에 의해 스탈린그라드를 점령하려고 했고, 전투에도 깊이 관여했다. 그리고 재앙을 불러오는 결정을 골라서 했다. 스탈린그라드 전투의 치열함을 알려주는 말이 있다. "소련군의 평균수명은 24시간, 독일군은 매 7초마다 한 명씩 죽

전쟁, 혁신, 사람 그리고 전략

었다". 이미 독일군도 지쳤고 다시는 전진도 후퇴도 못 하고 매일 수백 명이 쓰러지고 있었다. 이때 히틀러가 또 명령을 내린다. 제6군의 포병 15만 명과 수송용 말을 후방으로 돌리고, 모든 기갑부대의 운전병도 보병으로 전환해 '최후의 전투'에 투입하라고 했다. 다른 장군들이면 무시할 명령이지만 히틀러의 추종자인 무능한 파울루스 장군은 그대로 따랐다. 이 조치로 제6군은 기동력이 약화되고, 포위망에 갇혔을 때 탈출할 기동력은 아예 없었다. 독일군의 장기인 기동력을 히틀러가 없애 버렸다.

블라우 작전은 최고 결정권자가 개인의 심리적 충동과 전략적 핵심 목표를 혼동하여 조직 전체를 실패로 이끈 대표적 사례이다 전쟁은 군인들이 수행하지만 전쟁의 시작과 끝에는 정치인들이 있다는 말이 있다. 전쟁 전략에 있어서 국가 차원의 대 전략에는 정치가 필요하지만, 군사 전략에 정치가 개입하면 전쟁이 혼란스러워진다. 히틀러는 자기가 집중해야 할 일과 전문가들에게 맡겨야 할 일을 구별하지 못했다. 히틀러는 제1차 대전에 상병으로 참전한 경험이 있다. 그는 상병의 경험으로 전쟁 내내 자신을 과대평가하여 군사작전에 과잉 개입했다. 마치 자신이 군사전문가인 것처럼 직접 지휘함으로써 전쟁을 혼선에 빠트리곤 했다. 히틀러가 제2차대전에서 패한 가장 큰 원인은 바로 히틀러 자신이었다.

기업경영에서 독불장군이 혼자서 하던 시대는 지났다. 특히 오늘날 기업간의 경쟁에서는 더욱 그러하다. 최고경영자가 독선적으로 의사결정하고 고집을 부려서 성공한 예는 극히 드물다. 이전에 경제

성장율이 높고 시장 상황이 괜찮았을 때는 그럴수도 있었다. 하지만 저성장과 인플레이션이 다가오는 불안한 시기인 오늘날에는 최고경영자라도 주위의 시선을 무시하고 단독으로 의사결정을 하기가 어렵다. 오늘날 기업은 예전처럼 단순하지가 않다. 시장도 국내의 한 지역이 아니라 글로벌 시장에서 글로벌 기업들과 경쟁을 하는 시대이다. 그래서 전략적 사고의 시각으로 넓게 보고 다양한 시각과 창의적인 아이디어를 창출하는 것이 중요하다. 이러한 것을 한사람이 다할 수 있다고 생각하는 것은 오만을 넘어서 실패의 지름길이다. 이제는 팀플레이가 중요하다. 한나라를 운영하는 대통령도 내각 구성을 잘하여야 하고 기업도 마찬가지로 관리자 구성에 신경을 써야 한다. 최근 기업에서도 부사장의 종류가 CMO, CFO, CTO 등으로 다양화되는 것도 전문분야가 세분화되고 중요해지고 있기 때문이다. 한사람이 모든 의사결정을 하던 시대는 지나갔다. 최고경영자는 기업의 꼭대기에서 넓고 포괄적으로 보는 눈을 길러야 하고 전문분야는 전문가에게 권한위임을 해야 한다. 이제는 전문가의 시대이다.

2) 장점이 단점이 될 수도 있다.

제2차 대전 초기 독일군 전술의 특징과 강점은 전격전이었다. 비행기와 포병으로 화력을 집중하고 전차와 기계화 보병을 통해 공간과 시간을 지배함으로 무수한 승리를 거두었다. Ju-87 슈터카 급강하 폭격기가 사이렌을 울리며 급강하 폭격으로 상대의 진지를 유린하면, 전차와 보병이 1Km 전방부터 집중 총격을 가하면서 상대를 강하게 압박하여 일순간에 방어선을 무력화시켰다. 그 다음에는 신속한 기동력으로 상대의 지휘부로 진격하여 지휘 중추를 마비시키거나, 우회 기동을 통해 배후를 차단하여 상대를 무력화시켰다. 이런 새로운 전투 방법에 구식 전투교리를 가진 서유럽 국가들이 맥없이 무너졌다. 소련도 스탈린그라드 이전 전투에서는 속절없이 당하기만 했었다. 하지만 전쟁에서 영원한 승리의 방법은 없다. 독일군의 이런 전투 방법이 통하지 않으면 어떻게 해야 할까? 스탈린그라드 전투에서 독일군은 이 상황에 직면했고 결국 답을 찾지 못하고 패배했다.

독일군의 강점이 없어진 첫번째 원인 제공자는 독일군 자신들이었다. 독일군은 8월 24일부터 폭격기를 동원하여 스탈린그라드를 맹폭했다. 모든 건물들은 불타고 무너져 거대한 폐허로 변했다. 건물 잔해더미로 도로는 없어지고 탱크와 차량이 기동 가능한 공간도 없어졌다. 보병들이 겨우 전진하면 건물더미와 하수구 속에서 소련군들이 수류탄을 던지고 총격을 가했다. 제압 사격을 하면 그들은 폐허 속으로 사려졌다가 등 뒤에서 다시 공격을 해왔다. 아군과 적과의 거리가 너무 가까우니 항공기와 포병의 지원사격 요청도 할 수 없게 되었다. 탱크가 공병의 도움으로 진격로를 개척하여 거북이 속도로 겨우 전진하여 모퉁이를 돌면 어김없이 조준선을 맞춘 소련군의 대전차 포가 기다리고 있었다.

비행기와 전차의 지원을 받지 못하는 독일 보병들은 소련군과 육박전을 해야만 했다. 소총과 수류탄 심지어 삽과 곡괭이 등 개인 무기만으로 치르는 근접전에서는 어느 한 편이 일방적으로 우세할 수가 없다. 병사 개개인의 전투 의지력과 무모한 용기가 우세를 결정했다. 게다가 소련군은 지리에 밝다는 이점을 지니고 있었다. 그들은 무너진 하수도, 지하실, 다락방, 지붕 등지로 이동하며 쥐떼처럼 나타났다가 사라지곤 하며 싸움을 걸어왔다.

자신들의 강점인 포격과 속도, 팀워크를 사용하지 못하게 된 독일군은 당황하기 시작했다. 이런 상황에서 사령관인 파울루스 장군을 비롯한 독일 지휘관들은 전혀 대책을 내놓질 못했다. 전장터가 좁은 시가전으로 바뀌고, 합동전투가 소부대 전투로 바뀌었고, 단기전이 장기전으로 변했음에도 불구하고 그들은 전투 방법에 변화를 주지 못했다.

전투가 소모전에 빠져들 때도 파울루스 장군은 어떤 리더십도 발휘하지 않았다. 10월이 되면 스탈린그라드에는 추위가 오는데, 파울루스는 독일 병사들의 동계준비와 볼가강 얼음을 통한 소련군의 보급선 연결에 대한 대비도 전혀 하지 않았다. 또한 소련군의 포위 이후에는 사수하라는 히틀러의 명령에만 얽매여서 전략적 철수는 시도조차 하지 않았다. 매일 아사자와 동사자가 속출하는 상황에서, 모든 참모들이 후퇴를 건의할 때도 그는 오직 히틀러의 명령에만 충실했다. 그는 상황 변화에 적극적으로 대처하는 능동적 리더가 아니라 오직 상관의 명령에만 따르는 꼭두각시형 리더에 불과했다.

결코 항복하지 않겠다던 그가 갑자기 태도를 바꾸어 항복을 했다. 파울루스 장군은 스탈린그라드를 사수할 능력도 없었고, 우선 탈출한 뒤 다음을 모색할 배짱과 창의성도 없었고, 장렬하게 생을 마감할 용기도 없었던 졸장부였다. 현장을 무시한 히틀러와 무능하기 짝이 없는 파울루스라는 현장 리더가 합작하여 스탈린그라드 패배라는 작품을 만든 셈이다.

전쟁은 계절, 장소, 환경에 따라 가장 적합한 전략과 전술을 찾아내야만 하는 고도의 전문 기술을 요구한다. 어제의 장점이 오늘의 단점이 될 수도 있고 상대의 장단점이 바뀔 수도 있다. 리더는 이렇게 변화하는 다양한 상황에 능동적으로 대처하고 신속한 적응력을 필요로 한다. 최근에 적응력Adoptability에 대한 연구가 활발하다. 너무나도 변화가 심하기 때문에 기업이 적응하는 속도가 따라가지 못하니 어떻게 하면 환경의 변화 속도와 기업의 적응속도의 간격을 줄이는가에 대한 고민이 시작되었다. 또한 과거에는 마주보지 못하였던 새로운 문제에 직면하기도 한다. 아인슈타인은 현재 발생하는 문제는 과거부터 사용한 해결책으로는 해결할 수 없다고 하였다. 현재 생긴 문제는 과거와는 전혀 다른 문제이기 때문이다. 따라서 기업은 창의적이고 혁신적인 마인드를 가진 리더가 필요한 것이다. 스탈린그라드 전투에서 독일은 이러한 실패의 원인을 다 보여주고 2차 세계대전에서의 전환점을 맞이하게 된다.

소련군의 승리 원인

1) 전문가 집단에 위임하다.

제2차 대전 중 독일과 소련의 전쟁은 히틀러와 스탈린의 전쟁이라고도 한다. 두 사람은 다르면서도 공통점이 많은 희대의 독재자들이다. 탐욕스러운 권력욕의 소유자들이었고, 의심 많고, 천상천하 독불장군들이었다. 자신의 정치적 이익을 위해서 사람의 목숨을 파리 목숨으로 여기는 냉혈한들이었다. 집권기간 내내 선동으로 대중들의 지지를 얻고 무자비한 숙청으로 정적을 제거하며 권력을 유지한 자들이다.

전쟁 초기에는 사뭇 대조적인 행보를 했다. 히틀러는 전쟁 초기에는 개입은 하되 장군들의 의견을 따랐다. 하지만 프랑스 침공을 빠르게 성공하자 그는 군사작전에 자신감을 가지고 개입의 빈도가 늘어났다. 결국 1941년 12월 이후 스스로 총사령관에 올라 전쟁을 직접 지휘했다. 반면 스탈린은 전쟁 초기에 총사령관이 되어 군사작전을 직접 지휘했다. 1941년 독일군이 소련으로 밀고 들어오자 그는 현지 사수를 명령했고 실패한 지휘관은 가차없이 총살시켰다. 전략적 철수를 통한 시간 벌기나, 공간을 내주고 전선을 정리하는 군사적 개념을 전혀 이해하지 못했다. 1941년 민스크 전투와 스몰렌스크 전투에서 대량의 병력을 손실 당했고, 특히 키예프 전투에서는 무려 70만 명이 독일군의 포로로 잡히는 대재앙을 스스로 불러왔다.

이후 1942년 봄에도 그는 계속 개입하여 실패를 겪었다. 르제프 전투와 2차 하리코프 전투, 데미얀스크 전투에서 모두 대패를 당하고 나서야 정신을 차렸다. 전쟁은 전쟁 전문가들인 장군들이 해야 한다는 것을 깨달았다.

스탈린은 주코프 장군을 최고 사령관 대리로 임명하여 장군들에게 전략을 맡기기로 했다. 이제 소련의 장군들이 실력을 발휘하며 독일군과 맞서기 시작했다. 독일군을 역포위 하는 '우라누스 직전'도 총참모장인 안드레이 예레멘코 장군이 입안했다. 스탈린은 10월 9일 명령 307호 "붉은 군대 내 통일된 지휘구조 도입과 인민위원직 배제"를 발표했다. 소련은 군대 내에 지휘관과 동등한 서열의 정치위원을 두어 지휘관을 감시했다. 그러나 보니 정치위원들이 지휘관의 작전에 지나치게 개입하여 지휘권의 혼란은 물론이고, 지휘관들의 실력을 제한하고 있었다. 이번 명령으로 군대의 지휘관이 정치위원들의 간섭없이 작전을 펼치게 되었고, 일선 지휘관들의 사기가 올라갔다. 스탈린이 한 발 물러서는 것을 계기로 붉은 군대 내에서 전문 장교단이 부활하기 시작했다. 이제 소련군은 지난해의 오합지졸 군대가 아니라 독일과 자웅을 겨룰 강한 군대로 바뀌기 시작했다.

모든 분야에서 만능일 수는 없다. 기업경영의 귀재인 스티브잡스는 "천재는 더 나은 천재를 고용한다"고 했다. 올바른 길을 아는 전문가를 등용하는 것이 기업의 성공의 길이다. 최고경영자가 나 아니면 안된다라는 마인드를 가지고 있다면 그 기업의 미래는 그리 밝지 않을 것이다. 나 아니면 안되는 것이 아니라 나만 아니면 되는 것일 가능성이 더 많다. 스탈린과 히틀러 모두 고집불통의 독재자였지만 한사람은 자신의 잘못을 깨닫고 권한위임을 실천하였고 한사람은 계속 나 아니면 안 돼를 고집하였다. 이 간단한 변화가 전쟁의 승부를 결정지은 것이다. 최고경영자의 역할은 큰 비전을 보여주고 방향을 제시하는 것이지 사소한 길안내와 자세한 행동까지 지시하는 것은 아니다. 이런 부분은 각 분야의 전문가에게 맡겨서 이끌도록 하는 것이 정답이다.

2) 상대의 장점을 무력화시키다.

소련군이 스탈린그라드 전투에서 승리하기 위해서는 제62군이 독일군을 끝까지 물고 늘어져서 아군이 역포위망을 준비할 시간을 벌어주는 것이 필수 조건이었다. 추이코프 장군은 이 역할을 제대로 수행하여 대승의 필수 조건을 만들었다. 추이코프 장군은 독한 성격의 소유자였고 시가전 경험이 많아서 도시에서 싸울 줄 아는 야전군 출신이었다. 그는 독일군의 강점인 항공·전차·보병의 팀워크를 무력화시키는 것이 급선무라고 결정하고 아군과 적군의 전투선을 무시하고 도시 전체를 전장터로 만들었다. 합동전술과 전쟁기계를 잘 활용하는 적에 맞서는 방법은 적의 장점이 단점이 되도록 게임의 룰을 바꾸면 된다.

그는 도시 게릴라 방법이 최적이라고 판단했다. 정상적인 편제에서 벗어나 10명 내외의 소규모 게릴라들이 도시의 하수도, 무너진

전쟁, 혁신, 사람 그리고 전략

잔해 아래, 지하실에 깔리기 시작했다. 전투 거리는 수류탄 투척이 가능한 거리인 독일군 턱밑이거나 뒤통수였다. 복잡한 전술이나 전투 기술도 필요없었다. 숨어 다니다 독일군이 보이면 수류탄 던지고 사격한 다음 건물 잔해더미 속으로 도망가면 된다. 그리고 저격수들이 독일군 장교나 사병을 가리지 않고 노렸다. 소련군의 쥐떼 전투 방법은 시간이 지날수록 진화하여 돌격대, 지원대, 예비대로 편성된 소그룹 전투집단으로 전문화되었다. 돌격대는 건물로 돌입하여 실내전을 시작하고, 지원대는 뒤이어 진입하여 전과를 확대하고, 예비대는 측면을 커버하거나 철수를 지원하였다. 이렇게 전문화된 소부대 편성 전투방법은 쥐떼처럼 폐허를 헤집고 다니는 기동성과 맞물려 시너지 효과를 발휘했다. 이런 소련군의 전투 방법에 독일군은 승리를 할 수 없었고, 차츰 소모전에 휘말리고 있었다.

소련군은 상대의 장점을 파악하고, 그 장점을 무력화시키기 위해 전투의 방법을 바꿈으로써 적은 수의 병력으로 독일군을 도시내에 묶어 둘 수 있었다. 반면 독일군은 상대가 전투 룰을 바꾼데 따른 적합한 대응 방법을 찾지 못하고 같은 전투 방법을 유지하다가 결국 덫에 걸려들고 말았다. 기업경영에서도 즉각 도입해서 사용할 수 있는 중요한 교훈이다. 기업의 경쟁우위요소는 절대적이지 않다. 기업은 이 경쟁우위요소를 경쟁사가 흉내내지 못하도록 어렵고 복잡하게 만든다. 이를 우리는 지속가능 경쟁우위SCA: Sustainable Competitive Advantage라고 한다. 하지만 이를 맹신하여서는 안 된다. 모든 시장이 같을 수는 없다. 상황과 소비자가 전혀 다른 시장일 수도 있다.

그래서 기업이 필요한 것이 적응적 역량인 것이다. 리더는 이처럼 우리와 경쟁사의 강−약점을 잘 파악하고 주변 상황을 고려해서 적절한 우위요소를 찾아내는 능력이 필요하다. 오늘날처럼 급변하는 시대에는 더욱 그러하다.

3) 최선의 방어는 공격

스탈린그라드는 히틀러보다 스탈린에게 더 중요한 지역이었다. 지리적 중요성 외에도 자신의 정치적 입지에도 중요했다. 스탈린은 자기 이름이 붙은 이 도시의 함락을 절대 용납할 수 없었다. 1년 동안 독일군에게 일방적으로 패배하여 국민들의 사기가 바닥에 떨어져 있는 상황에서 최고 통치자의 이름을 딴 도시마저 함락된다면, 자신의 전쟁 수행 리더십이 큰 타격을 받을 것은 당연했기 때문이다. 스탈린그라드는 도시의 동쪽이 바로 볼가강과 접하고 있어서 소련군에게는 물러설 수 없는 배수의 진이었다. 물러설 곳이 없는 병사들은 악착같이 싸울 수밖에 없다. 소련군 병사들에게는 또 하나의 배수의 진이 있었다. 바로 소련 지휘관들의 독전 방법으로 당시 소련군 지휘관들은 전장 이탈, 후퇴, 명령 불복하는 병사는 가차없이 현장에서 총살했다. 소련군은 병사들에게 앞의 독일군도 무섭지만 뒤의 지휘관이 더 무섭다는 것을 인식시켜 지휘권을 세우려고 했다. 당시의 소련군의 수준과 상황에서 보자면 이 방법이 군기를 잡는 가장 확실한 방법이었다.

전쟁, 혁신, 사람 그리고 전략

파부침주破釜沈舟라는 말이 있다. 타고 온 배를 불사르고 솥을 깨버림으로 살아 돌아오길 바라지 않고 반드시 이기겠다는 임전태세를 말한다. 그러나 이보다 더 무서운 말이 배수지진背水之陣이다. 뒤로 물러나 어차피 죽을 바에는 앞에 있는 적과 싸우는 것이 살아남을 확률이 높다. 소련군 지휘관들은 병사들에게 지리적, 심리적 배수진을 제공함으로써 한 수 위인 독일군을 상대로 끝까지 분전을 할 수 있었다.

방어는 다른 결정적 행동을 위한 전술이다. 시간을 벌거나 특정 지역을 확보하기 위한 것이 방어의 전술적 목표이다. 그러나 최종적 목표는 공세적 행동을 준비하기 위한 것이 방어 전술이다. 소련은 처음에 스탈린그라드를 포기하고 볼가 강 동안에 방어선을 강화할 의도를 가지고 있었다. 하지만 계속되는 패배에서 벗어나 전쟁의 전환점을 만들 필요가 있었다. 그래서 소련 군부는 스탈린그라드를 단순히 방어해야 할 지역이 아니라 독일군의 무덤을 만들기 위한 대담한 공격적인 구상을 하였다. '우라누스 작전'의 핵심은 스탈린그라드 병력이 미끼 역할로 독일군을 붙잡고 있으면 대규모 병력을 동원하여 독일군을 역포위하는 것이다. 결국, 의도대로 소수의 병력으로 다수의 독일군을 도시내에 잡아두었고 대규모 병력을 동원하여 포위 작전을 성공하였다.

수비만으로는 전쟁에서 이길 수는 없다. 어느 순간 전환점을 만들어야 하는데 이때 필요한 것이 공격이다. 어느 조직이나 자원에는 한계가 있다. 중요도 높은 핵심 목표에 자원을 집중 투입하는 것이 효율적 경영이다. 개전 이래 계속 밀리기만 한 소련군은 스탈린그라드 전투를 터닝 포인트로 활용할 기회로 보았고, 방어를 하면서도 역공에 자원을 효과적으로 집중하여 대승을 거두었다. 결국은 한번의 공격을 위해 자원을 집중하여 성공을 한 것이다. 기업경영도 이처럼 한번의 기회를 얻기 위해 자원을 집중하고 선택적인 공격을 해야한다. 늘 방어만 할 수는 없다. 축구경기에서도 수비위주의 작전으로는 이길 수 없다. 공격을 해야하고 골결정력이 있어야 득점을 하고 승리를 할 수 있는 것이다. 인류 역사상, 그 어떠한 전쟁에서도 방어로 승리한 예가 전혀 없다는 사실에 주목하기 바란다.

비즈니스 세계는 보이지 않는 전쟁과도 같다. 보이지 않지만, 그 안에서는 무수한 정보 수집과 전략을 세워 경쟁에서 살아남기 위해 고군분투한다. 장군이 전쟁터에 갑옷을 입고 검을 차고 나간다면 기업의 직장인들 역시 갑옷 대신 양복을 입고 검 대신 노트북을 챙겨 나간다. 생사가 갈린 전쟁에서 승리하기 위해서는 기선을 잡는 것이 매우 중요한데 마찬가지로 비즈니스에서도 선점은 중요하다. 선점하지 못했다면 먼저 발명했더라도 소비자들로부터 인정을 못 받는 사태가 벌어진다. 에디슨과 벨의 경우를 보라. 둘 다 전구와 전화기를 최초로 발명한 사람은 아니다. 에디슨은 전구를 가장 효율적으로 사용할 수 있는 방법과 전력생산에 대한 방법을 고안했고, 벨은 전화기의 발명을 최초 발명가보다 한발 앞서서 특허 등록을 하였고 전화기를 개량하여 실용적인 전화기로 만든 사람이다. 에디슨으로부터 GE라는 회사가 나왔고 벨로부터 AT&T라는 거대기업이 탄생하였다. 시장으로부터 인정을 못 받았다면 이는 곧 전장에서 죽은 것이나 다름없는 셈이다. 이러한 선점을 위해서는 방어만으로는 할 수 없다. 적극적인 공격을 해야 승리를 할 수 있다.

선즉제인(先則制人)

　최근 기업의 창립기념일이나 여타 행사에서, 한자로 된 사자성어를 쓰는 일이 유행처럼 되었다. 특히 경영자나 정치가들이 촌철살인의 한 마디로 자신의 결의와 조직의 비전을 표현하는 일이 관행이 되었다. 그걸 위해 열심히 뭔가를 뒤적이거나 조언까지 받는 풍경을 생각하면 좀 안쓰럽고 우습기도 하지만 이래저래 한자에 관한 관심을 높이는 결과가 되었으니 국민 소양을 위해선 그리 나쁘진 않은 듯하다.

　갑오경장이 있었던 해를 맞아, 해현경장(解弦更張)이라는 말을 쓰려고, 조사해보았더니, 이미 이 말을 쓴 기업가와 정치가가 수두룩했다. 대기업에서도 쓰고 중견기업의 CEO도 쓰고, 여당 인사도 쓰고, 고위 공무원도 썼다. 해현경장은, 갑오경장할 때 경장(更張)의 원래 뜻이다. 낡은 거문고의 줄을 풀어서 갈아 끼운 뒤 다시 팽팽하게 조인다는 의미로, 과감한 혁신 조치를 가리키던 말이었다. 여기서는, 단지 바꾸는 것이 중요한 것이 아니라 그 변화를 시스템화하는 과정까지를 포함하고 있어서 의미심장하다. 혁신을 다시 팽팽하게 조여서 제대로 소리를 내게 하는 것이 그것이다. 그런 매력 때문에 많은 사람이 이 말을 읊조린 뒤, 자신의 개혁의지를 그 위에 실었다. 둥기둥당. 거문고 소리와 함께 마음을 튕겨 내보냈을 것이다.

　최근 LG의 한 경영자는 선즉제인(先則制人)이라는 말을 썼다. 이 기업의 오랜 콤플렉스가 맨날 뒷북치거나 2인자로 뛰는 것이었던지라, 이 말은 아주 착착 달라붙는다. 먼저 치면 남을 제압할 수 있다. 사뭇 전투적인 멘트이다. 선즉제인은 중국의 '사기(史記)'에 나오는 말이다. 때는 진시황의 시대. 진승과 오광이 농민반란을 일으켜 장초(張楚)라는 나라를 세운 뒤 진나라의 도읍인 함양을 향해 진격하고 있었다. 이때 은통(강동의 회계군수)이라는 사람이 이렇게 말했다.

전쟁, 혁신, 사람 그리고 전략

"강서에서 진나라에 반기를 든 것은 진나라의 시운이 다했기 때문입니다. 우리가 선수를 치면 남을 제압할 수 있고, 뒷북을 치면 남에게 제압당할 것이오(先則制人 後則人制). 지금 군사를 일으키는 것이 좋소."

은통의 말을 듣고 있던 이는 항량이란 사람이었다. 항량은 항우의 삼촌이다. 이 말을 듣고난 항량은 가만히 항우에게 눈짓을 해서 은통을 죽이라는 신호를 보냈다. 이후 항량은 회계 관아를 점거한 뒤 스스로 군수가 되어 함양으로 진격한다. 그러나 그는 뜻을 이루지 못하고 전사한다. 이후 회계군의 총수가 된 조카 항우가 (유방과 더불어) 진나라를 멸망시킨다. BC206년의 일이다.

선즉제인은 기회를 포착하는 일의 중요성에 대해 역설하고 있다. 사활을 건 전쟁의 시대, 치열한 각축의 시대에는 기회를 잡아내고 먼저 잡은 기회를 놓치지 않고 앞장서서 나아가는 일이 얼마나 중요한지를 삶과 죽음의 갈림길에서 체득했다. 그러니 이 지혜는 얼마나 값진 것인가. 지금이 과연 그 초한지의 시대와 같은 때인지에 대한 성찰은 따로 필요하겠지만, 순식간에 기업의 뜨고지는 격변의 시대인 것만은 분명하기에, '선즉제인'은 타이밍의 절박함을 드러내는 명구절이 되어 울림을 준다.

선즉제인을 말하는 사람은, 그 마음 속에 천하통일과 같은 큰 그림을 그리는 사람일지 모른다. 무서운 사람이다. 그 목표를 위해선 스스로를 포함한 희생까지도 감수할 수 있다는 용기를 지닌 사람이다. 은통이 그런 지혜를 가졌고 항량은 그런 기회를 빼앗았고 항우는 그 흐름을 타고 최고의 목표에 도달했다. 낱말 하나 속에 들어있는, 뜨거운 야망과 거친 말발굽 소리를 듣는다.

〈출처〉 아시아투데이, 2020. 02. 12.

07

때로는 적에게도 배워라:
적에게 배워서 적을 물리치다 – 쿠르스크 전투

어디에나 스승은 존재한다.

•

시간의 경쟁: 내가 필요로 하는 시간은 적도 필요로 한다.

•

철벽 방어벽을 세우다.

•

강철 대 강철의 충돌

•

승패의 원인

•

독일군의 패배 원인

•

소련군의 승리 원인

07 때로는 적에게도 배워라: 적에게 배워서 적을 물리치다 - 쿠르스크 전투

어디에나 스승은 존재한다.

그 옛날 공자님은 세 사람이 길을 가면 그 가운데 반드시 스승으로 삼을만한 사람이 있는 법이라고 말씀하셨다. 좋은 점을 보면 본받아서 배우고 나쁜점을 보면 반성하면서 배운다라고 했다. 기업경영에서도 벤치마킹이라는 것이 있다. 타 기업의 Best Practice를 보고 이를 본보기 삼아서 자신의 기업경영에 적용해보는 것이다. 이 벤치마킹시에 주의해야 할 것은 대상을 꼭 같은 산업에서만 국한할 필요가 없다는 것이다. 예를 들어 금융기업이라도 서비스를 벤치마킹하고 싶으면 모든 산업에서 서비스를 잘하는 기업 즉 호텔이나 백화점 등에서 서비스기법을 벤치마킹하라는 것이다. 때로는 경쟁사에서도 배울 것은 배워야 한다. 공자님 말씀을 다시 되새겨보면 누구에게나 배울 점이 있다는 말이다.

최근 저자도 젊은 학생들에게서 많이 배운다. 그들이 거침없이 자기 생각을 주장하는 것이 한때는 건방지게 보이기도 했지만 지금 생각해보면 정말 내자신이 꼰대였다. 자신의 주장을 논리정연하게 누구 앞에서라도 주장할 수 있는 기성세대가 얼마나 될까? 이런 의미에서 우리는 변해야 한다. 혁신을 해야한다.

어떤 기업이 혁신 기업인지 아닌지를 구별하는 가장 좋은 방법은 그 회사에서 어떤 제품을 출시할 때 얼마나 많은 사람이 새로운 제품이나 서비스에 대해 기대를 하느냐로 쉽게 구별할 수 있다. 경영학의 대가 피터 드러커는 자신의 저서 '미래사회를 이끌어 가는 기업가정신'이란 책에서 혁신을 이렇게 정의했다. 이를 실천한 기업이 우리나라에 있다. 물론 많은 비난을 받기도 했지만 그래도 세계적인 기업임은 틀림없다. 바로 삼성전자이다.

최근 출시가 임박한 갤럭시 폴더폰은 단연 휴대폰 업계에서 핫이슈로 떠오르고 있다. 최근에 노출된 한 기사내용을 보면 삼성은 꾸준히 소비자의 VOCVoice of Customer를 분석하여 최신 기술을 개발하고 이에 대한 투자를 해왔다. 이 기사 이후로 세계인들의 관심과 이목이 집중되고 있다. 삼성전자는 우리나라 기업 중 유일하게 상표가치가 top 10내에 들어 있는 기업이고 반도체를 비롯한 많은 전자제품 분야에서 세계 최정상을 달리고 있다.

이러다 보니 삼성에 대한 경계론이 부각되고 있다. 최근 미국의 진정한 위협은 북한이 아니라 삼성이라는 현지 언론의 기사가 게재

전쟁, 혁신, 사람 그리고 전략

돼 이슈가 된 바 있다. 삼성 스마트폰 사업 급성장에 따른 애플의 부진이 미국인 모두에게 큰 타격이 될 것이라는 데서 나타난 우려의 목소리다. 최근에 실제 전쟁으로 인해 세계가 고통받고 있지만 현대의 전쟁은 이제 경제 부문에서 일어난다고 할 수 있다. 그래서 본서에서도 국가간의 전쟁을 보면서 기업간의 경쟁에서의 교훈을 찾아보고자 하는 것이다.

아무튼 저자도 어느날 집 안에 있는 TV, 휴대폰, 태블릿, PC, 카메라, 세탁기, 냉장고, 청소기 등을 둘러보고는 이들 중 하나는 삼성이 만든 것이라는 것을 발견하고 깜짝 놀라곤 한다. 이처럼 세계 경제에서 삼성의 존재감이 매우 커졌음을 실감할 수 있다. 그런데 여기서 우리가 기억해야 할 한 가지가 있다. 삼성의 성공은 그저 운 좋게 저절로 이뤄진 게 아니라는 점이다. 삼성도 한때 절박한 위기 상황에 놓여 있었고 그것 때문에 절치부심의 시간을 보내야 했었다. 위기를 기회로 삼고 와신상담臥薪嘗膽의 자세로 위협적인 적들로부터 오히려 배워 실력을 쌓았다. 진정한 강자는 적에게서 배운다는 이론을 거침없이 실천했다는 점에서 삼성의 혁신이 가능했던 것은 아닐까.

시간의 경쟁: 내가 필요로 하는 시간은 적도 필요로 한다.

기업경영에서 최고경영자가 신경써야하는 중요한 것 중 하나가 타이밍이다. 우리말로 적절한 때를 맞추는 것이라 할 수 있다. 특히 신제품 출시에 있어서 타이밍은 정말 중요하다. 애플이 처음 아이폰을 출시했을 때 너무 이른 시기에 출시하여 소비자의 주목을 받지 못하고 실패하고 말았다. 그뒤 2007년에 우리가 알고 있는 애플의 아이폰이 다시 재출시되면서 성공을 했는데 이때는 소비자들의 손아귀에서 인터넷의 자유로운 사용이라는 니즈가 무르익어 있었던 것이다.

1943년 초에 소련군은 스탈린그라드 승리의 여세를 몰아 독일군을 몰아쳤지만, 노련한 만슈타인 장군에 의해 하리코프에서 패배하며 진격을 멈추었다. 하리코프가 독일군의 수중에 들어가자 북쪽의 쿠르스크를 중심으로 남북 250Km, 동서 120Km 지역이 독일군 전선으로 불룩 튀어나온 돌출부 형태를 이루게 되었다. 이 돌출부는 소련군에겐 서쪽으로 진격할 교두보처럼 보였고, 독일군에겐 남부집단군이 포위당할 위험지역으로 보였다. 이런 전선의 형태는 자연적으로 양군 모두에게 주목을 받게 되었다.

히틀러는 마음이 급했다. 독일은 1943년 1월~3월 동안 26개 사단을 잃은 관계로 병력부족이 확연히 표나기 시작했다. 전체적으로 약 70만 명의 병력이 부족했고, 특히 동부전선에서만 47만 명이 부

전쟁, 혁신, 사람 그리고 전략

족했다. 전차도 비록 18개 기갑사단이 600대를 보유하고 있었지만 보충에는 한계가 있었다. 반면 소련은 가진 것은 인구밖에 없을 정도로 병력을 끊임없이 보충했고, 우랄지역으로 옮긴 공업단지에서 신형전차가 쏟아져 나왔다.

게다가 독일은 북아프리카 전선의 패배로 연합군의 남유럽 상륙이 임박한 시점에서 동부전선에만 집중할 수 없는 상황이었다. 이런 상황에서 히틀러는 소련군을 기다리기에는 마음이 급했다. 만슈타인 장군이 탄력적 방어전을 제시했지만, 시간 부족과 방어전을 펼치기에 부족한 병력을 이유로 쿠르스크 돌출부를 포위 섬멸하기로 결정했다. 독일이 이긴다면 소련군의 하계공세를 약화시키고, 대량의 포로를 획득하여 군수공장의 노예 근로자로 사용할 수 있고, 동맹국들을 안심시키며 터키의 동참을 유도할 수도 있고, 방어선

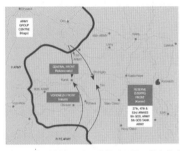

독일군의 계획, 소련군의 돌출부를 남북에서 협공하여 거대한 포위망을 만들려고 했다.
(출처: 위키백과)

이 일직선으로 변함에 따라 예비사단을 서부로 보낼 수도 있었다.

독일의 공격 결정은 4월 15일 작전명령 6호로 배포되었고, 치타델Zitadelle작전으로 명명되었다. 이 작전의 개요는 발터 모델 대장이 지휘하는 중부집단군 소속 제9기갑군이 북에서 남으로 진격하고, 헤르만 호트 대장이 지휘하는 제4기갑군과 베르너 켐프 중장의 켐프 전투단이 남에서 북으로 진격하여 소련군의 돌출부를 잘라내어 포

위 섬멸하는 것이었다.

히틀러와 모델 장군은 치타델 작전의 승패는 기갑부대에 달려있다고 내다보았지만 부족한 전차가 마음에 걸렸다. 이에 히틀러는 막개발을 끝낸 티이거 전차와 판터 전차의 배치를 기다렸다. 티이거 전차와 판터 전차가 수적인 열세를 보충할 수 있을 것이라고 생각하며 작전개시시간을 계속 연기했다.

치타델 작전은 몇 번의 연기를 거치며 최종 7월 5일로 결정되었고, 독일은 이 결전을 위하여 병력은 50개 사단, 항공기 2천대, 대포 2천문, 전차는 동부전선의 63%인 2천7백여대를 쿠르스크 남북에 집결시켰다. 그러나 공격의 연기는 소련군에게도 방어할 충분한 시간을 제공했다.

이처럼 전쟁에서도 언제 공격을 하느냐 하는 시점을 정하는 것이 매우 중요하다. 시간은 아군도 적군도 모두 적용되는 것이고 우리가 무엇을 하는 시간이 있으면 적군도 무엇을 하는 시간이 있는 것이다. 우리에게만 주어진 시간은 없다. 그래서 리더는 시기를 정하는 것이 매우 중요하고 너무 빠르지도 않고 늦지도 않게 의사결정을 해야 한다. 시간을 잘 맞추는 리더가 성공을 가져오는 리더이다. 어려운 이슈이다. 어떤 사람은 기다림의 미학이라고 하고 느리게 서서히 진행해야 한다고 하고 어떤 사람들은 한국인의 빨리빨리를 좋아한다. 이것을 맞추는 것이 타이밍을 결정하는 것이다.

전쟁, 혁신, 사람 그리고 전략

철벽 방어벽을 세우다.

소련 최고사령부는 독일의 공세를 예상하고 쿠르스크 전역에 방어요새를 구축하라는 명령을 내렸다. 소련군은 4월부터 6월까지 공병대의 지휘아래 민간인 30만 명을 동원하여 쿠르스크에 거대하고 치밀한 방어벽을 건설하기 시작했다. 방어벽은 지뢰와 철조망 지대, 대전차 지대, 화력지원 지대로 형성되고, 바둑판 모양으로 구획을 나누어 상호 지원 가능한 형태로 구축되었다. 각 진지를 연결하는 참호는 무려 1천 9백Km에 달했고, 8겹의 종심 방어 진지는

쿠르스크에 얼마나 많은
병력과 무기가 배치되었는지
보여주는 이미지
(출처: 위키피디아)

무려 70Km에 달했다. 만일 독일군이 진격한다면 지뢰지대에 봉착하게 되고, 지뢰지대를 피하면 대전차포 진지의 정면에 서게 되고, 대전차포를 피하면 소련군의 포병이 좌표를 맞추고 기다리는 무시무시한 방어진지였다. 방어선이 완료되었을 때 병력 130만 명, 전차 3천 4백여대, 항공기 2천 9백대, 대포 1만 9천여문이 자리를 잡았다. 그 앞에는 40만개의 지뢰가 깔렸다. 쿠르스크에 인류 역사상 가장 거대하고 강력한 방어요새가 건설된 것이다.

스탈린그라드 전투 이후 소련군은 사기도 올랐고, 지휘관들의 전투 운영 능력도 대폭 향상되었다. 쿠르스크 전역의 소련군들은 승리 의지도 강했고 전투능력도 매일 훈련을 통해 끌어 올렸다. 참호

의 병사들은 탱크에 대응하는 방법을 반복하여 훈련했고, 전차병들은 화력의 열세를 만회하는 전차전을 훈련했다. 소련군 최고사령부는 독일의 의도를 미리 파악하고 있었다. 항공 정찰과 후방 빨치산 그리고 유럽의 스파이 등을 통해 독일이 쿠르스크 남북에서 동시에 공격할 것이란 사실을 상세하게 알고 있었다. 총사령관 대리인 게오르기 주코프 원수는 선 방어 후 역공의 전략을 구상하였다. 소련군의 전략은 먼저 독일군의 공격을 유도하고, 강한 방어망으로 독일군의 기갑전력을 흡수하고, 예비 전력으로 역공을 강하여 대규모 타격을 가한다는 전략이었다. 그리고 7월 5일에 마침내 전투는 시작되었다.

이처럼 시간은 우리뿐만 아니라 경쟁사에도 존재한다. 우리가 준비를 하는 동안 경쟁사는 더욱 강력하게 준비를 할 수도 있다는 것을 명심해야 한다. 때로는 경영자들이 이를 착각한다. 마치 자신만이 준비를 철두철미하게 하고 경쟁사는 나태하게 놀고만 있는 것으로 생각하는 경우를 많이 보았다. 시간은 우리에게도 경쟁사에게도 모두에게 공평하게 주어지고 똑같이 흘러가는 통제 불가능한 요소이다. 제한된 주어진 시간을 어떻게 활용하고 적절한 타이밍을 결정하는 것이 최고 경영자의 중요한 의사결정사항이다. 독일군은 자신들이 준비를 하는 동안 소련군은 손을 놓고 있다고 얕잡아 본 것이다. 독일군의 이러한 착각은 전쟁에서 돌이킬 수 없는 뼈아픈 패배를 가져왔다. 시간은 누구에게도 있다. 그리고 지나가면 돌이킬 수 없는 것도 시간이다.

전쟁, 혁신, 사람 그리고 전략

강철 대 강철의 충돌

먼저 북쪽에서는 독일 제9기갑군이 소련군 제48군과 제70군을
향해 진격했다. 전선은 48Km
에 달했고, 독일군의 3개 기갑
사단과 5개 보병사단이 소련군
3개군 규모의 병력과 정면 충
돌했다. 독일군 지휘관들은 자
신의 상대가 이전의 소련군이

진격하는 독일군 전차들
(출처: 위키백과)

아니라는 사실을 깨닫는데 그리 시간이 오래 걸리지 않았다. 독일군
에게 진격은 힘들기만 하고 손실은 커지기만 했다.

독일의 모델 장군은 가용 가능한 전차 400대와 10개 보병사단을
동원하여 총공격을 가했지만 소련군도 결사적으로 방어했다. 10Km
정도의 전선에 40만 명에 가까운 병력이 충돌하여 서로 난전을 치
렀다. 독일군이 제10기계화사단을 추가 투입해도 상황은 나아지지
않았다. 결국 7월 10일 독일군은 진격을 멈추었다. 독일은 6일 동안
의 전투에서 400여 대의 전차와 5만 명의 병력을 잃었고, 전선에서
15Km 이상을 전진하지 못했다.

남쪽에서 공격한 독일 제4군도 손실 대비 진격의 거리는 미비
했고, 전투 시 소련군의 손실이 더 컸지만 그들의 병력과 물량은
끊임없이 독일군의 진격을 가로 막았고 독일군의 출혈을 강요했
다. 방어하는 소련군도 힘들었다. 독일군이 전면에 내세운 티이거

격전 중인 독일군 전차
(출처: 위키피디아)

전차는 소련군이 상대하기에는 벅차기만 했고, 특히 제공권은 완전히 독일군에게 있었다. 독일 공군기지에 대한 선제공격에 실패한 소련군은 전선이 거의 뚫릴 뻔하는 위기를 겪기도 했다.

1943년 7월 12일, 쿠르스크 남동쪽 프로호프카 들판에서 세계전사에 전무후무한 규모의 기갑 전투가 벌어졌다. 5Km²가 못되는 좁

쿠르스크의 독일군
(출처: 위키피디아)

은 공간에 무려 1천대가 넘는 탱크들이 치열한 전차전을 벌였다. 전투는 독일군의 공습과 소련군의 로켓포 대응으로 시작되었다. 독일 제2친위기갑군단의 군단장 파울 하우저 장군은 600여 대의 전차를 밀어 넣었고, 소련

제5 근위기갑군 사령관 파벨 로트미스트로프 장군은 700여 대의 전차를 꺼내 들었다. 로트미스트로프 장군은 스탈린그라드 전투에서 독일군과 일전을 치러본 경험이 있어서 독일 전차부대와 싸우는 법을 알고 있었다. 그는 소련의 T-34 탱크가 화력에서 독일의 티이거나 판터에 비해 열세인 것을 알고 휘하 지휘관들에게 전속력으로 진격하여 접근전을 펼치라고 명령했다.

탱크끼리의 거리가 불과 수십 미터로 가까워지자 독일 탱크나 소련 탱크의 전력이 비등해졌다. 낮 동안에 폭우가 쏟아지고 탱크들

278

이 서로 뒤엉켜 항공지원이나 포격 지원도 할
수 없게 되었다. 양군 탱크들이 먼저 쏘는 측
이 이기고 탱크끼리 몸체로 충돌하는 강철과
강철의 백병전이 벌어졌다. 전장은 순식간에
연기와 불꽃, 먼지, 파편으로 앞이 보이질 않
게 되었다. 궤도나 바퀴가 파괴된 탱크는 제자
리에서 포탄이 바닥날 때까지 포를 쏘았다. 포
탄을 다 써버린 소련군 전차병은 하차하여 화
염병과 유탄을 던졌다. 시간이 지날수록 동체
가 뚫리고 포탑이 날아가고 불길에 휩싸인 탱

파벨 로트미스트로프 장군,
쿠르스크에서 독일군의
진격을 막았다.
(출처: 위키피디아)

크들이 늘어났다. 들판에는 강철 쓰레기와 기름과 핏물이 빗물과 섞
였고, 불에 타거나 궤도에 뭉게진 전차병들의 시신이 즐비했다. 이
난전은 종일 계속되어 전투 시작 여덟 시간이 지나서야 중단했다.
양측은 파괴된 전차 700여대를 남겨두고 전투를 중단했다.

　이날 전투는 전술적으로는 독일군이 승리했다. 더 적은 수의 탱
크로 더 많은 수의 소련군 탱크
를 격파하며 소련군의 반격을 막
았다. 하지만 독일군은 상실한
탱크와 병력을 증원할 수 없었
다. 이제 독일군은 공세를 이어
갈 여력이 없었고 7월 15일 되자
제2친위기갑군단은 거의 궤멸 수

파괴된 소련 전차를 살펴보는 독일군
(출처: 위키백과)

준에 도달했다. 일부 사단에는 전투 투입 가능한 탱크가 17대까지 내려갔다. 소련군의 피해는 독일군 보다 더 컸다. 그러나 그들의 뒤에는 아직도 투입 가능한 예비대가 충분히 남아 있었다.

7월 12일 소련군은 북쪽에서 쿠투조프Kutuzov 작전을 시작했다.

쿠르스크의 소련군
(출처: 위키백과)

이번에는 반대로 소련군이 독일군의 강력한 방어선을 뚫고 진격해야 했다. 목표는 오룔과 브랸스크로 진격하여 주변의 독일군을 분쇄하는 것이었다. 소련군은 독일군의 강력한 방어에 부딪혔지만 약한 지역을 찾아내어 전력을 집중하여 뚫었다. 좁은 틈새로 한 개 기갑군이 홍수물처럼 쏟아져 들어가서 방어선 후방과 종심으로 진격하여 독일군을 휘저었다. 불과 일년 전에 독일군에게 당했던 방법으로 독일군을 격파했다.

7월 13일, 히틀러는 치타델 작전의 종료를 선언했다. 7월 10일 연합군이 시칠리에 상륙하고, 소련군이 쿠르스크 북쪽의 오렐 지역

진격하는 소련군
(출처: 위키피디아)

을 공격하자 더 이상 작전을 유지할 수가 없었다. 더 큰 이유는 강력한 소련군의 방어벽을 뚫기에는 예상 외로 손실이 심각했고, 오히려 소련의 반격에 남부 집단군과 중부 집단군 자체가 궤멸 당하는 것이 두려웠기 때문이다.

이 쿠르스크 전투는 제2차 세계대전의 최대 규모의 공격과 방어의

전쟁, 혁신, 사람 그리고 전략

충돌이었고, 전차끼리 전무후무한 규모의 대회전이 벌어진 전투였다. 그리고 전체 전쟁의 흐름으로 볼 때 전세가 역전되기 시작한 분기점이었다. 결과적으로 소련의 입장에서는 단 8일간의 전투로 독일군의 기갑 세력을 현저하게 약화시켜 이후 전력적으로 우위에 설 수 있었다.

독일군은 전술적으로 볼 때 쿠르스크의 포위도 실패했고, 그 여파로 하겐 전선Hagen Line으로 철수해야만 했고 대량의 병력과 장비를 잃었다. 전투는 기동력을 동반한 기습과 화력의 우위로 이길 수 있다. 그러나 전쟁은 전략과 전술, 전투력만으로 이기는 것이 아니다. 국가 총력전은 전투 가능한 병력을 동원하고 무기와 전쟁 물자를 생산하고 조달해야만 한다. 독일은 쿠르스크 전투에서 너무 많은 병력과 장비를

쿠르스크 전차전
(출처: 윤용원의 군사세계)

파괴된 독일 전차를 살펴보는 소련군
(출처: 윤용원의 군사세계)

잃었고 이를 보충할 국가적 역량이 부족해졌다. 반면에 소련은 무궁무진한 인적 자원과 장비의 질적인 열세를 양적인 우세로 보충하며 전쟁의 주도권을 쥐었다. 그 분기점이 바로 쿠르스크 전투였다.

전투에서 많은 경우 군대가 가지고 있는 자원의 물량에 따라서

승패가 좌지우지되지만 결국 비슷한 경우이거나 차이가 없는 경우에는 질적인 부분에서 차이가 날 수밖에 없다. 앞서도 언급하였지만 구성원의 사기나 승부욕과 같은 기본적인 마인드가 얼마나 탄탄한가도 중요한 승부처가 될 수 있고 목표가 얼마나 확고하고 목표를 달성하기 위한 의지가 얼마나 탄탄한가도 매우 중요한 승부의 결정요소이다. 기업경영에서도 마찬가지이다. 삼성과 애플이 최근 10여 년 동안 스마트폰으로 경쟁해온 것을 봐도 알 수 있다. 두 강대강의 대결로 인해 다른 기업들은 스마트폰 시장에서 존재가 매우 미미하다. 두 기업이 거의 시장의 수익률의 90%이상을 차지하고 있다. 지금까지 수많은 특허 소송과 둘간의 갈등이 계속되어 왔다. 결국은 누가 선택과 집중을 잘하고 있느냐의 승부이다. 삼성은 반도체에 선택과 집중을 하였고 애플은 OS와 디자인에 집중하고 있다. 시장에서 어떤 요소가 중요한가에 따라 두 기업의 희비가 엇갈린다. 독일과 소련의 싸움에서는 불곰의 뚝심을 가진 소련이 목표에 집중하지 못한 독일을 무찔렀다, 강대강의 대결에서도 역시 심리적인 요인과 목표에 대한 선택과 집중이 중요하다는 것을 보여주고 있다.

승패의 원인

이 장에서 우리는 적에게서도 배운다는 큰 교훈 아래 상대의 전술과 전략을 학습하여 똑같은 방식으로 승리를 하는 소련군의 모습

전쟁, 혁신, 사람 그리고 전략

도 보았고, 기업의 경영자가 명심해야할 시간의 중요성과 목표의 일
관성 그리고 질적인 면과 양적인 면 두 가지의 중요성에 대해서도
교훈을 얻을 수 있다. 때로는 질적인 면이 양적인 면을 압도하지만
반대로 양적인 면이 질적인 면을 능가하는 경우도 있다. 이러한 점
에서 독일군과 소련군 관점에서의 승패 요인에 대해서 알아보자.

독일군의 패배 원인

1) 적에게 준비할 시간을 주다.

전쟁의 역사에서 위대한 승리는 우세한 기동력을 바탕으로 한
기습과 압도적인 화력을 집중 운영한 결과의 산물들이다. 독일이 서
유럽을 유린하고 독소전쟁 초기에 대승을 거둔 이유도 상대의 허점
을 찌르는 기습과 전차와 항공기를 조합한 속도와 화력 집중의 결과
였다. 하지만 치타델 작전의 실패는 독일이 이 두 가지 장점을 놓친
것이 원인이었다. 독일이 쿠르스크 지역을 공격하기로 한 것은 4월
초순에 논의되었다. 이 때 만슈타인 장군은 독일군의 현재 상황을
고려하여 선제공격보다는 받아치기를 주장했다. 그러나 작전 계획을
받은 히틀러는 예전에 없었던 조심성을 보이며 티이거와 판터 전차
의 보충을 이유로 작전 개시일을 확정하지 않고 시간을 끌었다. 이
조치는 아군에게 충분히 준비할 시간을 벌게 하지만 적에게도 준비

할 시간을 주었다. 내가 준비하면 적도 준비한다.

히틀러가 공격 개시를 늦추는 동안 소련군은 만반의 준비를 마치고 독일군을 기다리고 있었다. 소련군은 쿠르스크 전역을 8개 구역으로 나누어 종심이 무려 70km~110km에 달하는 방어막을 건설했다. 철조망, 지뢰지대, 참호와 교통호, 대전차 포대 진지 등이 유래없이 조밀하게 구축되었다. 병력과 장비의 배치는 유래없이 조밀했고, 특히 포병의 화력은 독일군의 상상 이상의 전력이었다.

공격군인 독일군도 치타델 작전을 위해 2천 7백여대의 전차 전력을 준비했지만, 소련군의 방어벽은 독일군의 주력인 기갑부대를 무력화시키기에 충분했고, 독일 전차를 흡수하여 녹이기에도 충분한 수준이었다. 독일군이 성능이 우수한 전차를 기다리는 동안 소련군은 충분한 물량으로 준비하고 있었다.

전투의 가장 중요한 요소는 힘 즉, 전투력이고 그 다음 장소와 시간이 있다. 승리를 위해서는 양적인 면에서 압도적인 힘을 동원하거나 이것이 아니라면 장소와 시간으로 보충할 수 있다. 독일군은 힘도 압도적이지 못했고 장소는 물론이고 시간도 적에게 내주며 패배를 자초했다.

기업의 경영에서도 시간의 중요성은 앞서 언급한 것처럼 매우 중요한 요소이다. 특히 최고경영자는 분초를 다투는 의사결정을 해야할 때가 매우 많다. 시간은 우리에게도 중요하고 경쟁사에게도 중요한 요소이고 매우 공평한 특수 자원이다. 누구 하나도 시간적인 우위를 가지는 것은 어렵다. 하지만 시간을 어떻게 효율적으로 이용

전쟁, 혁신, 사람 그리고 전략

하는가에 관한 점은 승패를 가르는 결정적인 요소가 될 수 있다.

2) 독불장군은 없다: 결정권 위임의 중요성

독소전쟁에서 많이 비교되는 것이 최고 리더의 전쟁 개입 정도
이다. 소련의 스탈린은 초기에는 군인들을 불신하여 본인이 적극적
으로 군사전략에 개입했지만 시간이 지날수록 자신의 실패를 인정
하고 군인들에게 일임하기 시작했다. 그는 본인이 최고지휘사령부
스타브카, STAVKA의 총사령관을 맡았지만 주코프 원수를 총사령관 대
리로 임명하고 바실리에프 장군은 부사령관으로 임명하여 지휘권을
정리했다.

이에 반해 히틀러는 시간이 갈수록 자신이 군사전략에 지나치게
개입하였다. 최고 통치자의 지나친 개입은 독일군 지휘관들의 장점
인 유연성과 독창성을 약화시켜 패배를 자초한 결과를 낳았다. 히틀
러는 치타델 작전에서도 방어 후 역습하자는 만슈타인 장군의 의견
을 무시했고, 소련군이 준비하기 전에 공격을 하자는 의견도 무시했
다. 전쟁은 군인들이 한다. 전쟁 시에 최고 통치자가 해야 할 일은
따로 있다. 그는 권력을 이용하여 지나칠 정도로 군사 작전에 개입
하고 심지어 본인이 입안하고 자기가 지휘했다. 쿠르스크 전투에서
히틀러는 장군들의 의견을 무시하고 작전을 연기하며 소련군에게
준비할 시간을 벌게 해주면서 기습과 집중이라는 자신의 핵심역량
을 놓쳤다.

결국, 충분한 준비를 한 소련군의 방어벽에 막혀 독일군은 자신의 장점인 기동과 화력의 우위를 발휘하지 못했다. 전진할수록 감당하기 힘들 정도로 출혈을 강요당했고 결국 더 이상 전진할 힘조차 잃어버렸다. 나아가 전략적으로 이 한 판의 전투에서 대량의 병력과 전차를 잃고 소련전선에서 주도권을 뺏기는 결과를 초래했다.

최고경영자가 모든 것을 결정하는 시대는 지났다. 오늘날은 많은 분야에서 골구루 지식을 가지고 있는 폭넓은 일반론자Generalist 보다 어느 한 분야에서 집중적인 전문성을 가진 전문가적 리더 Specialist가 필요한 시대이다. 이전에 기업이 성장주도로 두 자리수 이상의 경제 성장시대에는 어떤 사업으로 확장할 것인가가 필요했고 이에 많은 분야를 두루두루 아는 전문가가 필요했다. 하지만 성장이 정체되고 경쟁이 매우 치열한 성숙기 시대에 접어든 오늘날은 한 분야를 깊숙이 파고드는 전문가가 필요한 것이다. 이에 독불장군격인 리더 보다는 아래로 권한을 위임하고 자신은 전체를 보는 눈을 키우는 것이 중요한 것이다. 세부적인 나무는 나무를 관리하는 정원사가 알아서 하는 것이고 전체적인 정원의 구성은 집주인이 하는 것이다.

권한 이양은 실무자들의 업무수행능력을 높이고 관리자들이 지니고 있는 권한을 실무자에게 이양해 실무자의 책임범위를 확대함으로써 그들의 능력 및 창의력을 최대한 발휘하도록 하는 것이다. 효과적인 권한 이양은 실무자 자신이 담당하는 일에 대해 스스로 의사결정권을 갖게 해 사명감을 높임으로써 환경 변화에 신속하게 대

전쟁, 혁신, 사람 그리고 전략

응할 수 있는 기반이 된다. 소련은 권한을 실질적인 전투를 담당하는 현장 책임자들에게 위임을 잘 한 것이고 독일은 처음에는 이러한 위임을 잘 하다가 전쟁후반으로 갈수록 히틀러가 모든 것을 가지는 식의 권한 위임이 되지 않고 리더가 모든 것을 의사결정하는 식이 되어서 현장에서의 지휘가 잘 이루어지지 않아 전투에서 패배를 하고 만 것이다.

3) 장점이 무력화되다.

전쟁에서는 서로에게 장점과 약점이 있기 마련이다. 승리를 위해서는 자신의 장점을 극대화하고 단점을 최소화하는 전략이 필요하다. 그러나 장점이 무력화될 경우에 플랜B를 실시할 임기응변이 필요하다. 이를 위해 전투의 장소나 시간을 바꾸거나 싸우는 방법을 바꾸는 지휘관들의 능력이 중요하다. 스탈린그라드 전투에서 추이코프 장군이 정상편제를 해체하고 도심 게릴라 전법으로 지휘한 사례나, 한국전에서 밴플리트 장군이 포병전력Van Fleet day of fire을 핵심 방법으로 사용한 사례가 그것이다.

독일군의 장점은 전격전이라는 기습과 화력의 집중이다. 그러나 치타델 작전에서 독일군은 시작부터 자신들의 장점을 살리지 못했다. 작전의 노출과 공격일을 계속 연기하여 기습의 효과를 살리지 못했다. 독일군은 1939년 폴란드 침공할 때와 이듬해 프랑스를 침공할 때, 1941년 소련을 침공할 때도 철저한 기습을 통한 효과를 거두었다. 특히 프랑스를 침공할 때는 프랑스의 마지노선을 우회하는 아르덴느 삼림지대를 돌파하여 프랑스와 영국군의 허를 찔러 승리를 거두었다. 그것은 자신의 장점으로 상대의 허를 찌르는 완벽한 기습의 결과였다. 반면 치타델 작전에서는 정보의 노출과 소련군에게 충분한 준비 시간을 벌어주는 우를 범했다. 결국 독일군은 불 속으로 뛰어드는 불나방처럼 강력한 준비를 마친 소련군 방어진지로 뛰어들었다. 독일군이 진격을 개시한 후 만난 소련군은 이전의 소련군이 아니었다. 쿠르스크에서 만난 소련군들은 지휘력은 물론이고 장비와 전투력도 향상된 무서운 적으로 바꾸어 있었다. 그들의 방어막은 아주 견고했고, 포병과 연계한 방어전술은 독일군의 전격전을 무력화시켰다. 독일군이 자랑하던 보병, 전차, 항공기의 합동전술은 물론이고 기동력 중심의 종심타격도 할 수 없었다. 결국 전투 개시 첫날 북부지역 공격을 담당한 제9군은 겨우 10Km를 진격하며 2만 5천명의 사상자와 전차 200여대를 잃었다. 남부를 담당한 제4기갑군도 첫날 20Km를 진격하는데 엄청난 피해를 입었다. 이후의 전투 양상도 별로 나아지지 않았다. 진격 속도는 더디기만 했고, 전진할수록 피해는 상상 이상이었다.

　　이런 상황에서 독일군 지휘관들은 전투의 방법을 바꾸지 않았다. 그들이 아는 전투 방법은 이전까지 찬란한 성과를 거둔 방법인 전차를 앞세운 기동과 충격전이었다. 전차는 앞에 장애물이 없을 때 제 실력을 발휘한다. 그러나 거대한 장애물이 앞을 가로막고 있을 때에는 전투력을 제대로 발휘할 수 없다. 앞을 가로막은 큰 바위를 전차

몸체로 밀어붙이면 당연히 속도도 떨어지고 전차 몸체가 상하기 마련이다. 독일군들의 공격방법이 흡사 그랬다.

독일군이 가장 고전한 것은 소련군의 후방 포격과 끊임없이 덤벼드는 소련 전차의 물량 작전이었다. 소련군 전차 한 대를 격파하면 독일군 전차도 한 대 격파 당하는 소모전에 휩쓸린 상황에서 독일군 지휘관들은 달리 돌파구를 찾지 못했다. 당시 공군전력은 분명히 독일군의 우세였다. 공군전력을 더 활용하여 사전에 소련군 전차를 파괴하거나 후방의 포대를 격파한 다음 전차 카드를 사용할 수도 있었을 것이다. 그리고 쿠르스크의 점령도 중요하지만 자신의 피해를 줄이는 데도 주의를 기울여야만 했다. 그러나 독일군은 전차를 앞세운 정면 돌파에 너무 의존했고, 소련군의 전차 결전에 말려들며 금쪽같은 전차들을 잃었다.

이에 반해 소련군은 자신들의 약점을 철저하게 보완하는 전투방법을 동원했다. 당시의 소련군 전차는 독일군에 비해 화력은 물론이고 방어력도 약했다. 이 점에 주목하고서 전차를 참호 속에 넣고 포탑만 나오게 하여 독일군의 전차에 대응했다. 또한 프로호프카 전투에서는 철저한 접근전을 펼쳐 전차 화력의 열세를 만회하는 임기응변을 발휘했다.

자신의 장점이 언제나 장점일 수 없다. 자신의 장점에 사로잡혀 변화에 알맞은 대응을 하지 못하는 군대나 사회는 패배하기 마련이다. 이러한 이슈도 관성의 법칙과 연관이 있다. 시간의 흐름에 따라 나의 장점이 약점이 될 수도 있다. 또는 경쟁사가 나의 장점보다 더 큰 장점을 개발할 수도 있다. 이것이 대표적인 관성의 저주이다.

또한 기업의 장점인 경쟁우위요소는 지속적인 것으로 강화시켜야 한다. 기업의 경쟁우위요소가 지속적이지 못하면 바로 경쟁사가 복제하여 사용할 것이다. 소련군도 독일군의 장점을 바로 복제하여 사용해서 이긴 것이다. Barney 교수가 1990년에 발표한 것처럼 자원의 독창성과 이질성을 갖추고 이를 바탕으로 가치 있는 복제가 어려운 지속가능한 경쟁우위요소를 개발하는 것이 무엇보다도 중요한 시대가 온 것이다. 독일군의 패배는 이러한 경쟁우위요소를 지속가능한 것으로 만들지 못하고 적군인 소련이 복제가능하게 만들었다는 것이다.

비즈니스 상황에서도 이러한 사례를 쉽게 찾을 수 있다. 해태제과에서는 허니버터칩이라는 공전의 히트 상품을 만들었다. 하지만 초기에 생산 및 수요예측에 실패하여 시장에서의 공급이 원활하지 않았다. 처음에 이 이슈는 오히려 제품이 너무 좋아서 만들자 마자 팔린다는 소문으로 번졌고 공급의 이슈가 아닌 화제성을 띄게 되었다. 하지만 수요가 커진 시장을 여전히 해태제과는 공급에서 충족하지 못했고 자원이 풍부한 롯데제과에서 수미칩에 허니버터를 가미한 제품을 만들어 내고 다른 경쟁사들도 유사 제품을 만들면서 시장은 커졌지만 시장 지위는 롯데 등의 다른 경쟁사에 내주고 만다. 경쟁우위요소는 만들어지지만 지속가능하게 만들기 위해서는 경쟁사가 따라하지 못하는 무엇이 있어야 한다.

전쟁, 혁신, 사람 그리고 전략

소련군의 승리 원인

1) 잘못을 인정하고 환골탈태하다!

사고만 치던 불량학생이 모범생으로 환골탈태한 것이 소련군이었다. 소련군은 독소전쟁 초기에는 오합지졸 군대였다. 지휘관들은 전술과 전투에 대한 개념도 없었고 병사들은 농민들을 급히 징집한 민병대 수준의 군대였다. 독일군과의 전투에서 너무나 쉽게 무너졌고, 단 한 번의 전투에서 몇 십만 명이 포로로 잡혀서 독일군의 군수산업 노예로 끌려가기가 일수였다.

과거의 소련군은 세계적인 강군이었다. 적백내전을 거치면서 종심 작전과 기동전략에 대한 경험을 축적했고, 전략과 전술의 중간 단계인 작전술이라는 독특한 전투개념을 수립하고 있었다. 기갑부대의 창설과 전격전의 개념도 독일군보다 더 빨리 도입했다. 1927년에 기갑연대를 창설했고 1932년에는 2개의 기계화군단을 편성했다. 이는 독일의 최초 기갑사단 창설보다 3년이나 빠른 것이었다. 또한, 1929년에 전격전의 개념을 창안했고 1936년에 야전교범에 수록했다. 즉, 1930년대 중반까지 소련은 기계화 전쟁의 이론과 경험에서 독일보다 훨씬 앞서는 수준이었다. 그 중심에는 붉은 군대 총사령관 미하일 투하체프스키 장군과 소련군 종심작전의 아버지라는 블라디미르 트리안다필로프 같은 걸출한 전술가들이 있었다. 이들은 혁신적 사고로 소련식 전술을 개발했고 이를 군에 보급한 전쟁의 천재들이었다.

이런 강군을 오합지졸로 만든 장본인이 스탈린이었다. 그는 군부에 맹목적인 충성과 지적인 굴욕을 강요했다. 결국 1937년 군부를 잠재적인 권력 도전자로 간주하여 투하체프스키를 비롯한 군부를 대거 숙청하였다. 4년 동안 8만명의 장교 중에서 무려 3만명을 사형 혹은 투옥시켰다. 스탈린의 군부 숙청은 독소전쟁 초기에 소련군의 재앙적인 패배를 불러왔다. 숙청에서 살아남은 장교들은 경험이 부족했고, 전술의 이해와 병력의 배치, 방어선 구축 등에 미흡하여 경험 많은 독일군 지휘관들의 상대가 되질 못했다. 전쟁과 전투의 승패는 지휘 장교의 능력에 전적으로 달려있는데 1941년 독소전쟁 초기에 소련군에는 유능한 장교들이 없었기 때문에 연전연패를 당했다.

하지만 소련군은 변화하였다. 1942년 스탈린이 주코프 장군 등 군인들에게 전쟁을 맡기면서 변화가 시작되었다. 장교들에게 지휘권과 책임감이 이양되고 전투현장에서의 솔선수범하는 리더십이 시작되었다. "동무"보다는 "장교"라는 단어가 더 사용되고, 폐지했던 장교복의 견장과 장식이 부활했고, 탁월한 전투력을 보인 사단에는 제정 러시아 시대의 용어인 "근위대"라는 호칭이 부여되었다. 금기시된 투하체프스키 장군이 개발한 선진적인 전투 교리들이 부활하였다.

소련군은 승리를 위해 내부적으로 서서히 깨어나고 독일군을 철저히 분석하고 배우려고 노력했다. 소련군은 쿠투조프 작전에서 독일군의 방어선 중에서 약한 지역을 집중적으로 공격하여 뚫고 들어

전쟁, 혁신, 사람 그리고 전략

가서 전과를 확대했다. 10년 전에 투하체프스키가 도입했던 먼 기억이 있는 방법이며 불과 2년 전에 적에게 호되게 당했던 방법을 이제 소련군이 도입했다. 이제 소련군은 독일군 이상의 전투력을 발휘할 준비가 되었고 전쟁의 주도권을 잡을 시기가 왔다. 드디어 독일군에게 당한 것 이상으로 갚아줄 시기가 왔다.

인간은 누구나 실수를 한다. 하지만 그 실수를 빠르게 인정하고 변화를 시도하는 사람은 많지 않다. 최고경영자도 마찬가지이다. 어느 최고경영자도 인간이기에 실수한다. 하지만 자신의 실수를 인정하고 다른 사람에게 권한을 위임해서 잘못을 바로잡으라고 말하는 최고경영자가 얼마나 될까? 기업이 커질수록 복잡해질수록 더욱 권한 위양과 변화는 어려워진다. GE의 잭웰치는 지인으로부터 자신이 GE의 잘못과 실수를 알게 되는 가장 최후의 사람이라는 이야기를 듣고 기업의 소통 구조를 변화시킨다. 모든 직원과의 소통을 중요시하고 많은 시간을 직원과의 소통에 할애하고 잘못과 실수를 들으려고 하였다. 그래서 GE는 지난 100여 년 동안 한 번도 포춘 100대 기업의 리스트에서 제외된 적이 없었다. 기업이 변화하려면 최고경영자부터 바뀌어야 한다. 하지만 많은 기업은 아래에서부터 바뀌는 것을 요구한다. 그래서 기업이 변하기 어려운 것이다.

2) 자원을 많이 가진 측이 이긴다. 특히 방어전에서는 그러하다.

인류 역사의 수많은 전쟁에서 승리의 공통점은 무엇일까? 바로 상대에 비해 더 많은 병력과 화력이다. 흔히들 적은 전력으로 다수의 상대를 이긴 전쟁에 열광하곤 하는데, 그 사례는 너무나 희귀하고 특별하기 때문에 회자되는 것일 뿐이다. 우리가 이순신 장군이 극히 열세인 군사와 함정을 가지고 수적으로 우세한 왜군을 무찌른 것에 열광하는 것도 장군의 특별한 능력 때문인 것이다. 하지만 비슷한 리더를 가진 경쟁에서는 상대에 비해 적은 병력과 장비로는 절대로 이길 수 없다. 전쟁은 언제나 더 많이 가진 자의 승리로 끝났다.

독소전쟁도 역시 더 많이 가진 소련군의 승리로 끝났다. 소련은 독일과의 전쟁에서 란체스타 전략 제1법칙에 충실했다. 영국의 항공공학자이자 발명가인 프레데릭 윌리엄 란체스터Frederick William Lanchester가 세계 대전의 공중전 결과를 분석하면서 발견한 원리이다. 상호간의 성능이 동일할 경우 다수가 소수를 쉽게 이길 수 있으면서 그 피해도 훨씬 적다는 것이다. 이 법칙은 제2차 세계대전에서 연합군의 중요한 전략으로 이용되었으며, 전쟁이 끝나고 1960년이 되자 경영학의 주요 원리로 다시 조명받기 시작한다. 한정된 자본을 어디에 투자해야 경쟁자보다 효율적인 수익을 거둘 것인가를 결정하는 중요한 기업전략의 기반으로 거듭난 것이다.

이 법칙을 충실하게 따른 소련은 항상 더 많은 병력과 더 우세한 화력을 유지하려 사력을 다했다. 이 숫적인 우세를 바탕으로 독일과의 치열한 혈투에서 승리를 거두었다. 쿠르스크 전투에서도 소련군은 독일보다 병력과 무기의 우세에 충실했다. 당시 독일군은 치타델 작전을 위하여 43만 5천 명의 병력과 야포와 박격포 1만여 문, 3천대가 넘는 전차와 돌격포를 준비했다. 이에 대응해 소련군은 스텝 전선군 포함 150만여 명의 병력과 2만여 문의 포와 5천여대의 전차와 돌격포를 준비했다. 또한, 독일군의 진격로를 정확하게 파악하여 병력을 집중적으로 배치하였다. 이 결과 오욜 축선의 경우 병력 2.7:1, 야포 3.3:1, 전차 2.6:1의 우위를 준비하고 독일군의 진격을 기다리고 있었다. 일반적으로 잘 준비하고 기다리는 방어군은 공략하려면 공격군이 10배는 더 많은 병력을 동원해야 한다고 한다. 그러나 쿠르스크 전투에서는 오히려 방어군이 더 많은 병력과 화력을 준비했고, 전차의 화력 열세는 차체를 참호에 파묻거나 접근전을 펼치는 방법으로 만회했다.

1941년 6월 독일군이 소련을 침공할 당시에 300만 명의 병력을 동원했다. 소련은 기초 훈련을 마친 300개 사단 1천 4백만 명의 병력을 보유하고 있었다. 개전 초기에 독일군은 100개 이상의 소련군 사단을 소멸시켰다고 추정하고 있었다. 그러나 불과 6개월만에 소련군이 600여개의 사단을 새롭게 편성하자 독일 지휘부는 크게 당황했다.

소련군은 어떻게 단시간에 병력을 동원할 수 있었을까? 답은 2억이 넘는 인구와 독재 국가 특유의 강제 동원에 있지만, 소련군의 독특한 전시 동원 예비군 시스템이 있기 때문이다. 소련군은 평시에도 두 명의 부지휘관제를 운영했다. 예를 들면 한 사단에 부사단장이 두 명이 있고, 이 사단이 전투에 투입되면 한 명의 부사단장은 사단장을 보좌하며 전투를 치르고, 다른 한 명의 부사단장은 주둔지에 남아서 사단장으로 진급하여 새로운 사단을 만들고 훈련시키는 방법이었다. 이 편제는 사단, 연대, 대대, 중대에도 적용되었기 때문에 풍부한 인력을 바탕으로 쉽게 새로운 부대를 만드는 훌륭한 시스템이었다. 이 시스템을 바탕으로 소련군은 끊임없이 새로운 부대를 만들어 독일군에 수적인 우위를 유지했다.

소련군은 무기의 생산에서도 우위를 점했다. 독일 침공 후에 소련의 공업시설 70%가 독일군에게 점령당했는데 어떻게 이런 일이 가능했을까? 소련 국민의 눈물겨운 고통의 결과가 있었기 때문이었다. 소련은 1941년 6월 독일이 침공하자 1년 동안 서쪽에 있는 공장 1천 5백여 개를 독일의 폭격기가 접근하기 어려운 중앙 아시아, 시베리아 등지로 이전시켰다. 그 과정은 거의 기적에 가까운 대역사였다. 4가닥의 횡단 철도를 이용하여 철도 화차 150만대 분량의 물자와 2천만 명 이상의 노동자가 이동했다. 16세에서 40세까지의 남자들은 징집당하고 나머지의 인구가 이 일을 해냈다. 공장의 한 쪽은 가동하는 상태에서 다른 한쪽은 해체 작업을 하고, 동쪽으로 이동하고 난 후에는 공장의 건설과 생산이 동시에 진행될 정도로 절박하게 이루어졌다.

2차 대전에서 독일군을 상대하고 이긴 결정적인 주역은 소련군이다. 소련군 혼자서 독일군의 60% 이상을 상대했고, 그 이상의 피해를 독일군에게 입혔다. 물론 소련도 엄청난 대가를 치렀다. 전쟁 동안 소련은 약 2천 9백만 명의 군 인명 손실을 보았고, 민간인 숫자까지 합하면 상상조차 못 할 천문학적인 인구 손실을 보았다. 2차 대전 기간 동안 소련은 거대한 산과 같았다. 비록 깨지고 휘어지더라도 무너지지 않았고 부서지지 않았다. 소련은 거대한 산처럼 독일군의 공격을 흡수하고 튕겨냈다.

단순하게 양적인 우세가 아니다. 양적인 우세를 갖기 위해 소련이 노력한 과정에서 우리는 승리의 요인을 찾을 수가 있다. 일단은 지휘체계에서 하급 지휘관에 대한 권한위임이 잘되었고 국민부터 모든 구성원이 단합하여 양적인 우세를 만들어낸 것이다. 양적인 우세가 반드시 질적인 우세를 이기지는 못한다. 하지만 소련군의 경우처럼 구성원들의 일치단결과 지휘관과 하급관리들의 책임위임이 잘되어서 수레바퀴가 맞물려서 돌아가듯 위에서 아래까지가 일체감을 가지고 한 몸으로 움직인 덕분에 승리한 것이다. 기업경영에서도 중요한 부분이다. 양적인 우세를 하려면 모든 구성원을 단합시키는 리더의 권한 이양과 소통이 잘 이루어져야 할 것이다.

공자와 학습

배우고 때맞춰 익히면 또한 즐겁지 아니한가. 공자가 말하는 공자의 공부법

배우고 때맞춰 익히면 또한 즐겁지 아니한가(子曰: 學而時習之, 不亦說乎) 동양 최고의 인생교과서인 <논어>는 첫 장을 배움의 기쁨으로 시작한다. <논어>는 공자와 제자들의 대화를 기록해놓은 책이다. 공자가 생각하는 바람직한 인간의 상은 '공부하는 인간'이라는 데 있다. 많이 아는 사람이 아니라 많이 알려고 평생 끊임없이 노력하는 사람이다. 흙숟가락로 태어난 15살에 학문에 뜻을 둬 70세에 마침내 '마음대로 하고싶은 것을 행해도 규율에 벗어나지 않았다'고 돌이켜보는 공자를 보면 평생학습의 절정을 보는 듯한 기분이 든다. 그가 말하는 공부의 기쁨, 방법, 태도는 어떤 걸까? 과연 2500년이 지나 우리에게 시사하는 바는 무엇일까?

■ **학습의 기쁨: 밥 먹는 것도, 고기 맛도 잊고 몰입할 일.**

우리는 자기소개서를 한 줄로 요약한다면 어떻게 표현할까? 공자는 '어떤 일에 열중하면 먹는 것도 잊고 즐거워하여 걱정거리를 잊어버리며, 늙음이 다가오는 것

전쟁, 혁신, 사람 그리고 전략

도 알지 못한다'고 말한다. 어떤 사람이 공자의 제자인 자로에게 공자가 어떤 사람이냐고 물었는데 선뜻 대답을 하지 못했다는 말을 듣고 공자가 단칼에 이렇게 스스로를 압축해 말했다. 실제로 공자는 제나라에서 음악을 배울 때, 3달 동안이나 고기 맛을 잊을 정도로 몰입했다고 한다.

몰입을 영어로는 flow라고 합니다. 단어 뜻 그대로 1시간이 지났는지 6시간이 지났는지 잘 모를 정도로 시간의 흐름을 못느끼는 경지, 이 때 우리는 삶이 충만하다고 느낀다. 미하일 칙센트미하이는 '진정한 행복은 휴식보다도 이런 집중과 몰입의 순간에 있다'고 했다. 공자는 '나보다 잘난 사람은 얼마든지 많지만, 나만큼 배우길 좋아하는 사람은 아마도 없을 것이다'라고 말했다. 여러분은 배움에서 이런 강렬한 몰입과 진화의 기분을 느껴본 적 있는가? 몰입, 어디만큼 느껴보았는지 그것이 인생 행복을 좌우하는 것이라 생각한다.

■ 배움의 전제: 자신을 아는 것이 먼저다.

모든 배움은 자신을 아는 것이 먼저다. 공자는 '아는 것을 안다고 하고 모르는 것을 모른다고 하는 것, 이것이 아는 것이다'라고 말한다. 나 자신의 상태를 알아야 한다는 것인데 말처럼 쉽진 않다. 세계적인 대문호 마크 트웨인은 '인간이 곤경에 빠지는 건 뭔가를 몰라서가 아니라 뭔가를 안다는 자기중심착각 때문이다'라고 말했다. 최상위 우등생 1%와 그렇지 않은 학생들의 차이는 메타인지라고 한다. 즉, 자신이 아는 것과 모르는 것을 구별할 줄 아는 것이다.

자신을 안다는 것, 어떻게 확인할 수 있을까. 생김새는 거울을 보고 알 수 있지만 진정한 자신을 알긴 어렵다. 피터 드러커는 자신의 역할을 설명할 수 있는 것이라 말한다. 즉, OOO회사 OO부서 부장이라는 지위는 자신의 포장이지 본질이 아니라는 것이다. '다른 관리자들이 올바른 결정을 내리는데 필요한 정보를 제공하는 것이 나의 일이다', '고객들이 장차 필요로 하게 될 제품을 찾아내는 것이 내 책임이다' 등 권한보다 공헌과 역할에 맞춰 자신을 설명할 수 있어야 한다. 이런 인식과 피드백은 자신의 강점, 그 자신을 어떻게 개선해야 할지를 알게 한다. 잘하는 것, 하지 말아야 할 것, 더 노력해야 할 것, 무엇을 배우고 바꿔야 하는지 성찰하게 한다. 자신을 모르는 채 공부하는 것은 거울을 보지 않고서 화장하는 것과 같다. 에릭슨 교수는 '1만 시간의 법칙을 이야기하지만, 피드백과 그에 따른 의도적 노력을 하지 않은 채 1만 시간을 학습해봤자 성과는 없다'고 단언했다. 자기인식이 먼저입니다. 노력이 배신하는 것이 아니라 자기인식 없는 노력이 배신하는 것이지요.

■ **배움의 방법: 일공부가 가장 큰 공부다.**

공자는 '배우기만 하면서 생각하지 않으면 아무것도 없다. 생각하기만 하고 배우지 않으면 위태롭다'라고 했다. 오늘날 각종 지식과 정보가 쏟아진다. 해야 할 일도 많다. 그런 상황에서 일머리를 생각하며 배우고 일하지 않으면 본인에게 남는 것이 없다. 탈진이란 말이 나오는 것도 그 때문일 것이다. 반대로 늘 궁리하고 생각하지만, 실행으로 옮기지 않으면 모래성이 되기에 십상이다. 즉, 사고력과 실행력이 함께 하는 것이 진정한 배움이다. 공자의 말은 일과 공부가 따로 노는 것이 아니라 일공부가 가장 큰 공부라고도 해석해 볼 수 있다.

요즘 워라밸을 넘어 '워라인(work and life integration: 일과 삶의 통합)'이란 말이 유행이다. 학교 밖 공부는 지식을 넘어 사람, 일 모두를 통해 이뤄진다. 학교에서 공부가 점이었다면 그 이후는 선을 잇고 면을 만들고 면을 입체화하는 것이다. 일하느라 공부할 시간이 없다? 일의 체계화, 일 공부야말로 가장 가성비 높은 공부이다.

■ **배움의 태도: 불치하문, 아랫사람에게 묻길 부끄러워하지 말라.**

'배우는데 늘 민첩했고, 아랫사람에게 묻는 것을 부끄러워하지 않았다(敏而好學不恥下問)' 공자가 당대의 인물 공문자란 사람을 평하면서 한 말이다. 공문자는 개인적 인품에서 문제가 많았던 사람인데, 그런데도 죽은 후 붙이는 시호에 문(文)이 들어갔다. 제자들이 불만섞인 의문을 제기했을 때 충분히 받을 자격이 있다고 하며 해준 대답이다. 배움의 자세를 얼마나 중시했는지 알 수 있다.

말뿐 아니라 공자 본인도 실행했다. 공자는 어려서부터 예절에 밝았고 여기저기 자문, 요즘 말로 컨설팅을 하러 다녔다. 태묘(중국 주나라 정치가 주공을 모시고 제사 지내던 사당)에 제사 자문을 하러 갔을 때의 일이다. 매사를 현장 실무담당자에게 물었다. 기본예의와 절차에 해당하는 것까지도. 그걸 보고 몇몇 사람이 '뭐, 저런 것도 몰라서 일일이 물어보나? 저 사람(공자)이 예절을 잘 안다고 소문난 것은 과대포장된 것이로구나'하고 뒷담화를 했다. 이걸 들은 제자들이 이 말을 일러바치자 공자는 화를 내긴커녕 '현장담당자에게 물어보는게 예이다'라고 답했다.

뒤에 사가들은 이렇게 현장담당자에게 물어보며 배우려 한 자세의 이득을 3가지

전쟁, 혁신, 사람 그리고 전략

로 말한다. 첫째는 현장 실무자들의 자존심을 세워준 것이고, 둘째는 제사예절은 각각이기 때문에 중앙과 지방이 다를 수 있어 물어봐 확인한 것, 셋째는 주변에 모르지만 물어보지 못한 사람들을 대신해 물어봐 잘 알도록 도와준 것이란 것이다.

이런 점에서 공자는 정말 '배운 사람 같지' 않았다. 자신보다 직급이나, 나이가 어린 사람에게 배우고자 물어보는 것은 부끄러운게 아니라 자신감의 표현이다. 요즘 밀레니얼 세대와의 소통이 문제가 되고 있다. 일본 메이난 제작소의 하세가와 가스지 회장은 '아랫사람에게 가르침 받을 용기가 있는가, 없는가 이것이 리더의 수준을 결정한다. 라이벌보다 후배에게 배우고자 하는 것이 더 힘들다. 내가 데리고 있는 사람 내가 먹여 살리는 사람에게까지 고개를 숙이고 가르침을 청한다는 것은 여간 용기를 필요로 하는 일이 아니다. 하지만 그것이야말로 리더의 야망과 대담한 성품을 보여주는 증거다'라고 말했다. 리더가 배움의 자세를 보여줄 때 구성원들은 진정으로 따른다는 이야기와 통한다.

■ **배움의 자세를 갖게 하려면: 깨기보다 많이 깨우쳐라.**

공자는 제자 3천명을 모두 인재로 육성했다. 하지만 공자의 제자들은 자원이 좋지 않았다. 귀족자제도 있었지만, 서민들이 대부분이었고 연령, 출신이 다양하기 그지없었다. 그런데도 모두 제 몫을 하게끔 한 것은 공자가 배움의 자세를 가지게끔 해서다. 즉, 요즘 말로 하자면 공자는 전혀 꼰대 느낌이 나지 않았다.

공자는 자신의 학습 전수법을 이렇게 말한다. '분발하지 않으면 계발해주지 않으며, 표현하지 못해 답답해할 정도가 되지 않으면 가르쳐주지 않는다. 한 모퉁이를 가르쳐주었는데 나머지 세 모퉁이를 알지 못해도 가르쳐주지 않는다'

어떤 문제에 대해 골똘히 집중해 생각하려고 하지만 알 수가 없어 이를 분하게 여겨서 꿰뚫고자 하는 성의가 충만할 때까지, 입에선 말하고자 해서 혀를 뱅글뱅글 맴도나 말이 채 안 나올 때까지, 사물에는 네 모서리가 있다면 그 한 모서리만 들어보여주면 다른 세 모서리는 스스로 알아 시시콜콜 다 가르쳐주지 않았다는 이야기이다. 즉, 코칭적 소통법, 여백을 두고 채우길 기다려 가르쳤다. 혹시 여러분은 간섭하느라 각성의 순간을 놓치시진 않았는가?

■ **에필로그. 공부의 함정에 빠지지 말자.**

'배운 사람답지 않다'라는 말은 알다시피 겸손한 사람을 가리키는 칭찬의 말이다.

공부를 안해서 걱정이기도 하지만, 공부를 너무 해서도 걱정인 게 배움의 이중성이다. 공부하는 사람은 이기적이거나, 오만하거나 세상 물정 모르는 채 잘난 척만 해서 배타시 되기도 한다. 공자가 말하는 진정한 배움은 글공부만을 가리키는 것이 아니다. 현실에서 유리되는 그런 의미도 아니다. 세상을 공부하는 것, 사람을 공부하는 것, 이 모든 걸 뜻한다. 오히려 책공부는 나중이다. 겸손이 없는 공부는 독이 되기에 십상이다.

공자는 '옛날 사람들은 스스로를 위한 공부를 했는데, 요즘 사람들은 남에게 보이기 위한 공부를 한다'고 질타했다. 즉, 남보다 잘나기 위해서가 아닌 어제의 나보다 나은 사람이 되기 위한 수양과 수련이 진정한 공부란 뜻이다. 공부는 성숙하고 성장하기 위한 것이지, 성공을 향한 것만은 아니다.

〈출처〉 김성회소장, 2019. 08. 30. GS 칼텍스 미디어.

전쟁, 혁신, 사람 그리고 전략

08

성동격서:
적을 속여 사상최대의 상륙작전을 성공시키다 –
노르망디 상륙작전

성동격서와 기업전략
·
대서양에 만리장성을 쌓다: 또 한 번의 人災
·
사상최대의 작전을 준비하다: 철저한 준비와 성공을 위한 체크리스트
·
D-데이: 가장 긴 하루의 시작은 독일군 리더의 오판으로 시작되었다.
·
D-데이: 지상 최대의 작전
·
D-데이: 적의 기만전술에 당해 기회를 놓치다.
·
승패의 원인
·
독일군의 패배의 원인
·
연합군의 승리의 원인

08 성동격서: 적을 속여 사상최대의 상륙작전을 성공시키다 – 노르망디 상륙작전

성동격서와 기업전략

성동격서聲東擊西는 동쪽을 공격하는 척하다가 실제로는 서쪽을 공격하는 전술을 말한다. 적의 방어력을 다른 곳으로 집중시켜서 혼선을 주고, 실제로 공격하고자 하는 곳의 방어력의 허점이 엿보이면 그 틈을 타서 불시에 공격하는 기만 양동 전술이다. 이 전술을 시행하기 위해서는 먼저 적이 무엇이 강하고 약한가를 정확하게 파악하고 있어야 한다. 적의 능력이 뛰어나고 백중세가 예상되는 상황에서는 적의 능력에 대한 철저한 분석이 필요하다. 왜냐하면, 정면 공격으로 승부를 하게 되면 설사 승리를 한다 해도 너무나 많은 희생과 손실이 크기 때문이다.

따라서 대개의 경우 상대를 기만하거나 이완되게 만들어 신경을 한곳으로 집중시킨 후 상대가 믿고 있는 방심의 틈을 이용하는 방식을 많이 구사하는 계책이다. 실제로 고전에서도 초한지에 소개되는 사례처럼 유방은 항우의 군대를 공격하는데 급류를 사이에 두고 적을 공격하기가 어렵고 급류를 건널 수 없을 거라는 상대의 생각을 역으로 이용했다. 반대편에서 요란한 소리로 현혹하며 정예병을 나무 항아리로 뗏목처럼 연결해 상대가 무방비하게 만들어 유유히 급류를 건너 상대를 제압한 일화가 성동격서의 정수로 알려져 있다.

다만 성동격서에도 커다란 딜레마가 존재하는데, 바로 적들이 움직일 만큼 소리를 크게 질러야 한다는 것이다. 상대가 수비로 일관할 경우 대응 자체를 하지 않기 때문에 오히려 전력만 소모된다. 또한, 상대와 자신의 전력 차가 너무 크게 날 경우, 소리를 내자마자 상대가 소리를 낸 곳을 돌파하면서 역으로 패배해버릴 가능성이 크다. 애초에 성동격서는 기본적으로 승전계, 즉 이기고 있을 때 확실히 굳힌 것을 기본 전제로 해서 위급한 상황을 타개하는 묘책은 아니다.

추운 날씨가 대부분인 러시아에서 에어컨을 팔고 열사의 땅 중동에서 난로를 파는 것은 일반적인 상식을 벗어나는 일이다. 하지만 기억하라. 상식적인 시장에는 상식적인 수많은 경쟁자가 피를 흘리며 싸운다. 러시아에서 에어컨을 팔아서 시장 1위 기업이 된 LG전자와 중동에서 난로를 수출한 파세코의 사례는 해외 시장 조사의 중요성을 다시 한번 일깨워준다. 단순히 상식만을 믿을 것이 아니다. 더욱 신중하고 객관적인 접근이 필요하다. 사전에 면밀하게 시장조

전쟁, 혁신, 사람 그리고 전략

사를 하다 보면 의외의 시장 니즈를 발견할 수 있다. LG전자와 파세코는 이미 노출된 시장에서의 경쟁을 피해서, 남들이 전혀 생각하지 못하고, 미처 발견하지 못한 시장을 찾아낸 것이다. 이것이 성동격서와 유사한 암도진창 전략이다.

신규 진출 기업이 안정된 시장에 들어가기만을 고집한다면 그 기업은 파산할 가능성이 커지게 마련이다. 규모가 작을수록 이미 경쟁자가 장악하고 있는 시장이 아니라 차별화되고 창의적인 아이디어로 남들이 보지 못하는 시장을 찾아내야 한다. 유연한 사고로 새로운 시장을 창출하려는 노력이 중요하다. 신규 진출 기업이 안정된 시장에 들어가기만을 고집한다면 그 기업은 파산할 가능성이 커지기 마련이다. 전통적인 경영자들은 경쟁자가 진입해서 성공한, 이른바 검증된 시장에 진입하길 원한다.

하지만 그것은 착각이다. 더구나 규모가 작은 기업일수록 더욱 그렇다. 시장에서 경쟁자가 장악하고 있는 고객을 빼앗아 오려면 브랜드 인지도가 동일하다고 해도 최소한 1.8배의 비용을 더 지불해야 한다는 조사결과가 있다. 신규 진출자에게 과연 그럴 여력이 있는가? 그럴 여력이 없다면 진입은 꿈도 꾸지 마라. 규모가 작을수록, 체력이 약할수록 피 튀기는 시장에는 진입하지 마라. 유연한 사고로 남들이 보지 못하는 시장을 찾아내라. 그리고 확실하게 차별화된 창의적인 아이디어로 진입하라. 그래야 실패를 면할 수 있다. 무한경쟁 시대가 줄기차게 요구하는 것은 사고의 유연성이다. 유연한 사고에서 창의력이 나올 수 있다. 그러나 사고의 유연성은 하루아침에 키워지는 것이 아니다. 즉 사고의 유연성으로 경쟁사가 보지 못하는 부분을 볼 수 있어야 하고 정확한 분석력이 요구되는 전략이 성동격서인 것이다.

대서양에 만리장성을 쌓다: 또 한 번의 人災

히틀러는 1940년 덩케르크에서 연합군을 몰아내고 프랑스를 비롯한 서유럽을 손에 넣었다. 히틀러의 야욕은 여기서 그치지 않았다. 여세를 몰아 1941년 바바로사 작전을 발동하여 소련을 침공하여 스탈린의 붉은 군대와 일진일퇴 공방을 펼쳤다. 그런데 소련과의 전쟁 중에 그는 항상 뒤통수가 서늘했다. 영국과 미국이 주축이 된 연합군이 언젠가는 유럽 본토에 상륙을 시도할 것이고 그렇게 되면 독일은 소련과의 동부전선 외에 나머지 연합군과의 서부전선이 만들어질 것이다. 당시 독일군의 체력으로는 두 개의 전선을 동시에 감당하기에는 어려웠다.

히틀러가 고민하다 생각한 카드는 대서양 방벽이었다. 노르웨이 최북단 키르케네스부터 프랑스와 스페인 국경까지 대서양 해안을 따라 거대한 방벽을 설치하여 연합군의 상륙을 저지하겠다는 구상이었다. 직선거리만 해도 4,800km에 달하는 현대판 만리장성이었다. 1941년 가을 히틀러가 이 구상을 발표했을 때 독일군 장군들은 경악하고 반대했다. 하지만 히틀러는 고집을 꺾지 않았다. 수십만 명의 노동자가 강제 동원되고 천문학적인 양의 콘크리트와 철근이 투입되는 대역사가 이루어졌다. 히틀러는 이 대서양방벽이 연합군을 저지하고 분쇄할 수 있을 것이라고 확신했다. 하지만 히틀러는 장소와 시간을 마음대로 정할 수 있는 움직이는 침략군을 고정된 진지로 방어하기 어렵다는 전술의 기본 개념을 몰랐다.

대서양 방벽
출처: 위키백과

서부전선을 책임지는 서부전선 총사령관 룬트슈테트 장군과 프랑스와 벨기에 해안을 책임지는 B집단군 사령관 롬멜 장군은 이런 고정진지를 받아들이지 않았다. 우선, 룬트슈테트 장군은 장소와 시간을 선택할 수 있는 연합군을 저지하려면 고정진지를 이용한 방법보다는 기갑 기동전력을 활용해야 하며, 특히 방어군 주력을 내륙에 주둔시키자고 주장했다. 후속 병력과 보급 물자가 충분하지 않는 상륙군은 백프로의 전력을 사용하지 못하기 때문에 충분한 승산이 있다고 보았다.

한편으로 롬멜 장군은 대서양 방벽을 비판하는 데는 룬트슈테트 장군과 의견이 같았지만, 상륙군을 막는 장소에 대한 견해는 달랐다. 롬멜은 연합군이 일단 상륙하면 방어를 위한 부대 전개가 불가능할 것이기 때문에 방어군 주력을 해안가에 배치하자고 주장하였다. 롬멜의 이 주장은 아프리카 전선에서 자신의 기갑전력이 이동 중에 연합군의 항공기 공격으로 혼이 난 경험이 있었기 때문이었다. 이 두 사령관의 상반된 안은 히틀러에 의해 내륙도 아니고 해안도 아닌 중간 위치에 기갑부대를 주둔시키는 것으로 절충되었다. 추가하여 기갑부대의 이동은 히틀러 자신의 명령에 의해서만 가능하다는 단서도 달았다. 이러한 히틀러의 결정은 디데이 당일은 물론이고 이후에도 연합군을 격퇴시킬 기회를 놓치게 했다.

대서양 방벽을 시찰 중인 롬멜 장군
(출처: 네이버 지식백과)

B집단군 사령관으로 부임한 롬멜 장군은 히틀러가 국내에 선전한 것에 비해 방어시설이 너무나 열악함에 놀랐다. 그래서 방어시설을 보완하기 시작했다. 해변 모래사장에는 상륙 저지용 시설과 지뢰를 설치하고 해안 절벽 위에는 토치카와 포대를 설치했다. 해안 뒤의 평지에는 공정부대의 글라

전쟁, 혁신, 사람 그리고 전략

이더를 막기 위하여 큰 말뚝을 박고 철사줄을 설치하였다. 연합군의 상륙 예정지의 하나로 노르망디 지역을 지목하여 노르망디 해안 뒤쪽 저지대의 수로들을 개방하여 침수지대를 만들었다. 실제로 디데이 당일 새벽에 낙하산으로 침투한 많은 연합군이 침수지대에서 익사하였다.

롬멜은 방어시설 구축에 거의 편집증 환자처럼 매달렸다. 새벽 4시에 기상하여 하루 종일 현장을 다니며 공사를 점검하고 독려하였다. 해변에 5백만 개의 지뢰를 설치하고도 모자라 종국적으로 6천만 개를 추가로 설치할 계획을 세웠다. 해안에는 토치카, 벙커, 교통호와 포대를 조밀하게 설치하고 기관총, 해안포, 박격포, 자동 화염방사기, 원격조종으로 움직이는 폭탄을 탑재한 소형 전차 등 과도할 정도로 준비를 했다.

한동안 방어진지 보완에 시간과 힘을 다 소모한 롬멜은 오랜만에 가족과의 시간을 보내기 위해 돌연 휴가를 신청했다. 기가막힌 우연이지만 롬멜이 휴가를 떠나는 날 연합군 아이젠하워 장군은 상륙을 최종 결정하였다. 당일 아침에 작성한 히틀러에게 보낼 보고서에서 롬멜은 "연합군이 고도의 전투준비 태세를 갖추고 있으나 아직 침공의 징후는 없다"라고 했다. 그리고 날씨도 한 몫 했다. 몇일 동안 바람이 세고 파도가 높았다. 당일 새벽 5시에 독일 공군 수석 기상장교 발터 슈퇴베는 서부 전선에 몇일 동안 바람이 더 세지고 비까지 내릴 것이라고 예보했다. 서부전선의 거의 모든 독일 지휘관들이 이 예보를 믿었고 이런 날씨에 연합군의 상륙은 없을 것이라고 믿었다. 롬멜도 그렇게 믿었고 가족을 만날 부푼 기분으로 휴가를 나섰다.

이처럼 노르망디 상륙작전은 여러 가지 우연이 겹친다. 롬멜의 휴가계획이 그렇고 날씨도 그렇다. 운명의 신이 독일을 저버리는 듯한 느낌이다. 물론 여기에 준비를 하던 리더의 잘못도 한몫한다. 우리는 이를 인재라고 한다. 모든 재앙의 뒤편에는 사람의 잘못이 존재한다. 방어진지를 구축하면 승리할 수 있다는 믿음이 그것이고 히틀러라는 최고 지휘관의 아집도 그러하다. 히틀러는 프랑스가 믿고 있던 마지노 방어선을 무용지물로 만들어 대승을 거둔 적이 있다. 그랬던 그가 이제는 자신이 연합군을 막기 위해 대서양 방벽을 세웠다가 연합군의 노르망디 상륙작전을 막지 못하여 패망의 길로 들어섰다.

사상최대의 작전을 준비하다: 철저한 준비와 성공을 위한 체크리스트

2차 대전을 종식시키는 유일한 방법은 연합군이 직접 유럽 본토로 건너가서 히틀러를 굴복시켜야 한다. 이를 달성하기 위해 수립된 작전이 그 유명한 노르망디 상륙작전이다. 여러 가지 이유로 지연되던 오브로드 작전이라고도 불리던 노르망디 작전은 1943년 런던의 영국 육군성에 연합군 최고참모본부COSSAC가 창설되면서 본격적으로 계획 수립이 시작되었다. 참모장은 이전에 상륙작전의 경험이 많은 영국 프레드릭 모건 중장이 임명되었다. 하지만 모건이 앞으로 넘어야 할 산은 아직도 엄청나게 많이 남아 있었다.

아이젠하워 장군
(출처: 위키백과)

대규모 상륙 작전은 어렵다. 당시에도 그렇고 지금도 사단급 정도의 상륙 작전을 단독으로 할 수 있는 군대는 거의 없다. 더구나 노르망디 상륙 작전은 수많은 인력과 물자를 확보하고 이동시키는 물류와의 싸움이고 종국적으로는 천문학적인 비용이 소요되는 싸움이다. 결국 엄청난 물자와 자본이 있는 미국이 나서야만 했다. 준비기간 동안 140만 명의

연합군원정최고사령부
(출처: 위키백과)

미군이 영국으로 왔고 900만 톤의 미국 물자가 조달되었다. 미국은 무수한 항공기는 물론이고 상륙작전에 필요한 각종 전투함, 수송선, 상륙주정 등의 전쟁무기와 물자도 제공했다. 모건과 참모본부에 물자조달이라는 선제 조건은 해결되었지만 작전을 성공시키기 위해서는 여전히 몇 가지 문제가 남아 있었다.

첫 번째 문제는 가장 중요한 상륙 장소 선정작업이다. 대규모 병력과 물자가 상륙 가능한 넓은 모래사장, 항공 지원이 가능한 거리,

내륙 진출이 용이한 곳 등의 조건에 부합한 곳으로 프랑스 서부의 파드칼레, 브르타뉴, 그리고 노르망디 등 세 지역으로 압축되었다. 이 중 파드칼레는 거리가 가장 짧았지만 독일군도 예상 가능한 지역이어서 제외되었고, 허를 찌르기 위해 의외의 장소인 노르망디가 최종 결정되었다.

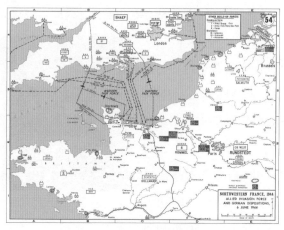

노르망디 상륙지점
출처: 위키백과

다음은 정보관리 문제이다. 철저한 정보통제 속의 기습이 상륙작전의 핵심이자 성공의 중요 요소이다. 상륙작전은 적이 예상하지 못하는 해안에 기습적으로 상륙하여 아군의 피해를 최소화하고 적에게 충격을 주어야 한다. 이것은 시간과 장소를 완벽하게 속여야만 가능하다. 이에 연합군참모본부는 무엇보다도 정보차단에 힘을 썼고

전쟁, 혁신, 사람 그리고 전략

다양한 기만 작전을 실시하여 독일군이 다른 지역을 상륙 예상지로 오인하게끔 만들었다. 치열한 정보전과 두뇌전을 펼친 끝에 연합군은 정보를 통제하는 것에 성공했다. 덕분에 독일은 연합군이 파드칼레로 상륙할 것이라고 굳게 믿었다.

상륙작전의 또 다른 성공요인은 인원과 물자를 얼마나 빠른 시간에 집중적으로 효과적으로 보급하느냐에 달려있다. 먼저 항공기나 전투함으로 해안을 강타한 다음 최초 부대가 교두보를 확보하고 내륙으로 진출하면 후속 병력과 무기, 물자가 최대한 빠른 시간 내

프레드릭 모건 장군,
노르망디 상륙작전의 초안을 완성하였다.
(출처: 위키백과)

에 보급되어야 한다. 그리고 교두보를 분쇄하려고 달려오는 적군의 숫자보다 더 많은 아군이 더 빠르게 추가적으로 상륙해야만 작전이 성공할 수 있다. 모건 중장과 팀은 10만 명 가까운 인원이 순차적으로 상륙하는데 필요한 물자와 운송 수단을 준비하고 후속으로 30만의 병력이 한 달 동안 연속적으로 상륙하고, 전투를 치르며 진격하는데 필요한 보급을 계산하는 것을 컴퓨터도 없이 사람의 두뇌로 해내었다. 항공기, 전투함을 비롯한 수송선박의 임무와 시간관리, 기갑부대의 운송과 배치, 기갑부대의 진격 속도에 맞춘 포탄과 유류의 보급 계획, 병사 개인별 무기와 군장, 부상병과 독일군 포로를 처리하는 방법 등등 계산해야 할 물류와 시간계획은 끝이 없었다. 하지

만 모건과 연합군참모본부는 이 난제를 해결한 것이다.

그 다음은 상륙작전을 지휘할 지휘관의 선정이었다. 1943년 12월 7일 드와이트 아이젠하워 장군이 상륙작전을 지휘할 연합군 최고사령관으로 부임하면서 노르망디 작전은 속도를 내기 시작했다. 그는 우선 지휘부의 인선을 감행하여 부사령관에는 영국공군 아더 테드 장군을 임명하고 참모장에는 일 년 넘게 작전을 계획한 모건 장군을 그대로 중용했다. 연합군 지상군을 지휘할 사령관에는 영국의 몽고메리 장군이, 지상군을 구성할 미국 제1군은 브래들리 장군이, 영국 제3군은 뎀프시 장군이 선임되었다. 상륙작전에서 포격과 수송을 담당할 해군 사령관에는 영국 버트램 램지 제독을, 항공작전을 지휘할 공군 사령관에는 영국 리 말로리 장군을 임명했다.

이제 마지막으로 남은 중요한 결정 하나가 정확한 상륙일과 시간을 정하는 것이었다. 조건은 바람과 해류가 상륙군에 유리한 방향이어야 하고 파도가 높지 않은 쾌청한 날이 삼 일은 지속되어야 한

출격을 앞둔 제101공수사단
병사들을 격려 중인 아이젠하워 장군
(출처: 네이버 지식백과)

다. 본격 상륙 전날 밤에 선발 공정부대가 낙하산이나 글라이더로 침공하려면 달빛이 필요했고, 상륙부대가 상륙하는 새벽에는 썰물일 때가 좋은 조건이었다. 1944년 6월은 5일에서 7일까지와 18일에서 20일까지가 이 조건에 부합했다.

전쟁, 혁신, 사람 그리고 전략

아이젠하워는 처음에 실패하더라도 한 번 더 기회를 얻기 위하여 5일을 상륙일로 정했다. 5월 29일부터 제임스 스테그 대령이 이끄는 일기관측팀은 6월 초의 날씨가 상륙에 적합하다고 계속 보고했다. 아이젠하워 장군은 이 보고에 따라 작전의 개시를 준비했다. 선박에 각종 화물이 선적되고 18만 명의 병사들이 상륙함에 승선하여 대기에 들어갔다. 그런데 6월 4일 오전에 스태그 대령이 급보를 올렸다. 5일부터 날씨가 급변하여 비가 내리고 바람이 강하게 불고 파도가 높으리라 예측했다. 아이젠하워는 긴급회의를 열어 작전을 잠정적으로 24시간 연기하기로 했다. 스태그 대령의 예보대로 화창했던 날씨가 4일 오후부터 급변하며 비가 내리고 바람이 거세게 불었다. 아이젠하워를 비롯한 연합군 수뇌부는 깊은 시름에 잠겼다. 최고 사령부는 4일 밤 9시 30분에 다시 회의를 소집했다. 이때 스태그 대령이 기적 같은 보고를 했다. 5일 밤부터 날씨가 조금씩 개이기 시작하여 6일 화요일 저녁까지 날씨가 좋을 것이란 보고였다. 스태그 대령이 일기 예보를 마치자 실내는 무거운 침묵이 감돌았다. 얼마간의 침묵이 지난 뒤에 아이젠하워 장군이 연합군 수뇌부들을 향해 입을 열었다. "여러분! 시작합시다". 드디어 노르망디 상륙작전의 D-데이가 확정되는 순간이었다. 6월 6일에 개시한다는 최종 결정이었고, 이 결정은 당일 상륙할 18만 명의 병사들 개인의 운명과 유럽인들의 해방은 물론이고 히틀러의 운명까지 결정짓는 순간이었다.

이처럼 노르망디 상륙작전이라는 거대한 작전은 치밀한 계산과 신중한 점검표에 따라서 차근차근 준비되었다. 결국은 사람과 자원을 어떻게 운용할 것인가는 것이 전쟁에서의 전략이다. 기업경영에서도 마찬가지이다. 장기적인 관점에서 전략적 방향을 선정하고 계획을 수립하고 이를 실행하는 것은 결국 사람이다. 인적 자원의 중요성을 보여주는 대목이다. 미국을 비롯한 연합군은 인적 자원의 중요성을 인식하고 리더를 양성하기 위해 노력했고 반대로 독일은 갈수록 히틀러 본인만의 독재적 판단과 지도력만 믿고 전쟁을 수행하다 패배한 것이다. 기업경영에서도 최고경영자가 반드시 알아야 할 교훈이다. 자신의 의지와 능력도 중요하지만 진정한 천재는 자신보다 너나은 천재를 고용한다는 스티브잡스의 말을 다시 한번 되새겨 볼 필요가 있다.

D-데이: 가장 긴 하루의 시작은 독일군 리더의 오판으로 시작되었다.

룜멜 장군이 말한 가장 긴 하루The longest day는 1944년 6월 6일 0시 15분, 영국 존 하워드 소령이 지휘하는 영국 공정부대가 탄 글라이더 세 대가 프랑스 노르망디 랑빌 근교에 착륙하며 시작되었다. 글라이더에서 내린 영국 공정대원들은 순식간에 독일군 초병을 제압하고 캉 운하의 오른 강 다리를 점령했다. 이들은 D-데이 최초의 전투를 훌륭하게 개시했다. 연합군은 본격적인 상륙을 앞두고 야간에 해안 뒤편에 공수부대를 투입했다. 노르망디 동쪽에는 미국 제

82공수사단과 제101공수사단을, 서쪽에는 영국 제6공수사단을 투입했고, 본격적인 낙하에 앞서 각 사단의 선도병pathfinder 570명이 먼저 낙하했다. 이들의 임무는 본대가 상륙하기 전에 낙하지점을 정리하고 위험요인을 사전에 제거하기 위한 임무를 맡았다.

선도병들이 최초로 유럽 본토에서 임무를 수행하는 동안 3시 30분경에 공수부대 본대들이 낙하하기 시작했다. 영국군들은 주로 글라이더를 타고 왔고 미군들은 낙하산을 이용하여 어둠속으로 몸을 날렸다. 이날 낙하한 1만 8천 명의 공수부대원들은 상륙본대에 타격을 입힐 수 있는 독일포대를 폭파하거나 다리를

대서양 방어를 책임진 롬멜(왼쪽)과
게르트 룬트슈테트 장군
(출처: 네이버 지식백과)

점령하여 독일 증원군을 막는 것이 주 임무였다. 그런데 거센 바람 때문에 수송기 조종사들이 잘못된 항로로 비행하거나 독일군의 거센 대공포 공격에 겁을 먹어 항로를 이탈하여 공정부대원들을 목표와는 다른 지점에 낙하시켰다. 넓은 지역에 흩어진 공정대원들은 처음에는 혼란에 빠졌으나 시간이 지날수록 특수부대 특유의 적응력을 발휘하기 시작했다. 5시간 동안 많은 희생을 치르면서도 독일군 포대를 파괴하고 통신선을 절단하고 다리와 언덕을 점령하여 독일군의 역습을 차단하였다. 결과적으로 공정대원들이 뿔뿔이 흩어져 낙하한 것이 대원들 개인에게는 고통이었지만 전술적으로는 오히려

유익한 결과를 가져왔다. 독일군은 연합군의 공격 의도나 목표도 파악할 수 없었고 여기저기 흩어진 덕분에 그 규모조차 파악할 수 없었다.

연합군의 낙하가 독일군 사령부에 최초로 보고된 것은 오전 2시 11분이었고 제7군 참모장 막스 펨젤 소장이 최고 수준의 전투준비 태세를 발령한 것이 오전 2시 15분이었다. 하지만 사령부는 이 상황을 연합군의 기만전으로 간주했다. 펨젤은 노르망디로 연합군이 침공을 진행하고 있다는 결론을 내렸지만, 사령부 내 다른 독일군 장군들은 여전히 우왕좌왕하고 결론을 내리지 못하였다. 이렇게 독일군이 방어를 할 수 있는 골든타임은 지나가고 있었다.

독일 최고사령부가 결론을 내리지 못한 데는 이유가 있었다. 첫째 독일군 지휘관 대부분은 연합군의 기만 작전에 철저히 속아 연합군의 상륙 예상지가 파드칼레라고 철석같이 믿고 있었고 그에 대한 대비를 해왔다. 당시 B집단군에서 휘하 가장 막강하고 규모가 큰 제15군은 파드칼레를 담당하고 있었다. 당일 제15군의 참모장 루돌프 호프만 중장은 노르망디의 소동은 파드칼레를 침공하기 위한 양동작전으로 확신하고 있었다. 둘째로 당일의 날씨가 연합군의 침공에 전혀 알맞지 않다고 생각하고 있었다. 독일 사령부는 거센 바람과 높은 파도가 이는 날씨에 연합군이 상륙을 시도하리라고 생각하지 않았다. 마지막은 롬멜의 부재였다. 탁월한 전투감각으로 당시의 상황을 정리하고 유추하여 결론을 도출할 롬멜은 800여 Km 떨어진 독일 집에서 휴가를 보내고 있었다. 이 시각 자리를 비운 독일군 지

320

휘관은 롬멜 만이 아니었다. 노르망디에 주둔한 장군들을 포함하여 많은 지휘관들이 6월 6일에 렌에서 벌어질 모의전투에 참석하기 위해 움직이고 있었다. 공교롭게도 이날 모의 전투의 주제는 "만약 연합군이 공정부대를 이용하여 후방을 교란한 다음 노르망디에 상륙하는 상황"이었다. 모의전투의 주제가 실제로 벌어지고 있었다.

독일 서부전선군 사령관 룬트슈테트 장군이 현재 연합군 공정부대가 노르망디에서 전개 중인 소동은 대규모 상륙작전을 위한 전초전이라고 확신한 것은 새벽 4시 30분경이었다. 그는 히틀러가 있는 사령부에 전화했으나 히틀러는 수면제를 먹고 잠들어서 깨울 수가 없다는 답변을 들었다. 그 당시 히틀러는 동부전선의 연이은 패배에 히스테리 증상을 일으켰고, 밤에는 수면제를 먹어야만 겨우 잠들었다가 이튿날 오전 10시가 되어서야 일어나는 습관을 가지고 있었다. 매우 급하고 중요한 이 날 누구도 그를 깨울 수 없었고 또 깨워야 한다는 확신도 하지 못하는 상황이었다.

기다리다 못한 룬트슈테트는 단독으로 서부전선에 배치된 두 정예 기갑사단에 출동 명령을 내렸다. 만일 이들이 노르망디로 진격했더라면 역사는 달라졌을 것이다. 그러나 결과적으로 그런 일은 없었다. 서부전선에 배치된 기갑사단은 히틀러의 직접 명령 없이는 움직일 수 없다는 입장이었다. 6시 30분에 일어나서 보고를 받은 히틀러의 심복인 독일 국방군 참모작전부장 알프레드 요들 장군은 룬트슈테트에게 화만 내고 히틀러에게 노르망디의 전황을 전달하지도 않았다. 이렇게 독일 지휘부가 우왕좌왕하는 동안 영불해협 바다에는

5천 척에 달하는 연합군의 전투함과 수송선이 노르망디로 항해를 하고 있었고, 하늘에는 수를 세기도 힘들 정도로 많은 연합군의 폭격기와 전투기, 수송기들이 노르망디로 몰려오고 있었다.

노르망디 상륙작전의 초기에는 연합군의 치밀한 준비와 계획도 있었지만 독일군 지휘부의 잘못된 판단으로 얼룩진 그야말로 잘못된 기나긴 하루였다. 결국, 노르망디 작전은 독일군 입장에서는 인재人災였다. 두 가지 측면에서 잘못된 리더들의 행동이었다. 첫째는 정보를 바탕으로 이를 해석하고 판단할 수 있는 능력이 부족한 리더들이었다는 것이다. 급변하는 환경속에서 오늘날 기업의 경영자들이 갖추어야할 능력이다. 정보의 정확성을 판단하고 숨어있는 인사이트를 만들 수 있는 능력을 갖추어야 한다. 둘째로 의사결정 과정에서 하부 리더들에게 권한을 행사할 수 있는 위임이 되어있지 않은 것이다. 특히 현장에서 활동하는 영업사원들에게는 이러한 위임이 되어 있어야 한다. 그래야 적극적으로 고객을 상대하고 자신이 의사결정을 할 수 있는 시간을 놓치지 않는 것이다. 이런 측면에서 독일군은 노르망디에서 첫 단추부터 잘못 끼우는 오류를 범했다.

전쟁, 혁신, 사람 그리고 전략

D-데이: 지상 최대의 작전

6일 오전 6시, 노르망디작전이 시작
되고 작전명 오마하 해변에 투입된 미군
제1사단과 제29사단의 선봉인 1,450명
은 운이 나빴다. 이들은 높은 파도에 많
은 상륙주정과 전차가 침몰하거나 독일
군이 설치한 방어 지뢰에 걸려 산산조각
이 났다. 해안에서는 독일군의 기관총과

노르망디에 상륙 중인 연합군
(출처: 네이버 지식백과)

포격에 수많은 병사들이 쓰러졌다. 제1파 상륙병의 시신이 가득한
해변에 제2파와 제3파의 상륙군이 똑 같이 당하는 비극이 일어났다.

연합군은 H-아워 30분 전부터 어마
어마한 화력을 노르망디 해안에 쏟아부
었다. 전함과 구축함 등 200여 척 전투
함의 모든 함포가 해변을 강타했다. 공
중에서는 연합군의 폭격기와 전투기가
하늘을 덮다시피 했다. 연합군의 압도적
인 폭격에 독일군의 해안진지, 해안포대,

노르망디에 상륙 중인 연합군
(출처: 네이버 지식백과)

주둔지 등이 거의 파괴되었다. 그러나 전장에서는 항상 예외와 우연
이 존재한다. 오마하 해변이 그랬다. 연합군의 포격은 안개와 포연
이 섞인 먼지로 정확도가 떨어져서 독일군 진지 너머에 집중되었다.
오마하 해변의 독일군은 거의 피해를 보지 않은 온전한 상태로 연합

노르망디에 상륙 중인 연합군
(출처: 네이버 지식백과)

군의 상륙을 기다리고 있었다. 더군다나 오마하 지역을 담당하는 병력은 일주일 전에 교체된 독일 제352사단 병력으로 이들은 동부전선에서 소련군과 사투를 경험한 병사들이었다.

이렇게 오마하 해변의 상륙군들이 단 한 곳의 돌파구도 만들지 못하고 해변에서 전진하지 못하고 고착되어 있었다. 이후 9시 50분경 미해군 브라이언트 소장이 모든 구축함은 독일 해안포를 두려워 말고 최대한 해안으로 접근하여 독일군 진지를 파괴하라고 명령했다. 해안에서도 장교들이 필사적으로 병사들을 독려한 결과 오전 11시경 병사들이 조금씩 전진하기 시작했다. 결국, 엄청난 병사의 희생으로 오후 1시경 상륙군은 해안 배후로 전진하기 시작했다.

오마하 해변에서 16킬로미터 떨어진 유타 해변에 상륙한 미국 제4보병사단은 독일군의 저항을 거의 받지 않았다. 독일군의 저항도

상륙이 끝난 오마하 해변
(출처:네이버 지식백과)

적은 데다 수륙양용전차의 도움을 받아 비교적 쉽게 독일군의 진지를 돌파하고 대서양 방벽을 뚫었다. 이어 내륙으로 진출하여 새벽에 낙하하여 초조하게 상륙군을 기다리고 있던 101공정 사단과 연결하였다. 이때 유타 해변에 상륙한 미군 중에 장군이 한 명 있었는데 미국

전쟁, 혁신, 사람 그리고 전략

루스벨트 대통령의 친척인 시어도어 루스벨트 3세 준장이었다. 그는 1차 세계 대전에도 참가한 역전의 노장으로 당시 나이가 쉰 일곱이었다. 사단장을 비롯한 많은 주위 인사들이 말렸지만 그는 병사들과 운명을 함께하겠다며 고집을 꺾지 않고 상륙주정에 올랐다. 관절염으로 다리가 불편한 그는 지팡이에 의지하면서도 병사들과 함께 해변에 제1파로 상륙하여 전투 현장을 지휘했다.

영국 제2군 병사들은 주노 해변에 오전 7시 30분에 상륙을 시도했다. 노르망디 해변은 경사가 완만하고 썰물과 밀물에 따라 모래밭의 길이가 최고 수 킬로미터나 차이가 나고, 거기에 독일군이 설치해둔 온갖 종류의 장애물이 설치되어 있었다. 장애물이 물밖으로 드러날 때 보병이 상륙하면 상

독일군 포로를 감시하는 캐나다군
(출처: 네이버 지식백과)

륙주정의 피해를 최소화할 수 있다고 보았기 때문에 미군은 썰물 때를 택했다. 반면 영국군을 지휘하는 뎀프시 장군은 상륙 첫날 내륙으로 30킬로미터를 진격해야 한다는 목표를 세웠고, 상륙 단계에서 시간을 최소화하는 방법을 택했다. 즉 밀물 때에 상륙주정이 최대한 해안에 가까이 빨리 접근하여 보병을 상륙시키기로 했다. 영국군의 상륙 예정지 중에서는 주드 해변에서 유독 피해가 컸다. 원인은 오마하 해변과 같았다. 해변에는 독일군의 장애물이 유독 많았고 해안은 높은 절벽이 가로막고 있었고 그 위에는 독일군의 진지가 견고하

게 만들어져 있었다. 연합군 함포와 항공 폭격은 독일군 진지를 전혀 파괴하지 못했고 연합군은 여기에서도 많은 피해를 입었다. 그러나 상륙 제1진은 장교들과 전장 통제반의 독려와 병사들의 용기로 기꺼이 교두보를 마련하였고 후속 병력과 물자가 상륙할 길을 텄다.

D-데이의 상륙 작전은 그 규모가 워낙 커서 지상최대의 작전이라고도 불린다. 그러나 지상최대의 작전은 예상과는 달리 혼란으로 시작하였다. 함포와 항공 폭격은 정확하지 않아서 독일군 진지를 충분히 파괴하지 못했고, 많은 상륙주정과 수륙양용 전차는 거센 파도에 침몰하였고, 일부 상륙군은 바람과 조류에 휩쓸려 목표 지점을 벗어나서 엉뚱한 곳에 상륙하였다. 특히 오마하와 주노 해변에서는 막강한 독일군의 저항에 많은 병사들이 희생되었다.

상륙작전을 성공한 후 내륙으로 진격하는 미군
(출처: 네이버 지식백과)

이처럼 계획은 현실적인 여러 가지 요인으로 인해서 실제로는 계획대로 되지 않는 경우가 많다. 그래서 현장에서 활동하는 지휘관들과 보병의 역할이 중요한 것이다. 기업경영에서도 마케팅과 영업부서는 항상 갈등이 있다. 마케팅은 잘 기획된 마케팅 전략을 수립했는데 왜 영업은 그대로 행하지 못하냐고 비난하고 영업은 마케팅 부서의 사람들이 현장을 모른다고 목메

전쟁, 혁신, 사람 그리고 전략

인 소리를 한다. 서로를 이해하고 특히 현장에서의 목소리를 잘 청취하고 반영하는 계획을 수립하여야 하고 현장에서도 거시적인 관점과 전체 큰 그림에서의 전략을 잘 이해하고 임무를 수행하여야 한다. 노르망디 작전의 초기에서 보듯이 병사들의 운명은 절말 운에 달린 것 같다. 상륙지점이 어느 곳이냐에 따라 목숨이 위태로워졌다. 정말 승패는 하늘에 달려 있는 것 같다는 생각이 드는 부분이다.

D-데이: 적의 기만전술에 당해 기회를 놓치다.

독일 자택에서 느긋한 아침을 즐기던 롬멜 장군은 오전 10시 참모장 슈파이델 장군의 전화를 받았다. 자신이 예측한 노르망디 지역에 연합군이 상륙하여 교두보를 확보했다는 보고에 심장이 내려앉았다. 그리고 해변에서 적을 저지하지 못하면 싸움은 이미 진 것과 마찬가지라는 자신의 주장을 회상하며 당혹감과 충격에 빠졌다. 그는 바로 B집단군 사령부가 있는 프랑스 로슈 기용으로 출발했다. 그러나 비슷한 시간에 깨어난 히틀러는 요들 장군과 육군참모총장 빌헬름 카이텔 장군으로부터 보고를 받고도 다른 지휘관들처럼 노르망디는 파드칼레 상륙을 위한 연합군의 양동작전으로 결론 내렸다. 사태가 명확해질 때까지 두고 보자는 명령과 함께 영국을 향해 비밀무기 V-1로켓을 발사하라는 명령을 내렸다.

오전 9시 33분에 아이젠하워 사령관은 공보 비서 어니스트 뒤퓌

대령에게 상륙작전이 개시되었다는 방송을 하게 했다. 이 방송은 전

교두보를 완성한 연합군
(출처: 유용원의 군사세계)

세계를 흥분시키는 톱뉴스였지만 독일에서 알게 된 것은 정오 무렵이었다. 어째서 이런 시간 차가 일어났을까? 독일군의 통신체계는 새벽부터 시작된 연합군의 항공 폭격과 프랑스 레지스탕스의 활동으로 원활하지 못했기 때문이다. 게다가 최고 사령부에서 인정하지 않는 정보였기 때문이다. 요들과 히틀러는 철저히 파드칼레가 상륙 예상지라고 믿어왔다. 이들이 연합군의 상륙 예정지를 파드칼레로 철석같이 믿고 있었던 이유는 연합군의 기만전술인 포티튜더 작전에 철저히 농락당했기 때문이다. 지상최대의 작전은 적을 잘 속인 사기극의 성공이었다.

디데이 당일 오후 연합군은 원래 목표로 한 전술적 목표는 이루지 못했지만, 노르망디 해안에 교두보를 확보하여 추가 병력과 물자가 속속 보급되고 있었다. 지원을 위해 달려오는 독일군보다 더 많은 병력과 물자를 더 빨리 투입해야 한다는 상륙전의 원칙을 수행하느라 해군과 육군의 행정장교들은 필사적으로 시간과의 싸움에 돌입하고 있었다.

독일 기갑부대의 반격은 오후 3시가 넘어서 이루어졌다. 노르망디에서 가장 가까운 곳에 주둔 중이었던 제21기갑사단의 전차 59대

전쟁, 혁신, 사람 그리고 전략

가 주노 해변과 골드 사이의 틈을 발견하고 맹렬히 진격했다. 하지만 독일군 전차들의 돌격은 15분만 가능했다. 이들은 연합군의 대전차 사격과 포격에 심각한 손실을 입고 진격을 멈췄다. 게다가 노르망디 해안에 떠있는 수많은 함정과 하늘을 뒤덮은 항공기의 위세에 눌려 퇴각하고 말았다. 독일군의 입장에서는 천재일우의 기회를 놓치고 연합군으로서는 최대의 고비를 넘기는 순간이었다. 제21기갑사단의 역습이 실패했다는 보고를 받은 B집단군 사령관 롬멜 장군은 독일이 졌다는 것을 직감했다. 연합군이 제공권을 이미 장악했고 엄청난 병력과 장비들이 노르망디에 상륙하고 있었다. 현장에서 저들을 상대할 독일 기갑부대가 없었다.

저녁 6시경이 되자 연합군 사령부는 축제 분위기였다. 비록 애초에 계획한 곳까지는 진격을 못 했지만 비교적 큰 손실 없이 교두보를 확보한 것 자체가 승리였다. D-데이 당일 연합군은 약 15만 명의 병력을 노르망디

연합군의 인공부두 멀베리
(출처: 네이버 지식백과)

에 상륙시켰다. 연합군은 이 교두보를 통해 6월 11일까지 병력 32만 6천여 명, 차량 5만 4천여 대, 보급품 10만 4천여 톤을 상륙시켰다. 상륙작전 이후에는 연합군과 독일군 사이에 증원과 보급의 경주가 벌어졌다. 연합군 입장에서는 육지를 통한 독일군의 증원 속도보

다 바다를 통한 연합군의 증원 속도가 빠르고 많아야 했다. 결과는 연합군의 승리였다.

디데이 이후 처음에는 연합군이 유리했으나 시간이 지날수록 독일군의 전투력이 만만치 않음을 실감하게 되었다. 그러나 독일군은 병력과 장비의 보급이 형편없었다. 게다가 항공기의 지원은 거의 없었고 포병의 화력 지원도 부족했다. 전세는 이미 기울어 독일군은 노르망디를 포기하고 8월 25일 파리도 내주고 프랑스에서 후퇴한다. 동부전선의 소련군의 거센 반격과 서부전선의 연합군의 추격을 받은 독일군은 이제 마지막 발악만 남겨두게 되었다. 연합군의 노르망디 상륙작전을 일컫는 넵튠 작전은 6월 6일 시작하여 6월 30일 종료하였다. 넵튠 작전의 첫날인 D－데이는 연합군이 유럽을 회복하기 위해 실시한 지상최대의 상륙작전으로 2차 대전의 판도를 바꾼 역사적인 날이었다.

전쟁에서 초반에 처음 서로가 격돌하면서 어디서든 많은 희생이 발생한다. 그래서 첫 대결의 결과는 얼마나 치밀하게 계획하고 준비했는지에 따라서 결정된다. 또한 실행에서도 계획한데로 되는 경우도 있지만, 상황에 따라 계획한 데로 되지 않는 일도 있다. 이때에는 리더의 유연성과 과감성이 승부를 결정한다. 미국을 비롯한 연합군은 운도 좋았지만, 의사결정에서 독일군에 비해 훨씬 유연하고 과감하였다. 기업경영에서도 마찬가지이다. 과감한 의사결정을 할 때에는 뒤돌아보지 말고 신속하게 결정을 해야 하고 야전 사령관격인 영업에서는 시장에서 권한을 충분히 위임받아서 신속한 의사결정을

전쟁, 혁신, 사람 그리고 전략

내릴 수 있어야 한다. 결국 보고체계에서의 신속함과 권한위임이 중요한 관건이다.

승패의 원인

이 장에서는 성동격서의 교훈에 대해서 학습하였다. 노르망디 상륙작전의 핵심은 여러 가지가 있지만, 연합군이 언제 어디로 상륙을 할 것인지를 아는 것이 가장 중요했다. 연합군은 장소와 시기를 철저하게 숨겨야 했고 독일군은 무슨 일이 있어도 이를 파악해야만 했다. 결론적으로 연합군은 훨씬 더 우세한 자원과 병력으로 독일군을 속이고 상륙작전을 승리로 이끈다. 독일군은 롬멜을 비롯하여 소수의 장군은 장소와 시기를 알았지만, 히틀러를 비롯한 대부분의 장군들이 이를 믿지 못하고 우왕좌왕하는 바람에 골든 타임을 놓치고 패배를 하고 만다. 패배와 승리의 요인에 대해서 더 자세하게 알아보자.

독일군의 패배의 원인

1) 믿고 싶은 것만 믿는다.

경쟁상태에서 인간은 자신이 보고도 믿지 않고 자신이 믿고 싶은 것만 믿는 성향이 있다. 즉, 자기가 보고싶은 것만 보고 나머지는 무시하는 것이다. 심리학적으로 선택적 노출 혹은 선택적 해석이라고 한다. 이 현상이 노르망디 상륙작전에서 독일군에게 나타났다. 6월 6일 새벽에 연합군 공정사단의 강습이 시작되자 몇몇 독일군 지휘관은 연합군의 목표가 노르망디라는 것을 직감했다. 특히 제84군단장 에릭 마르크스 중장은 새벽 1시에 최초 보고를 받고 지도를 펼쳐 연합군이 나타났다는 지역을 유심히 보았다. 동쪽의 연합군이 발견된 오른강과 코탕텐 반도 중간에 노르망디 해안이 있었다. 공정부대는 선발대의 역할만 한다. 그렇다면 연합군의 주력은 노르망디에 상륙을 할 것이란 생각이 머리를 스쳤다. 그는 바로 파리의 서부전선 사령관 룬트슈테트에게 보고했다. B집단군 참모장 슈파이델 장군으로부터도 비슷한 보고를 받은 룬트슈테트는 총사령부에 전화를 걸었다. 그러나 수면제에 취한 히틀러나 총사령관 알프레드 요들 장군은 둘다 연결이 되지 않았다. 요들 장군이 깨어나서 보고를 받았지만 이 보고를 묵살했다. 룬트슈테트의 작전참모 보도 짐머만 장군은 훗날 "우리는 가장 중요한 하룻밤을 그냥 잃어버렸다. 노르망디 전투는 그 때부터 지고 있었다"라고 술회했다.

오전 10시. 사태의 심각성을 짐작한 히틀러의 부관 슈문트 소장이 히틀러를 깨웠고 히틀러는 요들 장군과 참모들을 호출하여 회의를 했다. 하지만 그들은 현재의 상황보다 이전의 정보 즉 자신들의 믿음에 사로잡혀 노르망디를 연합군의 주공 지역으로 판단하지 않았다. 히틀러와 요들 장군은 이전부터 연합군의 상륙 예상지는 파드칼레라고 굳게 믿었다. 자신들이 연합군의 기만전술인 포티튜더 작전에 철저히 농락당했다는 것을 진실의 순간에도 알려고 하지 않았다.

히틀러는 오후 4시가 되어서야 두 개 기갑사단의 출동을 명령했다. 그가 명령을 내리면서 한 말은 "아무래도 무슨 조치라도 취해야 할 것 같다"였다. 그러나 하늘에는 연합군 항공기들이 독일군 진지와 차량들을 무차별 공격하고 있어서 낮 시간에는 이동할 수가 없었다. D-데이 당일 레지스탕스들이 프랑스 전역의 철도 950개 지역을 파괴하여 야간 이동도 어려웠다. 그 시간 동안에 노르망디 해안에는 연합군의 지상최대의 상륙작전이 성공적으로 진행되고 있었다.

확정편향confirmation bias은 자신의 신념이나 판단에 부합하는 정보에만 주목하고 이와 다른 정보는 무시하는 경향을 말한다. 주로 소비자들이 구매를 하려고 할 때 자신이 알고 있던 제품 정보만 믿으려고 하고 다른 정보가 들어오면 무시한다는 심리학적 용어이다. 이 현상이 히틀러를 비롯한 독일 장군들에게 나타났다. 여러 상황과 정보가 노르망디가 주 상륙지역임을 증거하고 있었지만 그들은 자신의 믿음을 바꾸지 않고 귀중한 시간을 낭비하였다. 기업경영에서도 정말 눈앞에서 빤히 보이는 사실에도 어떤 최고경영자는 자신의 신념만을 내세우고 자신의 의견을 바꾸려고 하지 않는다. 이러한 잘못된 순간의 판단 즉 오판이 기업을 망하게 만드는 것이다.

2) 잃어버린 핵심역량

연합군은 히틀러에 대한 상충되는 두 가지 생각을 하고 있었다. 첫 번째는 히틀러가 죽거나 항복해야만 전쟁이 끝날 것이란 생각이었다. 두 번째는 막상 히틀러가 죽으면 전쟁이 더 오래 지속될 지 모른다는 아이러니한 생각을 하고 있었다. 히틀러가 전쟁을 직접 지휘할수록 엉터리 작전을 할테니 연합군이 쉽게 승리할 수 있다. 다른 한편으로는 이런 히틀러가 없어지고 독일의 장군들이 직접 지휘를 하면 연합군의 승리는 어려워질 것이라고 내다보았다.

당시 독일의 장군들은 프러시아의 군인 가문 출신도 많았고 제1차 대전에 참전하여 실전 경험을 쌓은 명장들이었다. 최고의 무기를 개발하고 운영 전술을 개발하여 제2차 대전 초기에 유럽을 지배한 집단이기도 했다. U-보트의 대명사 칼 되니츠 제독, 전격전을 고안한 에리히 폰 만슈타인 장군, 현대 기갑전의 아버지로 불리는 하인츠 구데리안 장군, 방어전의 귀재라는 발터 모델 장군, 기갑전의 맹장 헤르만 호트 장군 등 수많은 명장들이 제2차 세계대전을 수행했다.

이들의 능력 발휘를 가로막거나 방해한 사람이 있었는데 히틀러였다. 당시 루즈벨트 대통령과 영국의 처칠 수상 그리고 소련의 스탈린 주석은 전쟁은 군인들에게 맡기고 자신들은 전쟁의 독려와 정치적인 문제에만 개입하였다. 그러나 히틀러는 자신이 군사작전을 직접 지휘했다. 히틀러는 제1차 대전 시에 상병으로 복무한 것이 군 경험의 전부였다. 그런 그가 군사 전략과 전술까지 개입하거나 직접 지휘했고 반대하는 장군은 교체하거나 파면하였다. 히틀러의 통제와 간섭 하에서 독일 야전 사령관들은 자기들의 능력을 충분히 발휘할 수가 없었다.

히틀러는 서부전선 군 배치에도 깊이 관여하였다. 룬트슈테트가 지휘하는 서부전선 사령부의 예하부대 중 제7군과 제15군을 묶어서 B집단군으로 편성하고 롬멜 원수에게 지휘를 맡겼다. 이때부터 서부전선 사령부와 B집단군 사령부의 관계는 미묘해지고 통일된 지휘를 할 수가 없었다. 두 장군은 기갑부대를 전략 예비대로 활용하여 연합군의 상륙을 격파한다는 기본 구상에는 동의했다. 그러나 룬트슈테트는 기갑부대를 내륙에 배치하여 개전 초기에 연합군의 함포를 피한 다음 적이 교두보를 확대 중일 때 기갑부대를 이동시켜 강력한 역습을 가한다는 전략을 세웠고, 반면 롬멜은 기갑부대는 물론이고 가용 가능한 모든 전투력을 해안 바로 뒷 편에 주둔시켜 적이 상륙을 시도하는 시점에서 분쇄해야 한다는 전략을 세웠다. 두 원수가 이견을 보이자 당연히 히틀러가 나섰다. 히틀러는 3개 기갑사단은 롬멜의 지휘 하에 두고 다른 3개 기갑사단은 남부 프랑스에 배치하여 지중해와 대서양을 지키게 했다. 남은 4개 기갑사단은 예비대로 프랑스 북부에 주둔하게 했다. 이들은 히틀러의 직접 명령만 받도록 만들었다. 이러한 히틀러의 간섭으로 당시 최강의 독일군 기갑부대는 분산되어 강력한 집중 타격력을 잃게 되었고 대규모 반격 작전을 펼치기에는 부적합한 배치가 되고 말았다.

6일 새벽에 룬트슈테트는 노르망디의 심각성을 인지하고 히틀러의 최고사령부에 전화를 걸었지만 당직장교는 총통은 수면제를 먹고 자고 있기 때문에 깨울 수가 없다고 했다. 다급한 룬트슈테트는 자신이 직접 예비대인 제12SS기갑사단과 기갑교도사단에 즉시 노르망디로 출동하라는 명령을 내렸다. 그러나 육군 원수의 명령에도 일개 소장 계급인 두 사단장은 움직이지 않았다. 그들은 히틀러의 명령만 따르기로 되어 있었기 때문이다. 룬트슈테트는 하는 수없이 총사령관인 요들 장군에게 출동허가를 신청하고 기다렸지만, 요들 장군은 보고를 받고는 묵살했다. 이제 룬트슈테트가 할 수 있는 것은 아무것도 없었다.

개전 초기에 독일군의 전술과 전투력은 최강이었다. 독일군이 강했던 이유 중의 하나는 임무형 지휘체계 때문이었다. 이 체계는 일선 지휘관에게 자율권을 부여하여 현장 상황 변화에 따른 창의적인 임기응변이 가능하도록 한 독일군의 독특한 지휘 체계였다. 독일군은 이 체계에서 초급 지휘관부터 장군들까지 계획 자체에 집착하지 않고 상황 변화에 따른 유연한 대처로 높은 전투력을 발휘했다. 하지만 독일군의 핵심역량과 같은 이 체계는 히틀러가 군사작전을 직접 지휘하면서 무너졌다. 결국 독일은 히틀러로 인해 최고의 장군

전쟁, 혁신, 사람 그리고 전략

들을 보유하고도 패배하는 결과를 낳았다.

독일군의 핵심역량 중의 하나가 일선 지휘관의 임무형 지휘체계였는데 전쟁 후반부로 갈수록 핵심역량이 약화되었다. 세계 최고의 혁신적이고 창의적인 자국 군대를 약화시킨 장본인이 적군이 아닌 자국군의 최고통수권자인 히틀러였다. 핵심역량은 자사가 가장 잘한다고 믿고 있는 자신의 가장 강력한 무기이다. 이는 경쟁사와의 경쟁에서 자사를 승리로 이끌 원천이 될 수 있으므로 경쟁우위요소인 것이다. 하지만 자신이 믿고 있는 핵심역량을 스스로가 포기 혹은 무너뜨리는 경우가 있다. 독일이 그러한 표본이었고 오늘날 기업경영에서도 우리는 이러한 것을 종종 볼 수 있다. 웅진그룹이 왜 무너지고 말았을까? 웅진의 핵심역량은 영업력이었다. 웅진은 이 핵심역량을 바탕으로 그들의 주요 고객인 주부들에게 가정 혹은 집에 필요한 모든 제품을 영업이라는 강력한 무기로 잘 팔 수가 있었고 급성장을 하여 10조클럽을 달성하며 대기업군에 들었다. 이 핵심역량을 누가 무너뜨렸나? 바로 윤석금 회장이라는 최고경영자이다. 극동건설이라는 전혀 시너지가 없는 기업을 인수하여 자신의 핵심역량인 주부들에 대한 영업력을 포기한 것이다. 자신이 모든 것을 다할 수 있다는 지나친 자신감과 나만이 할 수 있다는 오만이 부르는 비극이라고 할 수 있다.

3) 정보 자체보다 정부 분석이 더 중요하다.

독일군이 연합군의 상륙 예정지와 시간을 알 기회는 많이 있었다. 벨기에 국경 근처 독일 제15군 사령부 내에 헬무트 마이어 중령이 30여 명의 감청병을 지휘하며 연합군의 침공관련 정보를 수집해 왔다. 그들은 6월 1일부터 연합군의 무선 교신이 침묵 상태를 유지하는 것에 침공의 임박을 예감했다. 마이어 중령은 6월 1일 저녁 9시 영국 BBC뉴스가 끝나고 나오는 여러 전문 중에서 유명한 프랑스 시인의 시 첫 행을 잡아냈다. 그는 사전에 독일 정보부로부터 이시의 첫 행이 방송되면 2주 이내에 연합군의 침공이 시작된다는 것을 전해 들었다. 이러한 점을 보더라도 독일군의 정보력이 상당한 수준에 있었다는 것을 알 수 있다. 마이어 중령의 보고는 보고라인을 타고 국방군 총참모부장 요들 장군에게까지 보고되었지만, 요들 장군은 그냥 넘기고 말았다. 지휘관들이 일전 정보부의 보고를 중요시하지 않은 일이 발생한 것이다.

한편 마이어 중령은 두 번째 전문을 감청하려고 기다렸다. 6월 5일 밤에 마이어 중령은 BBC의 두 번째 전문을 잡았다. 두 번째 전문이 방송되면 연합군이 48시간 이내에 침공한다는 의미였다. 그렇다면 침공은 6월 6일 혹은 6월 7일이었다. 마이어 중령은 역시 보고체계를 통해 급히 보고했고 제15군, 서부전선 사령부, 국방군 총사령부로 이어졌다. 보고로 파드칼레 지역을 담당하는 제15군은 최고수준의 경계령을 내렸지만, 노르망디 지역 담당 제7군에는 전달되질

전쟁, 혁신, 사람 그리고 전략

않았다. 네 시간 후에 연합군 공정부대가 낙하할 지역에도 아무런 경보가 없었다. 제7군에 전투준비 태세가 발령된 것은 연합군의 전문을 가로챈지 네 시간이 지난 후였다. 그러나 당시 노르망디 지역의 고위 지휘관들은 상황 파악을 제대로 하지 못했고, 연합군의 포티튜더 작전에 속아서 자기들 지역이 연합군의 주공 지역이라고 믿지 않았다. 그 시간에 최고 사령부의 요들 장군과 히틀러는 잠에 빠져 있어 마이어 중령의 보고서는 그들의 책상 위에서 함께 잠들고 있었다. 정보의 파악도 중요하다. 그러나 정보를 해석하고 이용하는 것은 더 중요하다.

독일군의 정보부도 최고의 실력을 갖추고 있었지만, 결정적인 실수들을 했다. 연합군의 포티튜더 작전의 실체를 정확히 파악하지 못한 것이 최대의 실수였다. 노르망디에서 독일은 날씨 정보에서도 실수를 했다. 영불해협은 6월 4일부터 바람과 풍랑이 세어 상륙을 하기에는 엄두가 나지 않았다. 그런데 연합군의 기상관측반 스태그 대령은 6월 5일 저녁부터 몇 일 동안 맑은 날씨가 될 것이라고 정확히 예측했고 아이젠하워 장군은 이 정보를 믿고 6월 6일을 D-데이로 결정했다. 독일군 기상장교인 발터 슈퇴베 대령은 6월 4일 새벽을 시작으로 몇일 동안 날씨는 더 나빠질 것이라는 보고서를 서부전선 지역에 배포했다. 롬멜은 물론이고 서부전선 사령부와 B집단군 사령관 대부분이 이 보고를 믿었다. 롬멜은 휴가를 떠나고 일선 지휘관은 모의 전쟁에 참여하거나 다른 사유로 주둔지를 벗어나 있었다. 아울러 대서양 장벽에 배치된 독일군 56개 사단은 긴장을 늦추었다. 전쟁에서 날씨가 승패를 좌우한 사례는 너무나 많다. 노르 망디 작전은 날씨 예보 정보력에서도 독일은 졌다.

이처럼 현대의 기업경영도 그렇지만 전쟁에서도 정보의 중요성은 매우 크다. 특히 정보자체도 중요하지만, 정보분석능력과 이를 해석하는 능력은 더욱 중요하다. 그리고 이를 바탕으로 현장에서 의사결정을 내리고 실행하는 것은 가장 중요한 일이다. 독일은 시작부터 잘못되었다. 정보가 잘못되었기도 했고 정확한 정보도 믿지 않았고 이 정보를 해석하고 활용하지도 못했다. 결국, 이러한 것들이 모두 리더의 몫이다. 오늘날 리더는 정보의 중요성을 다시 한번 되새기고 정보의 정확성을 판단하고 해석하는 능력과 함께 실행력 및 적용하는 능력 등을 다각적으로 배양해야 할 것이다.

연합군의 승리의 원인

1) 상대가 믿고 싶은 것을 믿게 만들다.

전투에서 방어군은 미리 방어선을 구축하고 공격군을 기다리는 위치에 있기 때문에 절대 유리하다. 하지만 공격군은 자신에게 유리한 시간과 장소를 선택할 수 있기 때문에 방어군의 유리함을 상쇄시킬 수 있다. 상륙작전도 적의 방어선 앞에서 돌격해야만 하는 불리한 작전이지만 상륙 시간과 장소를 선택할 수 있어서 유리한 작전이

전쟁, 혁신, 사람 그리고 전략

될 수도 있다. 이런 이유로 상륙작전의 기본 원칙은 적이 예측 못하는 시간과 장소에서 기습하는 것이고, 상륙 예정지와 시간을 적에게 속여야만 성공을 보장받는다. 만약 시간과 장소에 관한 정보가 노출되면 상륙군은 해안에서 몰살당할 수 있다. 연합군은 과거 디에프 상륙작전의 실패를 교훈 삼아 독일군을 속이는 거대한 사기극을 준비했다. 이를 위해 연합군은 더블크로스 위원회를 설립했는데 독일의 암호체계를 해독하고 첩보망을 관리하는 정보기관이었다. 이 위원회가 가장 큰 역할을 한 것이 포티튜더 작전이라는 연합군의 상륙작전을 속이는 사기극을 만드는 것이었다.

포티튜더 작전은 다시 하부작전으로 구성된다. 북 포티튜더 작전은 스코틀랜드에 가짜부대 영국 제4군을 설립하여 노르웨이를 침공하려는 것처럼 꾸몄다. 제4군은 병력이 무려 25만 명이나 되는 것처럼 연출되었고, 이 부대 이름으로 스키 장비 25만 개를 주문하자 노르웨이 주둔 독일군이 바짝 긴장하기도 했다. 남 포티튜더 작전은 파드칼레를 상륙지인 것처럼 속여 노르망디가 파드칼레의 예비대를 빼내기 위한 양동작전인 것처럼 속였다. 이 작전을 위해 미군 제1군을 설립했다. 역시 실체가 없는 가짜 부대였고, 사령관은 연합군 장군 중에서 독일군이 가장 경계하는 미국 조지 패튼 장군이었다. 미 제1군 휘하에는 미군 11개 사단이 소속된 것처럼 꾸며 브라이튼 항구에 5만 명이 수용 가능한 가짜 주둔지를 만들어 주위에 250대의 가짜 전차와 상륙주정을 배치했다. 막사와 전차는 합판에 캔버스 천을 붙인 것이고 상륙주정은 페인트 칠만 그럴듯한 낡은 어선과 폐선이었다. 차량도 수시로 들락날락했고, 주변 다른 부대와 수많은 가짜 무선을 교신하여 독일군이 철저히 믿게끔 했다.

아이언사이드 작전은 상륙 2주 후에 미군이 프랑스 서해안에 별도 상륙하는 것처럼 속였다. 코파헤드 작전은 몽고메리 장군을 닮은 사람을 알제리와 지브롤타를 방문케하여 지중해를 통한 상륙을 구상하는 모습을 보였다. 이외에도 가짜들을 열심히 만들었다. 수많은 가짜 부대를 열심히 만들고 독일 스파이들이 파악할 즈음이면 없애 버렸다. 거짓 통화를 만들고 실제 수신인이 없는 무선을 발송하거나 가짜 계획서와 문서를 만들어 노출시키고, 내키는 대로 유언비어를 만들어 퍼뜨렸다. 가상의 이중간첩도 만들고 실체가 없는 인력과 물자를 이리저리 이동시켰다. 주요 지역에 상륙물자처럼 꾸민 빈 상자를 쌓아 두고 항구에는 낡은 어선과 상선을 군함처럼 꾸며 정박시켰다. 이런 모습은 영국에 있는 독일 스파이들에 의해 독일로 보고되었고 독일 최고사령부는 이 상황을 그대로 믿었다. 독일 정보부는 1944년 5월에 영국 주둔 연합군이 95개 사단이라고 파악하고 있었는데 실제는 35개 사단이었다. 연합군의 사기극에 독일군이 놀아나고 있었다.

남 포티튜더 작전이 가장 중요했는데 연합군은 상륙 예정지를 독일군이 파드칼레로 믿게끔 하는데 총력을 다했다. 독일군에게 상륙 예정지가 노르망디라는 것을 숨기는 것보다 파드칼레로 믿게끔 만드는 것이 핵심이었다. 적에게 들키지 않는 것보다 적을 믿게 만드는 것이 더 힘들고 어렵다. 연합군은 이중 스파이를 적극 활용했

전쟁, 혁신, 사람 그리고 전략

다. 암호명 가르보독일 암호명 아라벨는 원래 독일정보국이 신임하는 독일 첩자였는데 연합군은 그를 전향시켰다. 그의 휘하에 27명의 정보원이 있는 것처럼 꾸미고 때로 진짜 군사정보를 제공하면서 독일군 정보국이 그를 신임하게 했다. 독일군이 그를 얼마나 신뢰했는가 하면 그가 만든 보고서가 히틀러가 주재하는 최고사령부 회의에 제출되었고, 그의 보고서를 바탕으로 연합군에 대한 방어계획이 만들어졌다. 심지어 그는 독일군에 기여한 공으로 철십자 훈장까지 받았다. 독일군의 절대적인 신임을 얻은 다음 가르보는 독일군 정보부에 연합군의 상륙지가 파드칼레라고 사령부에 보고하게 했다. 여때까지 가르보가 제공한 정보의 신뢰도로 보아 독일군 정보국은 그의 정보를 의심할 이유가 없었다.

런던 북서쪽의 블레츠리 파크에 위치한 더블크로스 위원회에 근무하는 과학자와 수학자들은 독일군 암호를 푸는 암호 해독기 울트라를 개발했다. 연합군 정보국은 이 해독기를 이용하여 독일군이 포티튜더 작전에 놀아나고 있음을 파악하고 있었다. 6월 2일 블레츠리 파크의 암호해독반은 독일군이 "연합군이 상륙 준비를 마쳤음, 먼저 노르망디나 브르타뉴로 상륙한 후에 파드칼레로 본격 상륙할 것임"이라고 판단하고 있음을 최종 확인했다. 독일군이 포티튜더 작전에 완벽하게 걸려들었음을 확인한 것이다. 노르망디 상륙 작전을 지상 최대의 상륙 작전이라고 하는데 또 다른 표현은 지상최대의 사기 작전이라고 할 수 있다. 연합군은 거대한 사기극을 만들어 히틀러를 비롯하여 독일군 최고사령부를 감쪽같이 속였다.

이것이 성동격서의 전형적인 모습이다. 공격지점은 서쪽인데 동쪽을 소란스럽게 만들어서 시선을 끌게 만드는 것이다. 즉 본질은 속이는 것이지만 상대방이 믿게 만드는 것이다. 또한 상대의 마음을 교묘하게 파고들어서 믿고 싶은 것만 믿게 만드는 것도 더블크로스 위원회의 능력이었다. 오늘날 기업 간의 치열한 경쟁에서도 정보전은 매우 치열하게 이루어진다. 성동격서 전략에 대해 좀더 깊이 있는 연구가 필요하다.

2) 계획보다 현장의 유연성이 더 중요하다.

연합군 참모국은 거의 2년 동안 오버로드 작전에 매달렸고 완벽한 계획을 수립하기 위해 많은 인원과 물자를 투입하였다. 작전의 핵심은 적의 증원 속도보다 더 빠른 속도로 병력과 물자를 투입하는 것이었다. 이것을 위해 18개월 전부터 수천 개의 요소로 구성된 하나의 틀을 만들었다. 병력과 병참에 영향을 줄 수 있는 각종 요인을 전체적으로 사전 점검하기 위한 것이었다.

병력과 물자를 적보다 더 빠른 속도로 투입한다는 핵심을 기준으로 참모국은 먼저 상륙 예정지 선정 작업을 했다. 기준은 다음의 네 가지였다. 먼저 상륙 당일 필요한 선박과 이를 통한 상륙 가능한 병력과 물자의 최대량을 산출한다. 그리고 그 선박들이 회항하여 재선적을 하기 위한 보급기지들이 가까이 있어야 한다. 둘째, 상륙 해안의 넓이, 경사, 해류, 바람의 정도와 해변에서 내륙으로 통하는 도

전쟁, 혁신, 사람 그리고 전략

로 사정을 고려해야 한다. 이를 보완하기 위해 영국에서 인공부두를 만들고, 이것을 운반하기에 적당한 기상조건도 고려한다. 셋째, 장기적 보급을 위해 상륙 해안 근처에 상당한 수용 능력을 갖춘 항구가 있어야 한다. 넷째, 적의 증원을 막을 수 있는 공군의 지원 가능 범위이어야 한다. 하지만 모건 장군과 참모국이 이 네가지 조건을 대입하자 이상적인 예정지가 도출되지 않았다. 그러자 그들은 조건을 좁혔다. 선박이 회항하여 재선적이 용이한 곳과 영국 전투기 스피드파이어의 행동반경 내의 지역으로 좁히자 파드칼레와 노르망디가 도출되었다. 파드칼레는 영국과 가장 가깝고 파리를 지나 동으로 진격할 시에는 프랑스 남부지역의 모든 독일군을 고립시킬 수 있는 이상적인 지역이었다. 그러나 파드칼레는 모래언덕이 높아서 상륙하기가 쉽지 않았다. 차라리 노르망디에 상륙하고 파드칼레는 적을 속이기 위한 지역으로 활용하는 것이 좋겠다는 결론을 내렸다.

다음으로 참모국은 2년 동안 병력과 물자의 보급 계획 수립에 매달렸다. 투입할 병력의 산출과 이동수단 확보, 수많은 품목을 정시에 정확한 장소에 하역하는 계획을 세웠다. 우선 순위를 정하고 품목들의 저장, 운송, 포장, 인도, 분배 등의 치밀한 계획을 세웠다. 당일 상륙할 병력은 물론 한달 동안 연이어 상륙할 병력을 선정하고 이들을 수송할 선박이 최초 출항할 위치와 병력을 탑승시킬 장소와 시간, 상륙 예정지에 도착하여 병력을 하선시킨 다음 회항해야 할 장소와 재 출항시에 탑승시킬 부대와 물자 등의 시간표를 짜야 한다. 상륙 작전이 한 달 이상 계속될 것을 감안한 시간과 물류 계획표를 짜는 것은 힘들고 방대했다. 컴퓨터도 없는 시대에도 불구하고 연합국 참모국은 인간의 두뇌만으로 거의 완벽한 계획을 세웠다.

그러나 참모국이 놓친 것이 하나 있었다. "전쟁에서는 단순한 것만이 승리한다"는 힌덴부르크의 격언이었다. 그들은 전쟁마찰 개념[1]을 고려하지 않고 지나치게 세부적인 계획을 세웠다. 아니나 다를까! 계획은 상륙지점에서부터 빗나가기 시작했다. 해류로 인해 상륙부대가 엉뚱한 곳에 도착하고 파도로 인해 전차와 상륙주정이 가라앉았다. 물자는 계획대로 운반되지 않았고 순서는 뒤죽박죽이 되었다. 참모국은 보급 시스템이 서로 완벽하게 운영되길 바란 나머지 너무 세밀하게 계획을 수립했는데 이는 전투가 발생하는 전쟁터에서 필연적으로 생기는 전쟁마찰을 고려하지 않았기 때문이다.

전쟁마찰을 줄이는 방법은 현장 지휘관의 현장을 파악하는 능력과 상황에 따라 유연성을 발휘하는 응용력, 과감한 결단력에 달려있다. 간단하게 지휘관은 즉흥적인 대처능력이 있어야 한다. 노르망디에서의 연합군의 전쟁마찰은 일선 지휘관들에 의해 훌륭하게 해소되었다. 그들은 혼란의 와중에도 부하들을 독려하고 과단성 있는 응용력을 발휘하여 독일군의 저항을 극복하고 병력을 전개하고 물자를 하역시켰다. 계획은 계획으로 중요하지만, 현장의 상황을 우선할

---

1) 전쟁의 수행에는 클라우제비츠가 말한 전쟁마찰이라는 개념이 있다. 전쟁은 수행과정에서 단계와 단위 별로 마찰이 발생하여 원래 계획대로 진행되지 않는다는 뜻이다. 외부 마찰도 있고 내부 마찰도 있다. 전쟁이나 전투는 적이라는 상대성이 있고, 기계가 아닌 인간이 수행하는 것이기 때문에 전술의 이해와 해석, 고려하지 않았던 우연, 실제와의 차이 등에 의해 처음의 의도와 다른 방향으로 흘러가기 마련이다. 낭비를 줄이려고 지나치게 세부적으로 수립한 계획은 현장의 마찰을 거친 뒤 더 낭비를 발생시키고 이것은 또 다른 마찰을 유발하는 격이다.

수 없다. D-데이 당일 연합군의 작전은 계획서에 대비해서 평가하면 실패였다. 6일 연합군의 진격 목표는 캉, 생로, 바이외 세 지역을 점령하는 것이었고, 내륙으로 10~16킬로미터 전진하는 것이었다. 이날 연합군은 이 중 하나도 달성하지 못했다. 그러나 전쟁마찰과 상륙작전의 어려움을 감안할 때 하루에 8만 7천명을 상륙시키고 후속 병력과 물자가 계속 상륙할 수 있는 교두보를 확보한 것은 세계 전쟁사에 남을 성공적인 상륙작전이었다.

계획은 중요하다. 하지만 실행을 제대로 하지 못하면 계획은 무용지물일 수밖에 없다. 계획에는 목표가 있고 이를 달성하기 위한 자원의 배정과 운영이 작성되어 있다. 하지만 현장에서는 항상 돌발 상황이라는 것이 있다. 모든 것을 상정하고 계산을 할 수는 없다. 물론 오늘날 컴퓨터 시뮬레이션이라는 방법으로 이 예외적인 상황을 고려하지만 그래도 모든 것을 완벽하게 고려할 수는 없다. 변수는 어디에도 존재한다. 그러기에 현장 지도자의 순발력과 과감성이 중요하다.

3) 통합과 조화의 리더십

연합군은 미군과 영국군이 주축이었지만 캐나다, 호주, 자유 프랑스, 네덜란드, 뉴질랜드, 룩셈부르크, 벨기에, 폴란드, 노르웨이, 체코, 뉴펀들랜드, 그리스 등 무려 14개국의 군대가 모인 그야말로 다국적 연합군이었다. 언어와 문화는 물론이고 제복과 전술전투의 개념도 다른 군인들의 집합체였다. 이들을 통합하지 못하면 사분오열의 오합지졸에 불과할 것이다. 이들을 하나로 묶어서 거대한 작전을 지휘한 총사령관이 아이젠하워 장군이었다.

아이젠하워 장군은 관용과 이성의 지휘관이란 별명에 맞게 각기 다른 성격의 연합군을 한 방향으로 정렬시켰고 훌륭히 지휘했다. 부임하면서 그는 그동안 작전을 계획한 영국군 모건 중장을 부참모장으로 계속 임명하여 계획의 일관성을 유지하도록 했다. 아래의 사령관들은 미군과 영국군, 기타 국가군을 적절히 배치하여 내부 분란의 소지를 없앴다. 그리고 개성이 강한 각 사령관들을 통합시켜 최고의 시너지를 내도록 조정하고 때로는 경쟁시켜 최상의 결과를 만들려고 노력했다. 강한 아집과 독선적인 성격의 지상군 사령관 몽고메리 장군과 다소 엉뚱한 공군 사령관 맬러리 장군, 독불장군 패튼 장군 등도 아이젠하워 장군의 리더십을 인정했다.

아이젠하워 장군의 결단력도 후대에 회자되는 부분이다. D－데이를 6월 6일로 강행하지 않고 두 주 연기했더라면 6월 19일에 몰아 닥친 폭풍으로 오버로드 작전은 또 연기되었을 것이다. 그러면 1944년에는 결국 시행하지 못하고 해를 넘겼을 것이다. 그랬다면 히틀러의 몰락은 늦어졌을 것이고 역사는 바뀌었을 것이다. 그는 5월부터 기상관측팀에게 매주 3일치 일기예보를 제출하게 하였고 예측의 정확성을 평가하였고 5월 마지막에 결단을 내렸다. 결단을 내리기 전에 그는 고민에 고민을 거듭하면서도 최고 결정권자로서의 여유와 품위도 잃지 않았다. 아이젠하워 장군은 D－데이 시행전에 성공할 경우와 실패할 경우를 대비하여 각각 성명서를 미리 작성해 두었다. 실패할 경우에 발표할 성명서의 마지막 구절은 "모든 책임은 저에게 있습니다"였다. 리더의 덕목은 솔선수범 그리고 자기책임이다. 아이젠하워는 노르망디 상륙이 실패했을 시 변명하지 않고 모든 책임을 자기가 짊어질 각오를 하고 있었다.

연합군이 아이젠하워라는 단일 지휘권 하에서 움직인 반면 독일군은 지휘권이 너무 복잡하였다. 현지 사령관도 서부전선사령관 룬트슈테트 원수와 B집단군 롬멜 원수로 애매하게 나누어져 있었고, 게다가 총통인 히틀러까지 군령권을 쥐고 있었다. 복잡한 지휘체계는 결코 좋은 결과를 낼 수가 없다.

통합과 조화는 어느 조직이나 매우 중요하다. 특히 마케팅에서 이 통합과 조화는 매우 중요한 개념이다. 마케팅의 중요한 기능 중 하나가 외부와의 소통이다. 마케팅 커뮤니케이션이라고도 불리운다. 기업이 이 마케팅을 통한 외부와의 소통에서 사용할 수 있는 도구는 매우 다양하다. 다양한 만큼 사용되는 방법과 비용도 다양하다. 하지만 여기서 중요한 것은 이 다양한 도구들이 일관성있게 동일한 메시지를 전달해야 한다는 것이고 다른 도구들간의 조화가 있어야 효과가 극대화된다는 것이다. 이를 마케팅 용어로 통합적 마케팅 커뮤니케이션IMC: Integrated Marketing Communication이라고 한다. 결국 리더는 다양한 재료들을 잘 엮을 줄 알아야 한다. 이 재료들에는 다양한 인력과 자원이 포함된다. 이것들을 통합하고 조화롭게 조율하여 일관성을 유지하고 효과적으로 메시지를 전달해야 한다. 그러기 위해서 필요한 것이 창의력이다. 창의력이 있어야 소통을 할 때에 상대방이 집중하도록 할 수가 있다.

창의력을 어떻게 하면 높일 수가 있을까? 구성원의 창의력을 시스템으로 높여주는 대표적인 사례로 꼽히는 회사가 3M이다. 3M에서는 연구원이 근무 시간 중 15%를 업무 이외의 창조적인 연구에 사용하도록 허용하고 있다. 이른바 '15% 룰'이라고 불리는 프로그램이다. 3M이 창조경영을 하는 이유는 바로 '혁신'이라는 슬로건 때문이다.

이들의 창의력은 포스트잇부터 스카치테이프까지 수만 가지의 히트상품으로 되돌아오고 있다. 구성원들은 회사의 지시가 아닌 스스로 연구분야를 설정한다. 더구나 실패하더라도 회사는 어떤 책임도 묻지 않는다. 구성원들의 생각에 유연성을 주기 때문에 세계에서 가장 활발한 아이디어 상품들이 쏟아져 나오고 있는 것이다.

어떤 상황에서도 유연하고 창조적으로 대응할 수 있는 말랑말랑한 뇌를 갖도록 준비하는 것이 지혜로운 방법이다. 창조적인 발상과 유연한 대응력만이 불투명한 미래를 헤쳐 나가는 유일한 길인 것이다. 경쟁자가 진입한 적이 없는 첫 시장에 들어가려면 적이 생각하지 못한 창조적 사고가 있어야 가능하다. 구성원의 창의력을 확장시켜서 시장에 진입하라. 러시아에 에어컨을 판 LG전자처럼 경쟁자가 진출한 적이 없던 시장을 선택해서 집중하라. 그것이 바로 경쟁사의 눈이 가지 않는 곳으로 집중시키고 시선을 돌려서 핵심을 찌르는 성동격서 전략의 핵심이다.

음지와 양지의 경계에서 스파이의 역사

스파이의 사전적 정의는 '한 집단의 비밀이나 상황을 몰래 알아내어 경쟁 집단에게 제공하는 사람'이다. 그렇다면 스파이는 직업인가? 통상적으로 직업은 사회적으로 인정되는 방식의 활동을 통해 소득을 창출하는 일을 말하는데, 스파이는 직업센서스와 같은 '양지(陽地)'의 사회조사 항목에 포함되어 있지 않은 '음지(陰地)'의 존재이기 때문에 직업이라고 인정하기 어려운 측면이 있다. 그러나 국가가 (또는 특정집단이) 조직 활동의 일부로서 스파이를 운영하고 국가 재정에서 보수를 지불한다는 면에서 볼 때, 스파이도 분명 직업의 영역에 포함시킬 여지가 있다. 현대의 경제학은 '정보'의 중요성을 강조한다.

특히 경제 주체들이 보유한 정보의 양과 정확성의 차이, 이른바 정보의 '비대칭(asymmetry)'은 여러 경제현상을 설명하는 키워드로 인정되고 있다. 정보강국은 스파이 활동을 통해 타국과의 정보비대칭을 확대하고자 하고, 정보개도국은 정보격차의 따라잡기(catch-up)를 목적으로 스파이를 활용한다. 경쟁 집단이 존재하고, 정보획득을 위해서 또는 상대의 정보획득을 교란하기 위해서 치를 용의가 있는 비용이 클수록 스파이의 가치가 커진다. 역사적으로 수많은 스파이 사례가 존재하였지만, 권력투쟁이나 반란·혁명·전쟁과 같은 급박한 환경에서 스파이의 활동이 가장 두드러졌던 것은 이 때문이다.

고대의 지략가들은 동서양을 막론하고 공통적으로 스파이의 활용에 능통했으며, 중세의 전쟁과 궁중암투에도 스파이는 필수적 요소였다. 중상주의 시대에 유럽 각국의 군주와 재상들은 국제적 스파이망을 보유하였으며, 근대에는 국가적 차원에서 체계적 스파이시스템을 구축하였다. 20세기에 들어서 양차 세계대전과 냉전을 거치면서 스파이의 전성시대가 도래했다. 1차 세계대전 때 오스만제국을 무력화시키기 위해 아랍 부족들의 반란을 이끈 '아라비아의 로렌스'의 활약, 2차 세계대전에서 노르망디 상륙작전과 로켓무기 개발을 둘러싼 정보와 역정보의 공방전, 그리고 냉

전체제가 등장하면서 양대 진영의 불꽃 튀는 정보전은 널리 알려져 있다. 전 세계를 대상으로 동에 번쩍 서에 번쩍 맹활약을 펼치는 007이야말로 스파이 전성시대를 상징하는 아이콘이었다. 이 주인공을 탄생시킨 소설가 이언 플레밍(Ian Fleming) 자신도 2차 세계대전 때에 활약한 영국의 스파이 출신이었다. 유사한 전력을 가진 것으로 알려진 존 르 카레(John Le Carr)가 냉전시대의 전설적인 이중 스파이 킴 필비(Kim Philby)의 실화를 바탕으로 지은 소설 『팅커, 테일러, 솔저, 스파이』는 최근에 영화화되어 화제를 모은 바 있다.

그러나 1980년대 이래 양극체제가 무너지면서 스파이의 전성시대도 서서히 저물어갔다. 무엇보다도 스파이 활동에 대한 국가의 투자가 현저히 축소되었다. 스파이 활동이 가져다주는 편익이 스파이 운영에 드는 비용에 비해 점차 작아졌기 때문이다. 정보통신 기술을 포함한 기술 진보도 전통적인 스파이 산업에 타격을 주었다. 개인의 민첩성과 친화력과 판단력에 기초하는 스파이 활동을 대신하여 통신감청·위성추적 등 기술에 의존하는 영역이 커졌기 때문이다. 스파이의 가치가 정치적 또는 이념적 관점에서 하락한 것은 분명하지만, 새로운 영역에서 스파이의 가치가 오히려 커지고 있다. 이 영역은 바로 '산업스파이'이다. 상대방의 기술·사업전략·투자계획 등에 대한 비밀스런 정보를 획득하고 자신에 대한 정보유출을 차단하는 행위는 정보비대칭을 인위적으로 조정하려는 스파이의 존재 목적과 본질적으로 일치한다. 사실 이런 산업스파이의 역사는 일반적 스파이의 역사에 못지않게 길다.

기원전 1500년경에 쐐기문자로 작성된 메소포타미아 점토판에는 당시 수메르의 독점 생산물이었던 도기용 유약의 제조기술을 유출하는 내용이 담겨 있다. 역사적으로 더 널리 알려진 사례는 비단이다. 중국의 비단은 이미 한나라 시대에 세계적인 수출품이 되어, 로마에서는 중국 산 비단 수입의 증가가 국가재정을 위협한다는 우려가 나올 지경이었다. 6세기에 동로마제국(비잔틴제국)은 비단의 염색과 직조기술을 보유하고 있었지만, 생사(生絲)는 중국으로부터 페르시아를 거쳐 수입을 하는 수밖에 없었다. 중국은 비단의 제조법을 오랜 기간 비밀에 붙였는데, 비잔틴의 두 수사가 중국에 들어가 누에고치를 구하여 속이 빈 지팡이에 숨겨 먼 길을 돌아오는 데 성공했다고 전해진다. 14세기에 원나라로부터 문익점이 목화씨를 들여오는 데 성공한 이야기와 매우 유사하다. 이들은 다른 나라로부터 기술을 몰래 들여오기는 했지만, 그 결과로 개인적인 이득을 취하고자 하지는 않았다는 면에서 현대의 통상

전쟁, 혁신, 사람 그리고 전략

적인 산업스파이와는 구별된다.

산업혁명 시대에도 유명한 기술유출 사례가 존재한다. 17~18세기 중상주의 경쟁에서 선두에 오른 영국은 18세기 후반부터 공업화를 주도하였다. 영국은 신기술의 유출을 방지하기 위해 많은 노력을 기울였다. 핵심 기술을 보유한 인력은 해외로 나가지 못하게 했으며, 외국인이 국내 공장을 견학하는 데에도 제한을 가하였다. 영국의 직조기술자 새무얼 슬레이터(S. Slater)는 신흥국 미국에서 직조기술자를 우대한다는 유인책에 끌려 직조기술을 가지고 몰래 미국으로 향했다. 미국에서 슬레이터는 브라운대학 설립자인 브라운 형제의 투자를 받아 1793년 로드아일랜드에 미국 최초의 방적공장을 설립하였고, 이것이 미국 산업혁명의 신호탄이 되었다. 슬레이터는 막대한 부를 축적했고, 미국 산업화의 핵심 인물로 칭송을 받았다. 경제적 부가 핵심적 요인이 되어 기술을 몰래 이전시켰다는 면에서 그의 사례는 현대적인 산업스파이의 원형이라고 볼 수 있다.

현대 경제에서 기술과 정보의 가치는 막대하다. 신문과 방송에서 드물지 않게 보도되는 사례들만 보아도 산업스파이가 유발할 수 있는 영향의 강도를 쉽게 알 수 있다. 세계화 시대의 도래는 개별 기술로 얻을 수 있는 이득이 과거보다 크게 증가하였음을 의미한다. 이는 정보획득의 한계이익이 스파이 활동에 드는 한계비용에 비해 큰 상황이 되었다는 뜻, 즉 산업스파이의 가치가 높아졌다는 뜻이다. 전통적인 스파이와 더불어 산업스파이는 양지와 음지의 경계에서 오늘도 비밀스럽게 활동하고 있다.

〈출처〉 송병건교수, 성균관대 경제학과. 2012 .08. 31. KDI.

09

Planning is Everything:
부실한 계획으로 대패하다 – 임팔 전투

Planning is Everything but nothing.

·

원대한 꿈에 미치지 못하는 능력

·

다시 보급이 발목을 잡았다.

·

진격하는 것보다 철수하는 것이 몇 배나 더 힘들다.

·

승패의 원인

·

일본군 패배의 원인

·

영국군 승리의 원인

09 Planning is Everything: 부실한 계획으로 대패하다 – 임팔 전투

Planning is Everything but nothing.

전략의 의미는 기업의 장기적인 목표를 달성하기 위한 방법을 구상하는 것으로 기업이 가진 자원을 어떻게 효율적으로 배분하고 실행할 것인가에 대한 계획을 수립하고 이를 실행하는 것이다. 이런 의미에서 "Planning is Everything but nothing"이라는 문구가 탄생했다. 전략에 있어서 계획은 전부라고 할 수 있을 정도로 중요하다. 하지만 실행이 뒷받침해주지 못하면 계획은 헛된 것이라는 의미이다.

계획수립의 이점은 조직구성원 개개인이 미래의 경영활동을 성공적으로 수행하는데 가이드라인이 되는 구체적 목표를 설정할 수 있다는 데 있다. 환경적 제약조건을 인식할 수 있다는 것이다. 계획을 수립하는 과정에서 미래의 활동에 대한 대안을 준비할 수 있다는 이점이 있다. 이러한 계획을 수립하기 위해서는 먼저 목표를 수립해야 한다.

목표를 수립하기에 앞서 최고경영자는 기업이 지속해서 존재하여야 하는 이유, 즉 존재하기 위한 목표. 존립목표를 설정해야 하는데 이를 미션Mission이라고 한다. 최고경영자는 미션하에서 전략적 목표를 수행하기 위한 전략적 계획strategic planning을 수립하여야 한다. 전략적 목표는 장기적 안목에서 존립목표를 달성하기 위한 것이라는 점이다. 전략적 계획은 상품의 품질, 경쟁자, 제품시장, 그 밖의 경제적 요인, 정치적 요인 및 사회적 요인 등 경영환경을 고려한 것이어야 한다. 전략계획은 5년 이상의 기간을 설정해야 한다.

전술계획tactical planning은 각 부서의 장을 주로 하는 중간경영층의 단기 마케팅, 생산, 연구개발 등 각 부서의 부별목표를 조정하고 부서별 단기예산을 설정하는 작업이 중요한 부분을 차지한다. 전략계획은 큰 그림이기 때문에 방향성을 제시하기는 하지만 구체적이지 못한 경우가 많다. 따라서 전술계획은 더 구체적이어야 한다. 마지막으로 실전계획operational planning은 전술계획을 효과적으로 달성하기 위한 하부경영층의 생산, 구매 등 실무계획을 말한다. 주별 생산일정, 월별 판매량 결정 등 전술계획을 달성하기 위한 단기 실무계획이 바로 실전계획이다. 실전계획은 전략계획이나 전술계획과는 달리 변화에 따라 자주 바뀌는 특성을 가지고 있다. 이때에 관리자의 유연성과 현장 적응력 등이 필요로 한다.

원대한 꿈에 미치지 못하는 능력

버마에 주둔한 일본군은 1944년 3월부터 3개월간 버마지금의 미얀마 국경과 인접한 인도 임팔 지역을 점령하기 위하여 '우호 작전'을 실시했다. 일명 임팔 작전이라고 알려져 있는 이 작전에서 일본군은 부실한 계획으로 일본 육군 사상 최악의 대패를 당하고 이후 버마 전선에서 공세의 주도권을 연합군에게 내주게 되었다. 이 작전은 세계전사에서 드물 정도로 무모하고 부실한 작전이었고, 태평양전쟁 당시 일본군의 내부 문제를 적나라하게 보여준 사례였다.

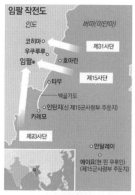
임팔작전도
(출처: 동아일보)

일본은 1942년 1월 4일 버마를 침공하여 3월 8일에 수도 양곤에 진입하고 5월 말에는 영국군을 인도로 몰아내고 버마를 완전히 지배했다. 1943년에 버마를 총괄하는 버마방면군이 신설되어 주둔군을 통합관리하고 버마 식민정부를 관리하게 되자, 서부의 제15군은 이제 버마 서부의 방어에만 전념할 수 있게 되었다. 버마방면군의 설립과 동시에 제18사단장이었던 무타구치 렌야 중장이 제15군 사령관으로 취임하였다. 그는 전술적으로 뛰어날 때도 있었지만 지나치게 무모하여 종종 문제를 일

무타구치 렌야 중장
(출처: 위키백과)

으킨 인물이었다. 무타구치는 제15군 사령관이 되자 인도 침공을 주장하였다. 그의 계획은 기습 기동으로 친드윈 강과 아라칸 산맥을 돌파하여 전략적 요충지인 임팔 지역을 점령하는 것이었다. 무타구치의 꿈은 원대했다. 임팔 서쪽으로 더 진격하여 아삼 지역까지 진격하는 것을 목표로 잡았다.

도조 히데키
(출처: 위키백과)

무타구치는 참모들과 협의 없이 독단적으로 임팔침공 계획을 입안했다. 그런데 참모장이자 군수 전문가인 오바타 노부요시 소장이 강하게 반발했다. 노부요시가 볼 때 무타구치의 계획은 말도 안되는 무모한 도박이었다. 그는 험준한 산악지역에서 병참선을 유지하는 것은 불가능하다며 작전의 중지를 무타구치에게 건의했다. 그러나 무타구치는 노부요시를 경질하며 참모들의 입을 닫아버렸다. 1943년 5월 싱가폴의 남방군사령부에서 관련 회의가 열렸다. 무타구치는 작전의 필요성과 성공 가능성을 역설하였다. 하지만 제15군의 상위 사령부 참모들이 반대했다. 남방군사령부의 이나다 마사즈미 총참모장과 버마방면사령부의 나카 에이타로 참모장이 반대했다. 이들이 볼 때 무타구치의 계획은 지형과 보급을 무시한 작전이었고, 인도로 진격하는 자체가 제15군의 한계를 넘어선 위험한 작전이었다.

하지만 참모들의 반대에도 불구하고 버마방면군과 남방군 사령관이 동조하고 내각 수반 도조 히데키가 찬성하며 무타구치의 계획

전쟁, 혁신, 사람 그리고 전략

은 확정이 되었다. 상위 사령관들이 무타구치의 작전에 동조한 이유는 군사적 합리성보다는 개인적인 감정 때문이었다. 일본군 특유의 파벌주의와 인정에 의한 동조 때문에 상위의 사령관들은 군사적 합리성을 따지지 않고 무타구치의 작전을 통과시켰다. 무타구치는 임팔 작전을 성공시켜 전쟁의 전체 국면을 전환하고 싶었고, 또 한편으로는 중일전쟁으로 세력이 약해진 자기 계파의 영향력을 키우고 싶었다. 무타구치와 같은 계파인 카와베 마사카즈 중장과 남방군 사령관 데라우치 히사이치 원수도 무타구치에게 힘을 실어주었다. 참모들 거의가 반대한 작전이 두 사령관의 파벌주의와 인정주의로 간단하게 통과했다.

무타구치의 계획은 대본영에서도 비슷한 순서를 겪었다. 대본영의 중추기관인 참모본부의 사나다 소장은 단기 기습 위주의 무타구치의 계획은 위험한 도박이라고 했다. 그 뒤 사나다는 남방군 총참모장 아야베에게 보급 문제와 불리한 제공권 등을 이유로 작전 불가를 분명히 했다. 그러자 아야베는 이 작전은 불리한 전황을 타개할 수 있는 신의 한 수이며, 테라우치 남방군 사령관도 강력히 희망하고 있다면서 대본영의 허가를 거듭 요청했지만 사나다는 전체 전황을 지도하는 것은 남방군이 아니라 대본영이라면서 다시 거부했다. 허가가 날 것 같지 않은 우호 작전은 참모총장 스기야마 하지메 원수에 의해 극적으로 통과되었다. 제15군의 엉터리 같은 작전이 버마 방면군과 남방군을 거쳐 대본영을 통과한데는 군사적 합리성은 전혀 고려되지 않았다.

도조 히데키 총리도 이 작전을 승인했다. 도조는 여론을 반전시

켜 군부 내각을 유지할 수 있는 한 번의 승리
가 필요했다. 그러기에는 태평양 전선의 미군
을 상대하기보다는 버마 전선의 영국군을 상
대하기가 더 쉬워 보였다. 더구나 버마에 대기
중인 찬드라 보스가 이끄는 인도 국민군을 데
리고 가서 인도 영토 안에 근거지를 마련해주
면 더 큰 명문을 가질 수가 있었다. 찬드라 보

찬드라 보스
(출처: 위키피디아)

스는 인도 독립 운동가로 영국을 축출하기 위
해 일본과 손을 잡고 있었다. 만일 제15군이 임팔 점령에 성공하면
찬드라 보스는 인도 영토 내에서 정부를 세울 수 있게 된다. 이러한
대의명분에 의해 도조 총리의 허가까지 받은 무타구치의 작전은 이
제 시행 일자를 기다리며 실행 준비에 들어갔다.

무타구치의 기습 작전 계획은 작전 자체로는 훌륭했다. 한 개 사
단으로 임팔 남쪽을 공격하면 영국군이 남쪽으로 이동하여 임팔을

비울 것이고, 그 틈에 진격한
다른 사단이 임팔을 점령한다
는 것이었다. 한편으로 다른 사
단이 북쪽의 코히마 지역을 점
령하여 임팔 방어를 강화하는
것을 골자로 한 무타구치의 계
획은 꽤 괜찮은 작전처럼 보였

도강 중인 일본군
(출처: 동아일보)

전쟁, 혁신, 사람 그리고 전략

다. 그러나 이 계획은 험난한 지형과 같은 현실을 고려하지 않고 이상적인 꿈만 꾸는 것이었다. 아라칸 산맥은 해발 평균 1,500~2,000m의 고산 지대로 제대로 된 길도 없고 밀림 지역이라 대규모 병력이 기동하기 힘들고, 기

코히마 전투장
(출처: 위키백과)

상도 4월부터 몬순 우기라서 땅은 진흙탕으로 변하고 온갖 전염병이 발생하였다. 이런 지역을 도보로 300km 행군해야 했다. 더불어 이런 지역에서 중화기의 운반은 거의 불가능이었다.

보급은 더 힘들었다. 사단급 이상의 부대가 움직이면 별도의 보급 부대를 운영해야 하는데 일본군은 전통적으로 보급을 중요시하지 않았다. 게다가 임팔까지 가는 길은 도로가 없고 연합군이 제공권을 잡고 있었기 때문에 수송차량을 운영할 수도 없었다. 결국 보급품은 병사들이 직접 운반해야 한다는 건데 병사 한 명당 감당해야 할 군장은 쌀 18kg과 무기, 탄약 그리고 기타 필수품을 합치면 거의 40kg에 달했다. 당시 일본군의 평균 신체가 키 161.2cm, 몸무게 52.5kg이었다고 한다. 이런 신체조건으로 40Kg를 휴대하고 밀림 속에서 300km나 행군해야 하는 것은 거의 불가능한 것이었다. 무타구치는 이런 상황에서 "보급품이 부족할 이유가 없다. 일본인은 원래 채식 민족이다. 밀림 속에는 많고 많은 것이 풀이다. 그 풀을 요리해서 먹으면 된다"고 말했다고 한다.

무타구치는 병사들이 휴대할 수 있는 식량을 감안하여 21일 이내에 작전을 완료해야 함을 강조했다. 미군은 작전 완료 가능한 시간을 정한 다음 보급을 결정하는데, 일본군은 보급 능력을 기준으로 작전 실행 시간을 정했다. 무타구치는 보급을 적에게 탈취하거나 현지 징발로 조달하라고 했다. 미군이 보급에 투자하고 현대화에 노력한 반면에 일본군은 태평양 전쟁 기간 내내 보급문제를 개선하지 않았다. 지휘관의 지침은 적군에게 탈취하거나 현지 민간인 물자를 징발하여 사용하라는 것이었다. 하지만 인도 동부의 밀림 지역에는 민간인들이 거주하는 마을도 많지 않았고 설사 발견한다 해도 가난한 농가에서 무엇을 구할 수 있을까?

무타구치와 참모들은 적국인 영국의 친디트 별동대를 벤치마킹하였다. 이들도 밀림 지역에서 대규모 기동 작전을 하는데 일본군도 충분히 가능할 것이라고 확신했다. 친디트 별동대는 5,000명의 병력이었고 나귀를 보급품의 이동 수단으로 활용했었다. 이들을 따라서 제15군도 동물을 이용하기로 했다. 말 12,000 마리, 소 30,000 마리, 코끼리 1,000 마리를 구해서 각 사단에 분배했다. 무거운 보급품을 가축으로 옮기고, 밀림 지역에서 풀은 지천에 자라기 때문에 가축의 사료는 걱정할 필요가 없었다. 또한 나중에 식량이 바닥나면 가축을 도축하여 식량으로 사용하면 된다는 그럴싸한 계획이었다. 보급 문제는 대본영을 비롯한 모든 상급 사령부가 지적한 문제였지만 무타구치는 이상이 없다고 확신했다.

임팔 작전은 제15군과 버마방면군, 남방군, 대본영 모두가 공세적 방어의 일환이라는 것에는 의견이 일치했다. 실행 방법에 대해서는 대본영과 남방군, 버마방면군이 제15군에 여러 문제를 제기하고 몇 가지 사항을 추가하라고 지시했다. 특히 보급 문제와 아삼까지 진격이 아닌 버마 방어에 집중하라는 내용 등이다. 그러나 체크를 제대로 하지 않았다. 상급 사령부는 제15군이 알아서 했을 것이라 믿었고 어떤 경우는 제대로 전달 조차 하지 않았다. 이렇게 계획은 겉으로 보기에는 그럴 듯 했지만 여러군데의 구멍이 나있었고 말로만 된다고 한 부분이 많았고 실제로 되는 것은 별로 없었다.

꿈을 크게 가지라고 이야기한다. 하지만 이면에는 그 꿈을 실현시키기 위해서는 능력도 크게 성장시켜야한다는 것을 전제로 한다. 꿈만 크게 가진다면 그 사람은 이상주의자이거나 현실에 적응하지 못하는 실패한 사람일 것이다. 임팔 작전을 입안한 무타구치가 그랬고 넓게는 일본군이 그랬다. 또한 전투에서 가장 중요한 것은 보급이다. 역사상 병력이 적은 군대가 승리한 경우는 많지만 보급이 부족한 군대가 이긴 경우는 없다. 작전에 참가하는 사단장들도 보급 문제로 작전을 반대했지만 무타구치는 이미 귀를 닫고 있었다. 조직을 이끄는 리더는 자시을 믿고 따르는 조직원들에 대한 책임 의식이 있어야 하고 목표를 정할 때에도 자신이 실행할 수 있는 능력의 범위내에서 정해야할 것이다. 꿈을 꾸는 것도 좋지만 현실성이 가미된 꿈을 꾸는 것이 중요하다.

다시 보급이 발목을 잡았다.

임팔 작전은 무타구치 중장이 지휘하는 제15군이 담당했다. 휘하에는 제15사단, 31사단, 33사단 등의 3개 사단이 있었고 병력은 9만 명에 달했다. 무타구치의 핵심 전술은 기습 기동이었다. 그는 영국군과 지형에 대한 정보를 수집하여 계획을 수립했다. 보급 이외의 기습과 유인, 우회기동 등의 전략은 잘 짜여진 계획이었다. 무타구치는 적이 상상도 못 하는 빠른 기동과 기습으로 적의 지휘를 교란하고 사기를 꺾어 단번에 승리를 짓고자 했다. 기습 효과를 살리면 3주 이내에 임팔을 점령하고 적이 반격을 하기 전에 방어선을 구축이 가능할 것을 확신했다.

드디어 1944년 3월 8일 제33사단이 임팔 남부로 진격하며 임팔 전투가 막이 올랐다. 제214연대와 제215연대가 일주일 만에 밀림지역을 돌파하여 영국군을 포위하려고 했으나, 영국 제17인도사단은 미련 없이 진지를 버리고 후퇴했다. 그들은 퇴각하며 군수품을 파괴하거나 불태워버렸다. 보급품은 적에게 탈취하여 사용한다는 무타구치의 전략이 어긋나기 시작했다. 무타구치의 전략이 통한 것도 있었다. 무타구치의 의도대로 영국군이 유인 작전에 속아서 임팔이 텅 비게 되었다. 제33사단은 임팔을 향해 북쪽으로 계속 진격했지만, 영국군의 강력한 저항에 부딪혔다. 영국군은 항공기를 통해 보급품, 포병, 항공 폭격 등의 지원이 충분하여 화력에서의 우세를 계속 유지했다. 반면 일본군은 시간이 지날수록 보급의 문제로 전력이 약해졌다. 제33사단장 야나기다 겐죠 중장은 이 작전은 승산이 없다는 판단을 했다. 벌써 병사들은 식량부족으로 쓰러지고 탄약도 부족하기 시작했다.

영국군도 예상보다 전투력이 강했다. 야나기다 사단장은 신중하고 침착한 성격으로 큰소리치기 좋아하는 무타구치와는 정반대의 성격이었다. 야나기다는 애초에 임팔 작전을 반대한 사람이었다. 야나기다는 3월 25일 이 작전은 승산이 없으니 중지하는 것이 좋겠다는 전문을 무타구치에게 보냈다. 무타구치는 노발대발하고 계속 전진을 명령했다. 이에 야나기다는 휘하 병력들에게 전진은 하되 무모한 돌격을 하지 말고 신중하게 진격하라는 명령을 내렸다. 신속한 속도전을 요구한 무타구치는 직접 제33사단을 방문하여 공개적으로 사단장을 비하하고 자신이 직접 명령을 내렸다. 두 지휘관의 관계는 계속 악화되다가 마침내 무타구치는 야나기다를 경질하고 자신이 직접 사단을 지휘하였다. 이후 보급으로 상황이 더 악화되자 다른 두 사단장도 무타쿠치에 반기를 들었다. 15사단장 야마우치 마사노부 장군도 무타구치의 무모한 공격명령에 이의를 제기하다 해임당했다. 제31사단장 사토 고토꾸 장군은 아예 무타구치의 명령에 항명하고 독단으로 작전을 중지하고 사단을 철수시켰다.

전투 초반에 제33사단의 우측에는 야마모토 소장이 지휘하는 여단급의 5,000명이 임팔을 향해 진격하고 있었다. 지휘관의 이름을 따서 야마모토 별동대라고 하는 이 부대는 임팔 적전에 참가한 일본군 중에서 화력이 가장 강했다. 야마모토는 무타구치와 성격이 비슷

했고 사무라이 정신력을 신봉하는 장군이었다. 그의 목표는 영국 제

스크레기 전투장
(출처: 위키백과)

20인도사단을 격파하고 임팔로 진격하는 것이었다. 그러나 영국 제20사단은 재17사단처럼 주저없이 후퇴해버렸다. 대신 영국군은 능선이 중첩한 세년 지역에 강력한 방어선을 구축하고 일본군을 기다렸다. 세년 지역에 도착한 야마모토 별동대는 일본군만이 사용하는 반자이 돌격으로 영국군 방어선을 돌파하려고 시도했지만, 영국군의 철조망과 기관총 탄막을 뚫을 수가 없었다. 특히 5월 10일의 스크레기 전투에서도 대규모 반자이 돌격을 시도하다가 800여 명이 무더기로 떼죽음당했다. 야마모토는 남은 힘을 다 짜내어 마지막 공격을 가했지만, 병사들은 지쳤고 식량도 탄약도 부족했다. 하지만 영국군은 똑같은 밀림이지만 항공 수송을 통해 충분한 물자를 공급받고 있었다. 영국군 중 병력 손실이 큰 부대는 예비대와 교체하며 전투력을 계속 유지했다. 야마모토는 한 달간의 혈전을 통해 스크레기 고지를 점령했지만 더는 전진할 전투력을 완전히 소실했다.

5월말에 이미 전세가 기울었지만, 무타구치는 패배를 인정하지 못하고 계속 진격을 명령하고 있었다. 그는 6월에 접어들어서야 비로소 작전 중지를 결정하고 버마방면군에 작전 중지안을 올렸다. 그러나 버마방면군이 무타구치의 작전 중지안을 반려하며 계속 공격을 명령했다. 그러나 일선 부대들이 움직일 기미를 보이지 않자 버

전쟁, 혁신, 사람 그리고 전략

마방면군은 남방군에 작전 중지안을 올렸다. 7월 2일, 마침내 남방군사령부가 작전의 중지를 명령했다. 7월 3일 우호 작전은 정식으로 중지되었고 모든 부대는 철수를 시작했다. 철군은 더 비참했다. 철수하는 일본군의 뒤에는 죽음의 사신으로 변한 영국군이 추격하고, 앞에는 배고픔과 전염병의 죽음이 기다리고 있었다.

전쟁에서 보급은 정말 중요한 요소라는 것을 다시 보여주는 장면이다. 인간은 제한된 체력을 가지고 있고 한계가 분명하다. 그런 인간이 전투에 나가서 싸움하기 위해서는 육체적 정신적인 휴식과 보충이 필요하다. 이를 가능하게 하는 것이 보급이다. 연합군과 일본군의 승패를 가른 것은 연합군은 병참에 대한 충분한 준비와 투자로 이를 현대화시켰고 체계화 시킨 것에 반해 일본군은 여전히 전근대적인 사고 방식으로 병참이라는 개념도 없이 보급에 소월했고 결국은 이것이 병사들을 죽음으로 몰고 갔다.

최근 우크라이나 전쟁과 코로나로 인한 중국의 봉쇄정책으로 세계적인 글로벌 물류망에 문제가 생겼고 이로 인해 부족한 물자는 생산에 차질을 가져왔고 이는 다시 시장에 공급 차질이 생기게 하여 물가가 상승하는 인플레이션 현상이 전 세계적으로 번지고 있다. 세계의 경제가 밀접하게 하나로 연결된 것이 글로벌시대이고 글로벌 공급망은 이러한 전쟁에서의 병참과 보급에서 발전한 시스템이다. 전쟁에서도 항공기와 운송수단의 발전과 통신의 발전으로 보급을 원활하게 하기 위한 기술이 발전되었듯이 오늘날 이러한 전쟁에서의 기술이 기업의 비즈니스로 이전되어 발전해온 것이다. 다시 한번 전투에서 진 장수는 용서할 수 있지만, 보급에 실패한 장수는 용서할 수 없다는 교훈을 떠올려본다.

진격하는 것보다 철수하는 것이 몇 배나 더 힘들다.

일단 철수는 전력이 약화되어 전투를 지속할 수 없을 때 하는 최후의 전투행위이다. 당연히 병력과 보급품이 부족한 상태이고 사기도 떨어진 상태라 정상적인 전투력을 기대하기 어렵게 된다. 조직의 편제도 비정상적인 상태로 부대끼리 공조는 물론이고 지휘체계를 유지하기도 힘든 상태가 된다. 세계전사를 보면 전투력을 유지하면서 질서 있게 후퇴한 사례도 있지만, 대부분은 철수할 때 더 큰 피해를 본 경우가 많았다. 임팔 전투에서 일본군도 철수하면서 큰 피해를 보았다.

7월 2일 버마방면사령부는 제15군에 작전중지와 철수를 명령했다. 일본 지휘부가 제정신이었다면 3개월 전에 내려야할 명령을 서로 책임지지 않으려고 눈치 보다가 이제 내린 것이다. 제15군의 철수는 비극 그 자체였다. 병사들은 3개월 동안 보급이 없어서 굶주리고 병들어 있었고, 소총을 비롯한 전투 장비도 없었다. 우기여서 연일 폭우가 쏟아져 길은 진창길로 걷기도 힘들었다. 병사들은 남은 장비를 버리고 비에 젖은 옷이 무겁다며 옷도 벗어 던졌다. 전사자는 물론이고 부상한 전우도 버렸다. 많은 병사가 굶주림과 탈진으로

전쟁, 혁신, 사람 그리고 전략

죽고 뎅기열, 이질, 말라리아 같은 전염병으로 죽었다. 현지 원주민들도 복수를 위해 일본군을 기습했다. 대부분의 일본군 사단들은 현지인들을 약탈하고 학대했다. 원한을 가진 원주민들이 거지떼가 된 일본군을 곱게 돌려 보내주지 않았다. 지옥과 같은 상황을 견디지 못한 병사들은 미치거나 자살했다. 몇 명이 둘러앉아서 중간에 수류탄을 터뜨려 집단 자살하는 예도 있었다.

이런 일본군을 영국군이 사납게 추적했다. 항공기를 동원하여 일본군의 퇴로를 차단하고 포격으로 흩어지게 만든 다음 보병들이 인간 사냥하듯이 일본군을 추격했다. 일본은 임팔 전투에 제15군의 3개 보병 사단과 1개 전차연대 9만여 명

일본군을 추격 중인 영국군
(출처: wikidata)

을 투입했다. 하지만 온전하게 살아온 병사는 1만 2천 명에 불과했다. 5만2천 명이 전사하거나 아사, 병사했고 2만 3천 명이 심각한 부상을 입었다. 태평양전쟁 시작부터 지금까지 가장 큰 손실이었고 최악의 패배였다. 이제 주력인 제15군이 없어지며 버마 주둔 일본군의 전력은 현저하게 약화하였다. 태평양전쟁의 전황이 약화되어 보충할 힘도 없었다. 1943년까지 버마-인도 국경은 일본군과 영국군은 전력적으로 팽팽한 균형을 이루고 있었는데, 임팔 전투 이후 일본군은 급격히 쇠약해졌다. 이제 영국군이 공세권을 잡았고, 일본군

은 1945년 3월 아웅 산 장군이 이끄는 버마 독립군에 의해 축출되었다. 영국군은 예상보다 일찍 버마 지역의 전쟁을 끝낼 수 있었다. 연합군 입장에서는 무타구치의 무능이 큰 역할을 한 셈이다.

일본군은 철수하면서도 계획도 없고 여전히 부족한 보급으로 인해 정말 지옥보다 더 심한 경험을 해야만 했다. 장군들보다 일반병사의 고충이 훨씬 컸다. 한 지휘관의 무능이 얼마나 심각한 문제를 발생시키는가를 여지없이 보여주는 전투였다. 기업도 비즈니스를 하다 보면 철수를 결정할 때가 있을 것이다. 흔히 제품수명주기라는 것을 보면 쇠퇴기라는 마지막 단계에서 시장에서 철수할 것인지 끝까지 남아있을 것인지를 결정한다. 철수를 하면서는 어떻게 손실을 최소화할 것인지 혹은 남아있는 제품의 재고는 어떻게 처리할 것인지 등에 대한 많은 것을 점검하고 철저하게 계획하고 거기에 맞추어서 철수해야 한다. 이를 Exit 전략이라고 한다. 시장에 들어가는 것도 시기와 장소를 정하는 것부터 매우 신중하게 계획하여야 한다. 나오는 것도 마찬가지이다. 모든 것이 계획이다. 계획이 없으면 아무것도 할 수 없다.

승패의 원인

버마전투의 승패의 요인은 보급, 지휘관의 오판 등 여러 가지가 있지만, 이 장에서의 기본 핵심 승패 요인은 누가 계획을 잘 수립하

전쟁, 혁신, 사람 그리고 전략

고 잘 실행했는가에 대한 것이다. 영국군은 보급의 중요성을 인식하고 철저하게 계획하였으며 지형을 비롯한 지리적인 부분도 계획에 잘 포함시켜서 준비를 철저하게 하였다. 반대로 일본군은 겉만 멀쩡한 계획을 세우고 구체적인 실천적인 부분이 약했고 상황이나 전투가 벌어지는 전쟁터에 대한 물리적인 고려가 계획에 포함되어 있지 않았다. 그래서 전통적인 현지 조달식의 보급을 정글에서 구했고 결국은 병사들을 아사시켰다. 양쪽 진영의 계획수립과 준비과정의 차이가 승패를 가른 것이다.

일본군 패배의 원인

1) 잘못된 문화는 비합리적인 의사결정을 만들어낸다.

태평양 전쟁 중에 일본군은 다른 국가에서는 보기 어려운 일본군만의 독특한 특징을 보여주었다. 지나친 자신감과 적을 경시하는 태도, 사전 준비 부실, 단기 결전 위주의 무리한 작전, 보급을 무시하는 전투 계획, 무모한 돌격, 정신력의 지나친 강조, 항복하지 않고 끝까지 저항하는 집단 문화, 인명 경시 사상, 엄격한 상명하복으로 경직된 조직 문화, 창의력과 응용력이 부족한 단순 반복 공격, 원주민을 억압하는 민사작전, 애매하고 복잡한 작전 계획 등 일본군의 특징은 이루 다 말할 수 없이 많았다. 이 특징들은 오늘날 망해가거나 망한 조직이 가지고 있는 전형적인 특성을 나열한 것처럼 보인다.

　이런 특징들이 씨줄과 날줄처럼 짜여져서 일본군은 시간이 지날수록 전투력이 약화되어 패배를 당했다. 고급 지휘관들에게는 또 다른 독특한 문화가 있었다. 바로 집단주의였다. 이 집단주의 문화는 조직내 갈등을 없애고 인화를 가치로 조직의 성과를 최대화하는 문화가 되어야 하는데 파벌조성, 비합리적 의사 결정, 서로 봐주기 식의 인정주의, 책임 전가하기 등의 부작용을 낳았다. 군부 내 파벌주의는 심각했다. 먼저 육군과 해군은 서로를 마치 적군처럼 대할 정도로 심했다. 육군 내부는 황도파와 통제파가 서로 실권을 장악하려고 반목이 심했다. 참조로 무타구치는 황도파이고 작전 중 항명 사건을 일으킨 제31사단장 사토는 통제파였다. 두 사람은 이전에 큰 불화를 겪고 서로가 불신하고 비방하던 사이였고, 결국 임팔 작전에서 초유의 사단급 항명사태가 발생했다.

　임팔 작전은 무타구치가 참모들을 제쳐 두고 본인이 직접 초안을 세웠는데, 임팔 지역의 특징과 보급에 대한 고려가 전혀 없는 부실한 작전이었다. 무타구치의 안은 허점투성이였고 초급 장교도 하지 않을 부실한 계획을 세웠다. 그는 무사도 정신만 강조했지 세부적인 대안이나 플랜B 같은 것도 전혀 없었다. 무타구치의 부실한 계획안은 당연히 전문가그룹인 참모들의 강한 반대에 부딪혔다. 계획안은 결재를 위해 상급부대로 올라갈 때마다 참모들의 반대에 부딪혔다. 그럼에도 불구하고 무타구치의 계획이 통과할 수 있었던 것은

　　　　　　　　　전쟁, 혁신, 사람 그리고 전략

무타구치와 같은 인맥의 각 사령관들이 참모들을 압박하여 통과시켰기 때문이다.

버마방면군 사령관 카와베는 노구교 사건 때 무타구치의 직속 상관이었다. 두 사람은 노구교 사건으로 동병상련의 감정을 가지고 있었고, 카와베는 기회가 되면 무타구치가 전공을 세우도록 도와주고 싶었다. 그래서 카와베는 개인적인 친분에 의해 군사적 합리성을 무시했다. 오히려 자기 참모들에게 현장의 지휘관 의욕을 꺾지 말라며 압박하여 통과시켰다. 남방군에서도 버마방면군과 같은 일이 반복되었다. 참모들이 반대하자 사령관 데라우치 히사이키 대장이 압력을 행사하여 통과시켰다. 데라우치는 육군 내에서 결속력이 강한 육군대학 출신으로 후배인 무타구치와 친한 사이였다. 대본영에서도 마찬가지 이유로 통과했다. 사나다 조이치로 참모장이 반대했는데도 총참모총장 스기야마 하지메 원수가 "데라우치 작전이니 통과시켜라" 압력을 넣어 통과시켰다.

임팔 작전을 말할 때 모든 책임은 무타구치에게 있는 것처럼 말하는데, 전혀 그렇지 않다. 모든 작전에서 무타구치는 자기 결재라인을 다 거쳤다. 심지어 상급 사령관들의 기대를 받고 시행했다. 무타구치의 부실한 계획을 상급 사령관들이 통과시킨 이유는 논리적으로 성공의 가능성이 있었기 때문이 아니었다. 지휘부끼리의 인맥과 집단주의가 작용했기 때문이다.

4월부터 작전의 중단을 요청했지만 듣지 않던 무타구치는 6월 초에서야 사태의 심각성을 알아차리고 카와베를 만났다. 하지만 작전 중지가 답이라는 것을 두 사람 다 알고 있으면서 누구도 명령을 하달하지 않았다. 6월 말이 되어 일선 사단장이 항명하고 다른 사단은 움직이지 않자 무타구치는 작전 중지를 결심하고 버마방면군에게 퇴각을 요청했지만 오히려 계속 공격하라는 회신을 받았다. 카와베가 이런 답신을 한 이유는 무타구치의 체면을 세워 주기 의해였다고 했다. 군사적 판단이 아니라 인맥 중시와 집단주의 문화를 보여 주는 장면이다. 수만 명의 병사들이 전사하고 굶어 쓰러지는데 사령관이 이러고 있었다. 이후 누구도 작전 중지라는 말을 먼저 꺼내지 않았다. 말을 먼저 꺼내는 사람이 책임을 져야할 것 같은 분위기가 만들어졌다. 먼저 나서기 싫었고 책임지기 싫었기 때문이다. 보다 못한 대본영의 소좌 한 명이 대본영 작전참모에게 이 작전은 더는 계속할 수 없다고 보고했다. 이후 작전을 중지해야 한다는 의견들이 모여 7월 2일 작전 중지가 결정되었다. 젊은 영관급 장교가 4성 장군, 5성 원수가 피했던 말을 꺼낸 것이다. 문제를 알고 답을 알면서도 서로 체면 때문에 공론화시키지 못하고, 먼저 말을 꺼내는 사람에게 책임을 전가하는 문화 등으로 작전은 계속되었고 그 기간에 수많은 젊은 병사들이 의미 없이 쓰러졌다.

작전이 끝난 후에도 일본군 특유의 문화가 작동했다. 군법회의에 회부되어 사형당할 것을 예상했던 사토 사단장은 강제로 정신병으로 판정 받아 제대하였다. 군법회의에서 그가 무타구치나 상급 지휘관들의 무능을 폭로할 것을 두려워한 무타구치의 조치 때문이었다. 무타구치는 문책으로 예편했지만 몇 개월 후 초급 사관학교 교

전쟁, 혁신, 사람 그리고 전략

장으로 취임하였다. 카와베와 데라우치는 어떤 문책도 없었고 오히려 영전했다.

　미군의 경우 작전 후에는 심도 깊은 체크와 조사를 바탕으로 전술과 방법이 연구되어 장려할 것은 전군에 다 전파되고 부족한 것은 보충했다. 즉 조직 내에 학습 시스템을 만들고 가동했다. 미군은 1942년부터 1944년 3년 동안 전략, 조직 편제, 작전 시스템 등이 비약적으로 발전했다. 1942년 초의 미군과 1944년 말의 미군은 물리적인 무기와 조직의 운영 부분에서 완전히 탈바꿈을 했다. 그런데 일본은 같은 기간 3년 동안 무기는 물론이고 전술도 발전한 것이 없었고 오히려 퇴보했다.

　이처럼 잘못된 문화는 조직을 망하게 만든다. 문화는 공유된 가치와 사고 및 행동이다. 이유는 작전이 끝난 다음 세심한 평가 시스템이 없었기 때문이다. 조직 학습 시스템이 없어서 변화하고 개선할 기회를 가지지 못하였기 때문에 발전하지 못한 것이다. 이처럼 잘한 것은 왜 잘했는지를 알아야 하고 못한 것도 어떤 점이 실패의 원인인지를 평가하는 시스템이 있어야 한다. 오늘날 우리기업에서도 마찬가지이다. 많은 기업들의 내부 교육자료를 보면 실패사례는 거의 없고 성공사례만 무성하다. 왜 그럴까? 질책을 받는 것이 두려워서이다. 진정한 학습조직이 되기 위해서는 기업의 모든 것을 재평가하고 재정립해보는 시스템을 갖추고 이를 모든 구성원들이 공유하는 것이 필요하다.

2) 말도 안 되는 계획으로 나락으로 떨어지다.

일본군 입장에서 임팔 전투에서 몇몇 아쉬운 장면이 있었다. 작전 초반 친디드 강을 건널 때 수송을 담당한 많은 수의 가축들이 떠내려 가버렸다. 그렇지 않아도 부족한 보급품을 식량으로 사용할 가축과 함께 잃어버렸다. 제33사단이 남쪽에서 임팔로 진격하다가 제17인도사단에게 10일 동안 발목이 잡혀 있었던 것도 아쉬운 장면이다. 이른 시간에 제17인도사단을 격파하고 임팔로 진격하는 것이 계획이었는데 격파도 못 하고 오히려 10일 동안 가로막혀 있었다. 작전 목표 시간 20일 중 절반을 잃어버렸다. 임팔로 진격하던 제15사단의 제60연대가 제31사단 제58연대 때문에 일주일 시간을 허비한 것도 아쉬운 대목이다. 제58연대는 코히마로 진격하는 도중에 자기 작전 구역이 아닌 샹스학에서 제50인도공수여단과 일주일 동안 전투를 치렀다. 이 때문에 제60연대는 길이 막혀 임팔로 진격하지 못하고 일주일을 기다려야만 했다. 이때까지 비어 있던 임팔로 영국군은 항공 수송을 통해 1개 사단을 이동시켜 방어를 강화할 수 있었다. 이것으로 임팔 공략의 기회는 날아갔다. 이런 상황은 중앙 컨트롤 타워가 정리했더라면 간단한 문제였다. 책임자인 무타구치가 전체 흐름을 보며 전투의 진행을 통제해야 하는데 그는 하지 않았다. 지휘관은 목표 달성을 위한 우선 순위와 집중도를 정한 다음 각 부대에 임무를 분배해야 하는데 일본군 사단장들은 그러지 않았다.

제15군은 임팔 작전을 준비하면서 기대 이하의 수준을 보여주었다. 영국의 친디트 부대를 보며 자기들도 정글 속에서 장시간 작전을 할 수 있을 것으로 생각했다. 친디트 부대는 특수전을 수행하는 일종의 게릴라 부대였다. 제15군이 수행하는 정규전과 특수전은 목표와 전술이 근본적으로 다르다. 친디트 부대는 작은 단위로 나누어 항공기로 침투하여 끊임없이 이동하며 치고 빠지는 게릴라 전술로 일본군을 괴롭혔다. 또한 이들은 항공기를 이용하여 끊임없이 보급품을 공수받았다. 일본 제15군은 정규전을 수행하는 부대다. 치고 빠지는 것이 임무가 아니라 목표 지점을 정해놓고 적을 격파하고 점령해야 한다. 이를 수행하기 위해서는 끊임 없이 보급이 이루어져야 한다. 그러나 제15군은 보급과 수송 능력이 없어서 병사들 개인이 보급품을 직접 운반해야 했고, 특히 항공지원은 전혀 없는 상태로 출발했다.

3개 사단이 작전을 펼치려면 많은 종류의 무기가 필요하다. 보병 병사들이 사용하는 개인 무기 외에 이들을 지원하기 위한 대포, 대전차포, 대공포, 지뢰 등 수많은 무기가 있어야만 정규전을 수행할 수 있다. 그리고 가장 중요한 것은 식량이다. 제15군은 수송수단이 없어서 개인이 휴대하고 가축들을 활용했다. 그래도 부족한 것은 현지 조달과 적군 보급품을 탈취하라고 했다. 그런데 자기 군수품을 적군에게 고스란히 넘겨줄 군대가 어디 있을까. 영국군도 전략적으로 철수하면서 모든 보급품을 파괴했다. 4월이 되자 벌써 보급품이 떨어져서 전력이 눈에 띄게 약해졌다. 몇 전투에서 이기더라도 전력이 약해 임팔로 진격할 힘이 없었다. 일선 사단장들은 이때부터 작전을 더 이상 지속하기 힘들다고 느끼고 있었다.

　무기가 부족해서 겪는 어려움도 많았다. 제33사단이 영국 제17 인도사단과 대치할 때 중포가 없어서 적에게 큰 타격을 줄 수가 없었다. 결국 전투는 10일이나 지속되었고, 승리는 했지만 전력은 현저히 약화되어 공세를 지속할 수가 없었다. 대공포가 없는 것도 큰 어려움이었다. 영국군의 장비는 2년 전과는 판이하게 달랐다. 특히 영국군은 항공기를 이용하여 제15군에게 큰 피해를 입혔다. 하지만 대응할 대공포가 없어서 고전했다. 제15사단이 임팔을 내려다보는 넌시검 고지를 점령했을 때가 임팔 작전을 성공할 가장 좋은 기회였다. 넌시검 고지를 지켰더라면 일본은 승리할 수도 있었을 것이다. 그러나 영국군은 M3 그랜트 전차를 동원하여 일본군 벙커는 짓밟고 파괴했다. 아무리 일본군 병사들이 용감하더라도 소총으로 전차를 막을 수 없다.

　무타구치는 비상계획contingency plan이라는 개념도 없었다. 무타구치뿐만이 아니라 모든 일본 장군들이 다 그랬다. "병사 한 명이 20일 치 보급품을 휴대할 수 있으니 20일 내에 작전을 끝내야 한다" 무타구치의 전술 핵심은 이것이다. 20일 이후에는 식량도 없고 보급품도 없는데 어떻게 할 것인가? 현지 징발하거나 적에게 빼앗아라. 그리고 황군의 정신력으로 끝까지 공격하라. 무타구치의 이런 무모한 전략은 무타구치가 휘하 병사들을 모두 죽이려고 작정했기 때문이 아니었다. 무타구치가 생각할 수 있는 수준의 한계였기 때문이다. 무타구치뿐만 아니라 카와베나 데라우치의 수준이기도 했다.

제15군은 여러 우발적인 요소와 예상보다 강력한 영국군의 방어에 막혀 20일 이내에 임팔을 점령하지 못했다. 이때 철수했더라면 피해를 최소화할 수 있었다. 그러나 비상계획이 없었던 일본군은 목표 달성도 못하고 비참한 패배를 당했다.

일본군의 패배의 최대 원인은 부실한 작전과 보급 때문이었다. 보급 경시는 무타구치 뿐만이 아니라 모든 일본군 지휘부가 다 그랬다. 하지만 이런 부분은 표면적인 이유일 뿐이다. 가장 근본적인 문제는 말도 안되게 부실했던 계획이다. 계획에서 목표도 분명하지 않았고, 실행에서 필요한 여러 가지 고려요인들도 계획에 포함시키지 않았다. 무엇보다도 비상계획이 없었던 것도 피해를 키웠다. 조직을 이끌다보면 항상 예상치 못한 변수가 생긴다. 그렇기 때문에 계획시에 가능한 모든 변수를 다 고려해야 하고 예상치 못한 변수의 등장에 대비하는 비상계획이 있어야 한다. 또한 이러한 비상 상황이 생겼을 때 책임을 전가하지 않고 솔선수범해서 즉각적으로 대응할 수 있는 결단력도 필요하다. 한마디로 무타구치의 계획은 말도 안되는 계획이었다.

영국군 승리의 원인

1) 원하는 장소, 원하는 시간에서 싸운다.

영국 윌리엄 슬림 장군
(출처: 위키백과)

전쟁에서 시간과 공간을 지배하는 것은 매우 중요하다. 이것을 잘 활용한 장군이 임팔 전투에서 일본군에 맞서 싸운 윌리엄 슬림 중장이다. 슬림은 제14군을 지휘하여 일본군 제15군을 상대했다. 윌리엄 슬림 사령관은 버나드 몽고메리 장군과 알란 브룩 장군과 함께 제2차 대전 중 영국군 3대 전쟁 영웅 중의 한 사람이다. 슬림은 그의 상대였던 무타구치와는 정반대의 성격이었다. 지나칠 정도로 겸손했고, 자신을 낮추고 부하들을 챙기는 덕장이었다. 그는 이후 동남아시아 지역 연합군 총사령관이 되었고, 종전 후에는 영국군 참모총장을 거쳐 호주 총독을 역임했다.

전투의 주도권을 잡기 위한 첫 번째 조건은 자기에게 유리한 장소에서 싸우는 것이다. 슬림이 임팔 전투에서 사용한 전술은 마오쩌둥이 장제스와 국공내전을 치를 때 유격전으로 사용한 16자 전법과 비슷하다. 16자 전법의 개요는 다음과 같다. 적이 진격하면 나는 물러나고, 적이 머물면 우리는 교란시키고, 적이 피곤하면 나는 공격하고, 적이 후퇴하면 나는 추격한다敵進 我退, 敵駐 我擾, 敵疲 我打, 敵退 我追. 슬림도 전투 초반에는 미련없는 전술적 후퇴로 적의 보급을 소모시키고, 중요한 전투에는 전력을 집중시키고, 적이 약해지자 공세로 전환하여 일본군을 격파했다.

먼저 슬림은 수색과 항공 정찰을 통해 일본군의 공격 의도를 정확하게 파악하고 있었다. 일본군의 가장 큰 약점이 보급이고 승리를 위해 이 약점을 물고 늘어지기로 했다. 일본군의 보급을 더 약하게 만드는 방법은 그들이 진격해야 하는 거리를 늘리는 것이다. 공격 거리가 길어지면 병참선이 길어져서 보급 상황은 더 약해질 것이다. 슬림은 친드윈 강 동쪽에 있던 방어선을 친드윈 강 서쪽 아라칸 산맥으로 옮겼다. 그의 의도는 적중했다. 진격 거리가 길어지자 걸어서 행군하는 일본군들은 전투를 하기도 전에 지치고 병에 걸렸다. 일본군이 임팔 남쪽 지역에 도착하자 슬림은 이 지역을 방어하던 인도사단에게 후퇴하라고 했다. 일본군으로서는 전혀 예상하지 못한 일이었다. 영국군의 전술적 후퇴는 일본군의 계획에 큰 차질을 안겼다. 우선 일본군에게는 시간을 허비하게 만들고 영국군은 임팔 방어를 강화할 시간을 벌게 했다. 이후에도 영국군은 전략적 후퇴를 적절히 구사하여 일본군의 시간과 전투력을 빼앗았다. 영국군이 후퇴하여 방어하고, 전력을 보충하여 반격하기를 반복하자 일본군은 보급품이 떨어져서 더 이상 진격을 못했다. 슬림은 자기가 원하는 장소에서 전투를 하고자 했다.

전투의 주도권을 잡기 위한 두 번째 조건은 자기에게 유리한 시간에 싸우는 것이다. 슬림이 전략적 후퇴를 선택한 이유는 자기에게 유리한 시간 즉, 우기가 시작되는 5월을 기다렸기 때문이다. 인도

동부 지역은 5월부터 엄청난 비가 내린다. 비는 공격하는 원정군을 빨리 지치게 만든다. 야외에서 종일 비를 맞으면 식사는 물론이고 자는 것도 힘들어진다. 체력은 빨리 고갈되고 면역력은 약해져서 쉽게 병에 걸리게 된다. 밀림은 진흙탕으로 변해 사람의 이동도 힘들고, 특히 일본군의 약점인 보급 사정을 더 약하게 만들 것이다. 슬림은 이 우기를 기다렸다. 상급 사령부와 정치권, 언론에서 빨리 공세로 전환하라고 압력을 넣어도 슬림은 우기를 기다렸다. 슬림이 노린 것은 적을 유인하여 약화시킨 다음 유리한 시간에 대공세를 취해 궤멸시키는 것이었다. 5월이 되자 비가 내리기 시작했다. 슬림은 5월 중순을 깃점으로 대반격을 시작했다. 일본군은 이미 전력이 약해져 있었고, 6월 말이 되자 전멸 단계에 이르렀다. 7월 초에 일본군이 후퇴하자 영국군은 맹렬히 추격하여 섬멸했다. 슬림은 유리한 장소와 시간을 이용하여 대승을 거두었고, 이후 영국군이 동남아 지역에서 전쟁 주도권을 잡게 만들었다.

이처럼 전쟁에서는 싸우는 장소와 싸우는 시간을 정하는 것이 승리의 기본이라고 할 정도로 중요하다. 전략수립의 기본 중의 기본이다. 싸움을 어디서 할 것인가를 정하는 것은 어떤 무기를 사용해야 하는 지를 결정해주고 어느 정도의 자원이 필요한지를 가늠하게 해준다. 시기적인 것은 전쟁을 수행하는 병사들의 상태를 고려할 수 있고 적의 상태도 파악해서 가장 최선의 시간을 선택하여 아군에게 유리한 조건을 만들 수가 있다. 기업경영에서도 마찬가지이다. 우선 시장을 선정하는 것도 중요하다. 어떤 시장에 집중할 것인가를 결정

전쟁, 혁신, 사람 그리고 전략

해야 선택과 집중이 가능하다. 시장을 들어가는 시점도 중요하다. 수요가 충분히 형성되었을 때 모든 자원을 집중하여 그 시장을 공략해야 하는 것이다. 시기가 맞지 않으면 실패할 가능성이 높다. 슬림 장군은 이 두 가지 승리의 요소를 잘 활용한 좋은 사례를 보여준다.

2) 우수한 무기와 우수한 전술적 활용

영국군 승리 원인에는 우수한 무기와 전술적 활용이 있었다. 우선 무기적인 측면에서 첫 번째 전략무기는 항공기였다. 영국군은 발달한 항공기를 활용하여 우선 제공권을 확보하기 위해 노력하였다. 제공권을 확보한 뒤 보급을 위한 전술적 수단으로 항공기를 적극적으로 활용했다. 전방 부대가 포위당하면 수송기를 이용하여 보급품을 공수했고 공수 받은 보급품으로 영국군은 전투를 계속 이어나갔다. 영국군은 일주일이 걸릴 병력 이동도 항공기로 하루만에 해냈다. 초반에 일본군의 공격 의도를 잘못 읽어 임팔이 무방비로 노출되었을 때에도 항공기를 이용하여 지원군을 신속하게 이동시켰다. 또한 영국군은 항공기를 정찰에 적극 활용하여 정보의 우위에 있었고, 항공 폭격을 통해 보병의 전투를 지원했다.

두 번째 우수한 무기는 전차이다. 전차의 활용은 영국군의 전력을 월등히 우세하게 했다. 예를 들어서 넌시컴 전투에서 일본군은 튼튼한 지하 벙커로 난공불락의 진지를 구축하고 있었다. 보병의 돌격만으로는 접근조차 어려웠다. 그러나 전차를 투입하는 순간 대전차포가 없는 일본군 진지는 순신간에 무너졌다. 세 번째는 방어무기로 영국군은 진지마다 철조망과 기관총을 배치했다. 철사를 이용하여 간단하게 가시처럼 만든 철조망으로 진지를 구축하는 것도 간단한 발명이었다. 일본군은 임팔 전투에서도 반자이 돌격을 여러 차례 시도했는데 2년 전부터 철조망과 기관총이 있는 방어진지에서는 통하지 않는 것을 무수히 경험하고도 버리지 못했다. 영국군은 철조망과 기관총을 이용하여 일본군을 도륙하다시피 했다.

다음으로 무기와 함께 영국군은 우수한 전술의 활용으로 승리를 이끌었다. 우선 영국군은 보병과 포병, 전차, 항공기를 함께 투입하는 합동 전술을 구사했다. 영국군의 이 합동 전술은 전방과 후방의 명확한 경계선을 없앴다. 일본군에게는 정립되지 않은 전투 방법이었다. 영국군은 전술 후퇴를 하며 시간을 벌고 유리한 장소에서 견고한 방어 전술도 훌륭하게 사용했다. 만일 방어가 실패하면 후퇴도 의미가 없다. 영국군이 강력한 방어 전술을 사용할 수 있었던 것은 영국군 특유의 방어진지 때문이다. 벌집진지라고 불린 이 진지는 여러 개의 방어진지를 원형으로 배치하여 상호 지원이 가능하도록 했다. 중앙에는 포병을 배치하여 모든 거점에 화력 지원이 가능하도록 했고, 외곽에는 전차, 기관총, 철조망을 배치하였다. 상공에는 항공기가 대기하며 적의 포병대를 폭격하고 필요 물자를 보급했다. 이처럼 보병, 포병, 기갑부대, 항공부대 등의 모든 전력을 총괄하는 합동 전술은 영국군을 더욱 강하게 만들어주었다. 확실히 전술적 활용의 승리였다.

임팔 전투에서 무타구치의 일본군은 정신력으로 싸웠고, 슬림의 영국군은 우수한 무기와 전술로 싸웠다. 제2차 대전부터 전쟁과 전투의 방법이 이전에 비해 확연하게 변했다. 전쟁에서 부실한 계획과 빈약한 보급을 정신력으로 보충할 수 있는 시대는 지났다. 우수한 과학 기술과 영리한 지략을 결합해야만 승리를 담보할 수 있다. 무타구치와 일본군 지휘부는 그것을 패망할 때까지 몰랐다. 전략적 계획은 기업의 모든 것을 좌지우지 한다. 하지만 실행이 없는 계획은 허망하다Planning is Everything, but Nothing.

계획이라는 것은 어쩌면 아직은 현실로 이루어지지 않는 관념 속의 추상적인 구상이 될 수도 있다. 하지만 그 구상들이 좀 더 효과적인 힘을 발휘하는 데에는 현실적이고 구체적인 계획을 세우느냐에 따라 달려있다. 따라서 중요한 것은 내가 무엇인가를 시도하거나 도전을 할 때 구체적인 계획이 있는지 그 계획들을 순차적으로 실행으로 옮길 수 있는지에 따라 성공과 실패가 좌우된다. 계획을 세워야 한다는 것에 대해서 약간은 반대되는 처지를 얘기한 메세지도 있다. 실천이 없는 계획은 아무런 짝에도 쓸모없는 무용지물이 돼버리는 계획이라는 뜻인데 이 또한 공감된다. 아무리 뛰어난 계획도 그것이 실행되지 않는다면 애초부터 없었던 일과 다를바 없다.

계획도 중요하지만 반대로 그 계획을 실천하는데 필요한 노력도 중요하다는 교훈이다. 세상에 모든 일은 절대로 단기적으로 이루어낼 수 있다. 설령 매우 짧은 시간 내에 높은 결과를 냈어도 그것이 일시적으로 일어나는 현상일 수 있다. 서서히 오랜 시간 동안 지속적으로 꾸준하게 단계를 밟아나가는 것이 더 중요하다. 어느날 갑자기 로또라는 대박을 맞아도 그로 인해 얻는 부는 오랫동안 이어지지 않는 데에는 그만한 이유가 있다. 담을 수 없는 적은 그릇은 언제든 넘치기 마련이다. 일확천금을 담을 수 있는 큰 그릇을 서서히 키워나가는 것이 중요하다.

계획을 세웠다면 어떠한 불변의 상황이 닥치더라도 그것을 반드시 진행을 해야 한다는 내용을 담은 성공 관련 명언이다. 서서히 진행되더라도 목표를 위해 무엇인가를 하고 있다는 것이 더 의미있는 일이고 중요한 일이다. 비록 결과가 뜻대로 이루어지지 않을지라도 그것을 위해 최선의 노력을 다한 것이라면 그때의 선택을 했던 것에 대한 후회는 없을 것이다. 지금 당장에 실현할 수 있는 작은 성공을 거듭해나간다면 그것이 큰 계획을 세우는데 밑거름이 된다는 그런 내용이다. 계획을 세우는 것에 대한 중요성을 얘기한 디오도어 루빈의 명언이다.

성공한 사람들은 대부분 아침에 일찍 일어난다고 한다. 일찍 일어나는 것이 단지 하루를 빨리 시작한다는 개념이 아니라 내가 헤애할 일들을 정리하고 오늘 하루는 어떻게 보내야하는지 좀 더 생산적인 일과를 보내기 위한 계획을 세우는 것이다. 따라서 하루의 습관을 조금씩 나은 쪽으로 바꾸는 것도 좋을 것 같다. 대표적으로 할 수 있는 것이 바로 아침에 좀 더 일찍 일어나는 것이 아닐까?

조금씩 세우게 되는 계획들에 의해 그리고 그 계획들에 대해 실천하는 것에 의해서 조금씩 성공은 완성된다. 어쩌면 세상에 모든

전쟁, 혁신, 사람 그리고 전략

사람은 완전한 성공을 달성하지는 못한다. 다만 남들보다는 많은 것들을 이루고 많은 사람으로부터 존중을 받으며 이 사회에도 좀 더 영향력을 줄 수 있는 그런 뛰어난 사람이 중요하다고 본다.

준비되든 안 되든 반드시 실행으로 옮겨야 한다는 말이 너무 와닿았다. 준비는 비록 미흡할 수 있다. 다만 내가 세운 좀 더 큰 가치를 위해 조금씩 나아가고 있다는 것이 더 중요하다. 행운이라는 것도 준비된 자에게 찾아온다. 아무런 예고 없이 아무런 이유 없이 찾아오는 것이 아니라 어느 정도는 준비를 하고 노력하는 사람에게 찾아올 수 있는 하나의 특권일 수 있다. 누구에게나 동일한 특권이나 행운이나 기회가 찾아와도 어떤 사람에게는 행운이 되기도 하고 또 어떤 사람에게는 아무런 쓸모없는 것이 되어버리기도 한다. 그 때문에 이 기회라는 것들도 어느 정도는 언제든 찾아왔을 때 맞이할 수 있는 역량을 갖추는 것이 중요하다. 이 역량을 만들기 위해서 계획이 필요하고 실행이 필요한 것이다.

전략의 중요성

전략과 전술의 차이는 무엇일까? 전략이란 거시적으로 계획하고 운영하는 방향이며, 흔히 큰 그림을 의미한다. 전술이란 특정한 목표를 수행키 위한 전략의 하위 개념으로서 전략적 목적을 달성하는 데 초점을 둔다. 이렇게 보면 전술적으로 이득을 본다면 전략적으로 이득을 볼 수 있을 것처럼 보인다. 하지만 큰 그림 전략을 짜는 행위, 즉 전략은 매우 중요하다. 그 이유를 2차 대전의 추축국과 연합국을 한 번 비교해 보며 알아보자.

추축국은 전쟁 초기 독일 민족이 많이 사는 폴란드 단치히의 반환을 요구하며 전쟁을 시작했다. 히틀러와 독일 군부는 이전의 뮌헨 협정을 통해 연합국이 체코슬로바키아를 버린 것처럼 폴란드도 버릴 것이라고 전술적으로 생각하며 전쟁을 시작했다. 또 육군 최강국인 프랑스를 점령해도 연합국인 영국에 진출할 계획이 없었기에 프랑스 점령 이후부터 부랴부랴 상륙작전 예행연습을 했다. 그들은 영국이 프랑스만 항복하면 따라서 항복할 것이라고 낙관적으로 판단했기 때문이다.

전쟁 중기 독일은 영국이 항전하는 이유는 소련이 건재하기 때문이라고 생각하고, 소련은 "발로 차기만 하면 무너질 헛간"이라고 안일하게 평가했다. 독일은 바르바로사 작전을 통해 소련으로 빠르게 진격을 했다. 하지만 뚜렷한 전략적 목적이 없었기에 당시 소련의 지도자인 스탈린의 이름을 딴 도시인 스탈린그라드에 집중한 결과 전략적으로 대실패를 보고서 패망의 길로 들어섰다. 일본 또한 진주만 공습을 통해서 전함수를 잠시나마 압도하는 이득을 보았지만, 하와이나 미드웨이를 점령해 미국 본토를 습격한다는 등의 뚜렷한 전략적인 목표가 없었기에 패배의 길로 들어섰다.

이에 비해 연합국은 어땠을까? 비록 프랑스, 폴란드 전역에서 6주만에 패하고 소련의 영토가 나치의 군홧발에 유린당하기는 했지만, 소련이 주 전선에서 나치를 상대하는 동안 연합국은 횃불 작전과 함께 이탈리아 남부, 프랑스의 노르망디로 상

전쟁, 혁신, 사람 그리고 전략

룩해서 나치를 기습한다는 대전략을 가지고 싸웠다. 또한, 태평양 전역에서는 태평양의 광활한 섬 하나하나 점령하지 않고 주요 거점이 되는 섬만 빠르게 점령하고 일본 본토에 다가가는 징검다리 작전을 쓰면서 태평양 전쟁을 보다 더 빠르게 끝낼 수 있었다.

연합국은 비록 전투에서는 졌지만 결국 전쟁에서 이겼다. 이 승리의 원동력은 무엇이었을까. 바로 큰 그림을 하나하나 완성해 나가는 그들의 대전략이 밑바탕이 되었을 것이다. 우리의 삶에서도 똑같이 적용될 수 있다. 공부할 때나 회사를 운영할 때도 닥치는 대로 일을 하기보다는 큰 그림을 그리면서 퍼즐 조각을 하나하나 맞춰가는 것도 하나의 방법이 될 수 있다.

〈출처〉염지우 기자. 2019. 10. 28. 미디어경청.

나가며.

전쟁사에서 찾아낸 비즈니스 성공 전략!

많은 사람이 전쟁과 기업 경영을 비교한다. 그리고 둘 사이를 이어주는 전략을 공부한다. 하지만 이를 공부하는 사람들은 전략이 이 둘을 이어준다는 이유를 알고 있을까? 이유를 모르고 따라한다면 수학 공식을 이해하지 못하고 답만 보면서 고개를 끄덕이는 것과 마찬가지이다. 전쟁과 경영은 어떤 관계가 있을까? 보통 우리는 어떤 일을 좀 치열하게 치렀다는 말을 하면서 '한바탕 전쟁을 치렀다'고 한다. 비록 전쟁터에는 안 나가봤지만, 전쟁하듯 치열했다는 뜻이다. '전쟁을 치르듯' 했다는 데는 두 가지 의미가 있다. 한편으로는 분위기가 정돈되지 못하고 혼란스러웠고, 다른 한편으로는 목숨이 오가 듯 절박한 마음도 함께 했다는 뜻이다. 경영의 규모가 크건 작건 대충 운에 맡겨서는 아무 것도 안 된다. 경영도 실제 전쟁터에서 살아남듯 죽기 살기로 덤벼야 한다.

전쟁터는 한마디로 온전한 정신으로 버티기가 어려운 상황에서 최선의 판단을 하여야 하는 곳이다. 이런 전쟁터라는 극악의 조건 하에서 승리로 이끄는 장수의 정신력, 통찰력, 판단력 등의 힘이라면 그보다는 완화된 조건의 기업 경영의 환경에서도 조직을 승리로 이끌 수가 있을 것이다. 그래서 우리는 전략을 전쟁을 통해서 배우고 기업 경영에도 적용해보려고 하는 것이다.

전략은 본래 전쟁에서 이기고자 하는 군사학의 지혜지만, 오늘날 전쟁터와 같은 시장에서 살아남기 위해서는 이러한 전략의 지혜가 필수적이다. 본서에서는 전쟁과 기업 간의 경쟁 역사를 통찰력 있게 살펴보며 제2차 세계대전과 기업 경영을 관통하는 전략의 9가지 정수를 9개의 장에 담아보았다. 기업 현장에서 전략가로 활동해온 저자의 경험과 통찰력을 바탕으로, 전략의 교훈을 생동감 있는 사례를 통해 풀어나가며 한국 기업들이 반드시 알아야 할 전략 수립과 실행 방법론을 제시하고자 하였다.

'전략'이라는 단어의 사전적 의미는 '전쟁에서 이기기 위해 군대를 움직이는 방법을 포함한 계책들을 망라한 것'이다. '전략'은 영어로 'Strategy'다. '장군'을 뜻하는 그리스어에 어원을 두고 있다. 전쟁터에서 장군이 어떤 지혜나 책략을 갖고 전쟁에 임하느냐에 따라 그

성패가 갈라진다. 한 두 사람의 생명이 걸린 것이 아니다. 수천, 수만 명의 목숨이 장군의 생각에 매달려있다. 2차 세계대전에서도 일본의 무타쿠치의 몰상식한 계획으로 수많은 병사가 희생되는 것을 보았고 독일의 히틀러와 몇몇 사령관들이 골든타임을 놓쳐서 손에 쥔 승리를 놓치고 패배하는 것도 보았다. 이처럼 리더는 전쟁의 승패를 좌우할 정도로 매우 중요하다. 기업경영에서도 어떤 사람이 지도자가 되느냐에 따라 전략도 달라지고 성과도 달라진다.

또한 '전략'의 영어 어원은 그리스에서 나왔으나 가장 오래된 전략이론서는 중국의 『손자병법』이다. 기원전 5~6세기에 활약했던 전략가 손무孫武의 『손자병법』은 전 세계의 언어로 번역되어 여전히 큰 영향력을 유지하고 있다. 경영학에서 경영전략이론이 대두된 것은 1960년대부터다. 1962년에 하버드 경영대학원 교수였던 알프레드 D. 챈들러가 미국 기업의 흥망사를 다룬 책에서 경영학자로는 처음으로 '전략'이라는 말을 사용했다. 챈들러는 경영전략을 "기업의 기본적인 장기 목표와 목적들을 결정하고 이를 달성하기 위한 구체적인 행동actions을 계획하고 실행하는 것이며, 이에 필요한 자원을 배분하는 것"이라고 정의했다.

본서의 저자인 박정은 교수도 1990년대 중반에 컨설팅회사에서 다양한 기업들의 컨설팅을 수행하면서 전략에 매료되었고 미국 유학에서도 마케팅 전략을 전공으로 관계마케팅과 경영전략의 기본이 되는 경쟁이론에 대한 대가인 로버트 모건교수에게서 사사를 하게 된다. 이후 미국대학의 교수생활을 하면서 글로벌 시장에 눈을 뜨고 다양한 글로벌 기업의 자문과 다양한 국가의 자문활동을 하게 된다. 이후 한국으로 돌아와서 이화여대 경영대학교의 교수로 재직하면서 비즈니스 컨설팅센터를 설립하여 많은 자문과 교육활동을 해왔다. 이러한 학문적 실무적 경험을 바탕으로 컨설팅을 하면서 만난 사람이 또 다른 저자인 곽민순 대표이다. 곽민순 대표는 전형적인 현장형 리더이고 기업의 최고경영자로서 오랜 시간 다양한 조직을 이끌어 왔다. 그러면서 취미활동으로 전쟁과 무기에 심취하여 나름 이 두 가지 방면의 전문가적인 지식을 갖추게 된다. 이런 두 사람이 의기투합하여 만든 저서가 본서이다. 이 책에서 전쟁 및 경영의 사례와 교훈을 통한 전략수립의 중요성과 실행에서의 지침 등을 통해 독자로 하여금 전쟁사례와 경영사례를 비교하며 생각을 정리할 수 있게 도와주고자 하였다.

이 책을 저술하면서 우리가 생각하는 전쟁과 경영전략의 공통점은 다음 몇 가지로 정리할 수 있다. 첫 번째는 사람을 포함하는 인적 물적 자원이다. 두 번째는 군대와 기업이라는 조직을 이끄는 리더이다. 세 번째는 특히나 현대전에서 강조되는 정보이다. 물론 정보는 기업경영에서도 매우 중요하다. 네 번째는 조직이다. 리더를 중심으로 하부 조직이 어떤 사람으로 구성되는지 어떻게 운영되는지는 매우 중요하다. 마지막으로 의외의 변수들이 있다. 흔히 운이라고도 하고 돌발사건이라고 하는 인간이 예측 하지 못하는 변수가 있다. 실수도 마찬가지이다. 이 다섯 가지 공통 요소야 말로 전쟁으로 읽는 핵심경영전략이다.

나가며

1. 인적자원 물적자원: 보급의 중요성

전쟁에서는 병력이라는 인적자원이 있다. 이들을 지휘하면서 전투라는 행동이 나타나고 전투를 통해 목적을 달성한다. 기업경영도 사람이 하는 것이다. 기업에는 직원들이 있다. 이들을 관리하는 관리자가 있고 그 위에는 사업을 책임지는 임원과 최고경영자가 있다. 군대에 최고사령관과 장군이 있고 중간간부 장교가 있고 병사들이 있는 구조이다. 군대에서 병사들에게 명령하여 전투를 수행하듯 기업에서도 업무를 지시하면 제품과 서비스라는 산출물이 생겨난다. 사람을 매개로 하여 어떤 목적을 달성하는 것이다. 인사는 만사라는 말이 있다. 그만큼 인적자원이 중요하다는 뜻이다. 그리고 인적자원을 효과적으로 활용하는 데 필요한 것이 물적 자원이고 이를 효율적으로 보급하는 시스템이 병참이고 기업에서는 물류이다. 우리는 본문에서 몇 번이나 보급의 중요성에 대해서 언급하였다. 독일군도 그랬고 일본군도 모두 전쟁 초기에는 강력한 군사력을 자랑하였지만, 보급의 중요성을 알지 못하고 전근대적인 방식으로 접근하여 병력을 소모하였다. 기업이 사용 가능한 자원은 한정되어 있다. 그래서 자원의 효율적인 운영과 이를 통한 효과성을 극대화하는 것이 경영의 기본이다.

2. 리더의 중요성: 한 명의 천재가 나머지 백 명을 먹여 살린다!

전쟁도 경영도 모두 지휘하는 리더가 존재한다. 리더라는 존재는 조직화된 사회구조에서 나타나는 공통적인 현상이다. 하지만 일반적인 사회보다 전쟁과 경영에서 일어나는 경쟁이 훨씬 격렬하므로 리더의 존재와 역할이 더욱 중요하다. 전쟁에서는 국가의 존폐가 달려있기 때문에 리더의 역할이 매우 중요하고, 기업에서는 기업의 생존과 성장에 직접적인 영향을 미치기 때문에 리더가 중요하다. 우리 사회는 민주주의와 자본주의라는 정치적 경제적 축으로 이루어져 있는데 자본주의의 핵심은 기업이고 이를 운영하는 시스템이 경영이다. 따라서 기업경영을 하는 리더는 우리 사회의 중요한 한 축을 담당한다. 리더의 가장 기본적인 역할은 전략 수립이다. 전략 수립에서 시작은 계획이고 끝은 실행이다. 계획에서 리더가 잘못하여 2차 세계 대전 막판에 일본은 수많은 병사를 희생하였다. 독일군도 최고사령관 히틀러의 오만과 오판으로 강력한 군대를 가지고도 기회를 잡지 못하고 결국 패배하였다. 실행에서도 일본군은 계획이 엉성하기도 했지만 오로지 병사들의 희생과 정신력만을 강요하며 무리하게 진행한 결과 무참하게 패배하고 만 것이다. 애플의 잡스는 보통사람은 자신과 비슷하거나 못한 사람을 고용하고 천재는 자신보다 더 나은 천재를 고용한다고 한다. 리더는 자신이 똑똑한 것보다 지혜로운 참모를 고용해서 활용할 줄 아는 즉, 사람을 다룰 줄 아는 사람이어야 한다.

나가며

3. 정보의 선택과 해석능력

전쟁터에서는 수많은 정보가 만들어진다. 적진에서 발생하는 여러 가지 정보를 획득하기 위해서 치열한 정보전이 일어난다. 오늘날 기업에서도 기업이 활동하는 시장에서도 수많은 정보가 생겨난다. 인터넷의 등장으로 인한 3차 산업혁명인 정보화 혁명은 우리 사회에 정보의 홍수 시대를 가져왔다. 너무나도 많은 정보의 등장으로 이제는 정보의 양이 아니라 정보의 질이 중요해졌다. 전쟁에서는 이기기 위해 상대방이 흘린 거짓 정보가 있다. 물론 올바른 정보도 존재한다. 문제는 정보를 확인하고 거짓인가를 판단하는 능력 즉, 이러한 정보를 수집하는 능력도 중요하지만 해석하고 활용하는 능력이 훨씬 중요하다. 정보를 해석하고 활용하는 능력이야말로 리더가 갖추어야 하는 혹은 리더를 보좌하는 참모가 가져야 하는 역량이다. 물론 최종적으로 참모가 제공하는 정보를 가지고 판단하는 사람은 리더이다. 미국과 연합군이 정보전에서 독일과 일본을 이겨서 최후 승자가 된 것처럼 전쟁에서의 정보의 중요성은 매우 크다. 미국과 연합군은 전쟁 중에 정보시스템을 구축하고 이에 대해 엄청난 투자를 하였다. 기업경영에서도 홍수처럼 밀려오는 수많은 정보를 걸러주는 시스템도 있어야 하고 이를 해석하고 잘 정리해서 경영층에게 전달하는 스텝조직도 있어야 한다. 하지만 최종 정보를 바탕으로 인사이트를 만들어내고 판단을 해서 최종의사결정을 내리는 것은 리더의 몫이다.

4. 조직의 효율성과 효과성의 싸움

조직의 효율적인 운영과 성과를 효과적으로 만들어야 하는 측면에서 전쟁과 경영은 유사하다. 둘 다 우선은 자원을 필요로 하는데 이 자원이 한정적이기 때문에 효율성과 효과성이 중요한 것이다. 특히 효율적인 운영을 위해서 군대는 각 기능 혹은 임무별로 조직을 구성한다. 전쟁에서 군대는 전투 임무의 종류에 따라 공병, 보병, 포병, 기갑, 통신 등으로 나뉜다. 이렇게 조직된 각 군사조직은 서로 협업을 하며 각자의 맡은 임무를 잘 수행해서 시너지가 발생하게 만들어야 한다. 공군과 포병이 지원사격을 하고 보병과 기갑군이 뒤를 따라서 최종 진지를 점령하는 이른바 현대전에서 독일군이 보여주었던 전격적인 진격이야말로 이러한 협업을 잘 보여주는 예이다. 하지만 독일군은 전쟁 말기에 자신의 이러한 강점을 상실했고 지휘관들 간의 협업도 되지 않았고 군대들이 따로 움직였다. 일본군은 더 심했다. 지휘관들끼리 갈등이 커지고 서로 책임을 전가하고 심지어 항명하는 사태까지 벌어졌다. 결론은? 독일과 일본은 패망했다. 기업경영 또한 행정, 기획, 회계, 인사, 마케팅 등 목적에 맞게 세분된 조직을 구성한다. 그리고 기업경영에서는 고객이라는 최종 목표를 두고 고객 만족을 위해 모든 기능이 상호 맡은 업무를 잘 수행하고 서로 협업이 되어서 시너지를 만들어야 한다. 이렇게 전쟁과 경영 모두 조직 운영의 효율성과 효과성에 의해서 승패가 결정된다.

나가며

5. 의외의 변수가 너무 많다: 결국은 운?

전쟁과 경영 모두 힘든 상황에서 구성원들에게 높은 집중도를 요구한다. 이런 극악한 환경속에서는 평소와 같은 집중력을 보여주기 어렵다. 이런 가운데 한 구성원의 돌발적인 행동 등이 조직 전체를 파멸로 이끌기도 하는 것이다. 실수도 마찬가지이다. 인간이기에 누구나 실수를 한다. 우리가 실수했다고 해서 낙담할 필요는 없다. 경쟁사가 더 큰 실수를 하는 경우도 있다. 또한, 실수했으면 이를 즉시 인정하고 수정을 하면 된다. 소 잃고 나서 넋 놓고 가만히 있지 말고 외양간을 고쳐야 한다. 이런 면에서 우리는 운이라는 것을 생각해 본다. 열심히 하는 사람과 머리 좋은 사람은 결코 운이 좋은 사람을 이길 수 없다. 운칠기삼이라는 말처럼 사업을 하는데 있어서 운이라는 요소는 정말 치명적으로 중요한 것 같다. 저자가 만나본 많은 CEO가 하는 이야기다. 이처럼 경쟁에는 예외적인 요소들이 많다. 교과서에 적힌 것처럼 정석적인 것도 많지만 그렇지 않은 것도 매우 많다. 그런 면에서 전쟁과 비즈니스에는 규칙이 없다. 진정한 전략은 불확실성 속에서 만들어진다. 질풍노도의 2차 세계대전 속에서 유럽과 태평양에서 꽃핀 전략의 지혜를 오늘날의 기업경영에 접목해, 불확실성 속에서 취해야 할 전략과 기업을 이끄는 경영자의 덕목을 밝히고 있다.

많은 전쟁사례 중 현대의 기업경영과 소비자의 생활에 가장 큰 영향을 준 전쟁은 2차 세계대전이다. 그때에도 강대국이었던 전쟁

당사자들이 여전히 세계를 정치적으로 경제적으로 이끌고 있는 선진국들이다. 또한, 현대 생활에서 우리가 3차 산업혁명이라 부르는 정보혁명이나 AI와 빅데이터를 비롯한 새로운 융합을 이끄는 4차 산업혁명 시대를 만들게 된 계기는 모두 2차 세계대전 중에 있었던 발명과 과학기술의 발전으로 이루게 된 것이다. 오늘날의 이 혁명적인 시대를 만든 것은 컴퓨터에 바탕을 둔 ICT와 세계를 가깝게 만들고 있는 운송수단이다. 이 두 가지 발명품 모두가 2차 세계대전 중에 나왔고 발전을 하게 되었다. 기업도 마찬가지이다. 현재 전세계 시장을 장악하고 있는 미국과 유럽 그리고 아시아의 글로벌 기업들은 모두 2차 세계대전을 통해 기술을 축적했고 생산기반을 갖추었고 토대를 만들었다. 그래서 저자는 2차 세계대전에 초점을 맞추었고 이때의 국가들이 어떻게 승리를 하였고 왜 패배를 했는지를 살펴보고자 한 것이다.

이 책에서 소개하는 전략은 전쟁 상황을 바탕으로 했기 때문에 전쟁의 다양한 요소와 성공 원인을 다루고 있다. 따라서 전쟁의 성공 요소를 원론적으로 이해하고, 현실 세계에서의 기업경쟁에서 그 교훈을 되새겨보고자 하는 독자에게 기습, 퇴각, 반격, 게릴라전 등의 의미와 효과성에 대한 시각을 제공한다. 2차 세계 대전에서의 운명을 결정지은 몇 가지 전투 그리고 고대부터 내려오는 손자병법과 같은 고전 병서에서 배우는 병법, 그리고 이들에서 기업경영에 관한 인사이트를 제공하는 본 저서는 확고한 비즈니스 전략을 수립하려는 기업을 위한 나침반이 될 것이다.

참고문헌
REFERENCES

1. 참고도서

한상만, 하영원, 장대련, 경쟁우위 마케팅전략, 박영사, 2021

존 키건, 류한수 역, 〈2차 세계대전사〉, 청어람미디어, 2016

앤터니 비버, 김규태. 박리라 역, 〈제2차 세계대전〉, 글항아리, 2017

알라스테어 핀란 외 2, 강민수 역, 〈제2차 세계대전〉, 플래닛미디어, 2008

필립 M. H. 벨, 황의방 역, 〈12전환점으로 읽는 제2차 세계대전〉, 까치, 2012

베빈 알렉산더, 함규진 역, 〈히틀러는 어떻게 세계 정복에 실패했는가〉, 홍익출판사, 2001

칼 하인츠 프리처, 진중근 역, 〈전격전의 전설〉, 일조각, 2007

로버트 알란 다우리, 나동욱 역, 〈전격전, 프랑스 패망과 거짓 신화의 전설〉, 황금알, 2012

마르틴 반 크레펠트, 우보형 역, 〈보급전의 역사〉, 플래닛미디어, 2010

마이클 코다, 이동훈 역, 〈영국전투, 제2차 세계대전 최대의 공중전〉, 열린책들, 2014

조너선 파셜 외 1, 이승훈 역, 〈미드웨이 해전〉, 일조각, 2019

브레이튼 해리스, 김홍래 역, 〈니미츠〉, 플래닛미디어, 2012

권주혁, 〈헨더슨 비행장〉, 지식산업사, 2001

노나카 이쿠지로 외 5, 박철현 역, 〈왜 일본제국은 실패했는가〉 주영사, 2009

위텐런, 박윤식 역, 〈대본영의 참모들〉, 나남, 2014

하야시 사부로, 최종호 역, 〈태평양전쟁의 지상전〉, 논형, 2021

박종화, 〈스탈린그라드 전투〉, 도서출판 세주, 1995

앤터니 비버, 조윤정 역, 〈피의 기록, 스탈린그라드 전투〉, 다른세상, 2012

리처드 오버리, 류한수 역, 〈스탈린과 히틀러의 전쟁〉, 지식의 풍경, 2009

데이비드 M 글랜츠 외 1, 권도승 외 2역, 〈독소전쟁사 1941－1945〉, 열린 책들, 2007

크리스 비숍 외 1, 박수민 역, 〈제3제국〉, 플래닛미디어, 2012

남도현, 〈히틀러의 장군들〉, 플래닛미디어, 2009

앤터니 비버, 김병순 역, 〈디데이〉, 글항아리, 2011

코넬리어스 라이언, 최필용 역, 〈디데이〉, 일조각, 2014

2. 참고논문

Jay Barney(1991), "Firm Resources and Sustained Competitive Advantage," Journal of Management, Vol. 17, No1, 99－120.

Shelby D. Hunt & Robert M. Morgan(1995), "The Comparative Advantage Theory of Competition," Journal of Marketing, Vol. 59(April), 1－15.

Shelby D. Hunt & Robert M. Morgan(1996), "The Resource－ Advantage Theory of Competition: Dynamics, Path Dependencies, and Evolutionary Dimensions," Journal of Marketing, Vol. 60 (October), 107－114.

George S. Day(1998), "What does it mean to be Market－Driven?," Business Strategy Review, Vol. 9, Issue 1, 1－14.

Ajay K. Kohli, & Bernard J. Jaworski(1990), "Market Orientation: The Construct, Research Propositions, and Managerial Implications,"

Journal of Marketing, Vol. 54(April), 1−18.

Stanley F. Slater & John C. Narver(1995), "Market Orientation and the Learning Organization," Journal of Marketing, Vol. 59(July), 63−74.

James M. Sinkula(1994), "Market Information Processing and Organizational Learning," Journal of the Marketing, Vol. 58(January), 35−45.

George S. Day(1994), "Continuous Learning About Markets," California Management Review, 9−31.

Robert M. Morgan, Shelby Hunt(1999), "Relationship−Based Competitive Advantage: The Role of Relationship Marketing in Marketing Strategy," Journal of Business Research 46, 281−290.

Peter R. Dickson, Paul W. Farris, Willem J. M. I. Verbeke(2001), "Dynamic Strategic Thinking," Journal of the Academy of Marketing Science, Volume 29, No. 3, 216−237.

Day, George S(1994), "The Capabilities of Market−Driven Organizations," Journal of Marketing, 58(October), 37−52.

3. 참조 사이트

https://blog.naver.com/imkcs0425

전쟁, 혁신, 사람 그리고 전략

초판발행   2022년 10월 30일
중판발행   2023년 10월 30일

지은이   박정은·곽민순
펴낸이   안종만·안상준

편 집   탁종민
기획/마케팅   박세기
표지디자인   이소연
제 작   고철민·조영환

펴낸곳   (주) 박영사
             서울특별시 금천구 가산디지털2로 53, 210호(가산동, 한라시그마밸리)
             등록 1959. 3. 11. 제300-1959-1호(倫)
전 화   02)733-6771
f a x   02)736-4818
e-mail   pys@pybook.co.kr
homepage   www.pybook.co.kr
ISBN   979-11-303-1618-5   03320

정 가   25,000원